权威·前沿·原创

皮书系列为
"十二五""十三五"国家重点图书出版规划项目

天津金融蓝皮书

BLUE BOOK OF
FINANCE IN TIANJIN

天津金融发展报告
（2019）

ANNUAL REPORT ON THE DEVELOPMENT OF FINANCE
IN TIANJIN (2019)

中国滨海金融协同创新中心
主　编／王爱俭　林文浩　刘　玚
副主编／刘通午　王文刚　李向前　王学龙

社 会 科 学 文 献 出 版 社
SOCIAL SCIENCES ACADEMIC PRESS（CHINA）

图书在版编目（CIP）数据

天津金融发展报告.2019／王爱俭，林文浩，刘场
主编.－－北京：社会科学文献出版社，2020.6
（天津金融蓝皮书）
ISBN 978－7－5201－6560－0

Ⅰ.①天…　Ⅱ.①王…　②林…　③刘…　Ⅲ.①地方金
融事业－经济发展－研究报告－天津－2019　Ⅳ.
①F832.721

中国版本图书馆 CIP 数据核字（2020）第 063163 号

天津金融蓝皮书

天津金融发展报告（2019）

主　　编／王爱俭　林文浩　刘　场
副 主 编／刘通午　王文刚　李向前　王学龙

出 版 人／谢寿光
组稿编辑／恽　薇
责任编辑／关少华

出　　版／社会科学文献出版社·经济与管理分社 （010）59367226
　　　　　　地址：北京市北三环中路甲29号院华龙大厦　邮编：100029
　　　　　　网址：www.ssap.com.cn
发　　行／市场营销中心（010）59367081　59367083
印　　装／天津千鹤文化传播有限公司

规　　格／开 本：787mm×1092mm　1/16
　　　　　　印 张：16.5　字 数：245千字
版　　次／2020年6月第1版　2020年6月第1次印刷
书　　号／ISBN 978－7－5201－6560－0
定　　价／128.00元

本书如有印装质量问题，请与读者服务中心（010－59367028）联系

主编简介

王爱俭 管理学博士，教授，博士生导师，天津市政府参事、中国滨海金融协同创新中心主任。主要研究领域为国际金融、货币政策、区域经济。近年来主持完成国家社科基金重大项目 1 项、国家自然科学基金项目 3 项、国家社科基金项目 1 项、教育部人文社科基金等省部级项目 7 项，省部级及以上获奖 7 项，在《经济研究》《金融研究》《财贸经济》《经济学动态》《国际金融研究》等国内外重要刊物发表论文 60 余篇。

林文浩 经济学博士，天津财经大学金融学院讲师，主要研究领域为汇率定价、货币政策。主持完成天津市社科项目 1 项。近年来在《金融论坛》《天津社会科学》《现代财经》等期刊发表论文 10 余篇。

刘玚 经济学博士，天津财经大学金融学院讲师，主要研究领域为资本流动、世界经济等。近年来在《经济学动态》《金融经济学研究》《中央财经大学学报》等期刊发表论文 10 余篇，主持在研国家社科青年项目 1 项。

摘　要

　　《天津金融发展报告（2019）》是中国滨海金融协同创新中心组织编写的年度报告的第 8 本，也是"天津金融蓝皮书"的第 6 本，旨在概括和分析 2018 年天津金融发展和创新的主要情况，研讨和评论重要金融事件，并分析 2019 年天津金融发展状况。本书由总报告、分报告和专题报告三个部分组成。总报告包括《2018 年天津金融发展状况分析》和《2018 年天津金融发展指数报告》两篇报告，主要分析了 2018 年天津金融发展的状况，度量了 2018 年天津金融发展指数和景气程度。分报告从行业视角分析 2018 年天津金融业发展状况，具体包括《2018 年天津金融机构发展报告》《2018 年天津金融市场发展报告》《2018 年天津金融产品与创新发展报告》《2018 年天津金融人才发展报告》《2018 年天津金融生态环境发展报告》《2018 年天津金融改革创新发展报告》六篇报告。专题报告包括《加强自贸区软实力建设分析》《天津自贸区金融发展报告》《天津商业银行参与线上消费信贷分析》《中国自贸区贸易便利化水平评价与天津自贸区对策分析》四篇报告。本报告可供相关研究领域的学者、业界人士和政策部门参考，也有助于国际学术界了解天津金融发展和创新的最新动态。

　　关键词：天津　金融发展　金融科技　金融创新

Abstract

Annual Report on the Development of Finance in Tianjin (*2019*) is the 8th issue of annual report prepared by China Binhai Financial Collaborative Innovation Center, It is also the 6th edition of the " Blue Book of Finance in Tianjin". It aims to summarize and analyze the main situation of Tianjin's financial development and innovation in 2018. Comment on important financial events and analyze the financial development of Tianjin in 2019. This book is composed of three parts: General Reports, Sub Reports and Special Research Reports. The General Reports include "Analysis of Tianjin Financial Development Status of Tianjin in 2018" "Tianjin Financial Development Index 2018", which mainly analysis of the financial development of Tianjin in 2018, measure the financial development status and prosperity of Tianjin in 2018. The Sub Reports analyze the development of Tianjin's financial industry in 2018 from the perspective of industry, including "Report on Tianjin Financial Institutions in 2018", "Report on Tianjin Financial Market in 2018", "Report on Tianjin Financial Products and Innovation Development in 2018", "Report on Tianjin Financial Talent Development in 2018", "Report on Tianjin Financial Ecological Environment in 2018" and "Report on Tianjin Financial Reform and Innovation in 2018". The Special Research Reports include "Analysis on Strengthening the Construction of Soft Power in Free Trade Area", "Report on Tianjin Free Trade Zone Financial Development" "Analysis of the Banks Participating in Online Consumer Credit" "Evaluation of Trade Facilitation Level in Free Trade Zones and Countermeasures of Tianjin Free Trade Zone". This report can be used for reference by scholars, industry professionals and policy departments in related research fields, and also helps the international academic community to understand the latest developments in financial development and innovation in Tianjin.

Keywords: Tianjin; Financial Development; Financial Technology; Financial Reform

BLUE BOOK

智库成果出版与传播平台

目　录

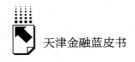

皮书数据库阅读**使用指南**

CONTENTS

I　General Reports

II　Sub Reports

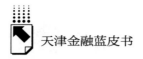

天津金融蓝皮书

总 报 告

General Reports

B.1

2018年天津金融发展状况分析

程卫红　魏鹏飞*

摘　要：　2018年，天津市金融机构认真贯彻落实稳健中性的货币政策。金融运行总体稳定，总量稳步提升、增量有所回落、结构不断优化，主要金融业务平稳发展；金融市场规模呈现扩张态势，直接融资比重明显提高；外汇市场运行平稳，跨境收支小幅下降；银行业稳步发展，信贷结构不断优化，民营和小微企业融资难题有所缓解；证券交易整体有所回落；保险业发展总体平稳；融资租赁业稳步发展；金融改革创新不断推进，金融生态环境持续优化，金融服务实体经济效能进一步提升。

关键词：　金融运行　金融业　金融改革　金融创新

* 程卫红，中国人民银行天津分行研究处，主要研究方向为金融监管；魏鹏飞，中国人民银行天津分行研究处，主要研究方向为货币政策与金融发展。

一 2018年天津金融运行情况

（一）社会融资总量虽有所回落，但融资结构逐步调整

2018 年，天津市新增地区社会融资规模 3075 亿元，比上年减少 390 亿元（见表 1）。其中，新增银行业融资规模为 1249 亿元，同比减少 1636 亿元，成为社会融资增量减少的最主要因素；新增直接融资规模为 715 亿元，同比增加 895 亿元，占新增地区社会融资规模的 23.3%；新增地方政府专项债券融资为 791 亿元，同比增加 194 亿元。

表 1　2018 年天津市新增社会融资规模构成

单位：亿元

指标		2018 年	2017 年	同比增加
银行业融资	各项贷款（表内）	2304	2863	-559
	其中：人民币贷款	2408	2754	-346
	外币贷款	-104	109	-213
	委托贷款（表外）	-929	-224	-705
	信托贷款（表外）	-192	-132	-60
	未贴现银行承兑汇票（表外）	66	378	-312
	表外小计	-1055	22	-1077
	银行业小计	1249	2885	-1636
直接融资	股票融资	11	51	-40
	企业债券	704	-231	935
	小计	715	-180	895
地方政府专项债券融资		791	597	194
其他融资		320	163	157
合计		3075	3465	-390

资料来源：中国人民银行天津分行。

1. 银行业融资中，表内融资增量有所下降，表外融资呈明显负增长

2018 年天津市银行业金融机构本外币各项贷款增加 2304 亿元，增量同比减少 559 亿元。其中，人民币贷款增量为 2408 亿元，同比减少 346 亿元；

由于美元持续走强，企业加快偿还外债，外币贷款增量为 -104 亿元，同比减少 213 亿元。受表外业务强监管政策影响，2018 年全市银行业金融机构表外融资增量为 -1055 亿元，同比减少 1077 亿元。其中，委托贷款增量为 -929 亿元，同比减少 705 亿元；信托贷款增量为 -192 亿元，同比减少 60 亿元；未贴现银行承兑汇票增量为 66 亿元，同比减少 312 亿元。

2. 直接融资中，债券融资大幅增长，股票融资减少

2018 年天津市非金融企业债券净融资 704 亿元，同比增加 935 亿元，为直接融资的增长提供了有力支撑。全年累计发行债券 1982 亿元（其中非金融企业在银行间债券市场发行债务融资工具 1548.6 亿元，同比大幅增长 80.8%，净融入资金 413.09 亿元），超过上年同期的 2 倍，截至 2018 年末，全市非金融企业债券余额为 5472 亿元。相比之下，股票融资明显较少，2018 年全市有 3 家非金融企业通过首发或公开增发方式上市融资，非金融企业境内股票融资规模为 11 亿元，同比减少 40 亿元。

3. 地方政府专项债略有增加，其中项目收益专项债增势明显

2018 年天津市地方政府专项债券累计融资 772 亿元，同比增加 194 亿元。分品种看，项目收益专项债券累计发行 516 亿元，同比增加 283 亿元，其中，土地储备专项债券发行 313 亿元，同比增加 78 亿元，棚户区改造专项债券和收费公路专项债券分别发行 192 亿元和 11 亿元，而上年无此类债券发行；定向承销专项债券累计发行 159 亿元，同比增加 75 亿元；其他专项债券累计发行 97 亿元，同比增加 3 亿元。截至 2018 年末，天津市地方政府专项债券余额 2639 亿元，占全国专项债券余额的 3.6%。

（二）金融市场整体呈扩张态势，仅黄金交易额出现下降

2018 年，天津市金融市场总体运行平稳，债券交易量、同业拆借交易量、非金融企业债务融资工具发行量、票据业务余额、理财产品余额均有所增加，黄金业务交易额有所减少。

1. 债券交易量明显扩大

2018 年，天津市银行间债券交易量为 472267.607 亿元，同比增加

38.99%。其中，债券回购 316912.48 亿元，同比增加 48.93%；净融入资金 118872.45 亿元；现券买卖 36482.677 亿元，同比减少 12.02%。

2018 年债券市场主要有以下几个特点。一是以质押式回购为主。质押式回购 312366.51 亿元，占债券总交易量的 88.39%，占债券回购交易量的 98.57%。买断式回购 4545.97 亿元，占债券总交易量的 1.29%，占债券回购交易量的 1.43%。二是短期回购占比有所下降。7 天以内质押式回购为 204932.00 亿元，占质押式回购的 65.61%，同比下降 15.92 个百分点。7 天以内买断式回购为 4355.21 亿元，占买断式回购的 95.80%，同比下降 0.2 个百分点。三是现券买卖收益率下降。买入收益率为 3.6317%，与上年同期相比下降 0.745 个百分点；卖出收益率为 3.7368%，同比下降 0.6938 个百分点。

2. 同业拆借大幅上升

银行间同业拆借交易量为 29026.49 亿元，同比增加 126.01%，净融入资金为 8276.67 亿元，同比增加 5.98%。2018 年银行间同业拆借主要有以下两个特点。一是拆借利率下降。拆入加权平均利率为 3.0341%，同比下降 0.2236 个百分点；拆出加权平均利率为 2.8251%，同比下降 0.2882 个百分点。二是短期拆借增多。隔夜和七天拆借成交量为 26695.80 亿元，占比为 91.97%，同比上升 7.54 个百分点。

3. 票据业务规模有所扩大

银行承兑汇票余额为 3509.26 亿元，同比增加 16.60%，贴现余额为 571.46 亿元，同比增加 19.06%。票据业务规模扩大的主要原因：一是经济下行环境下，议价权集中于付款方和大企业，该类企业出于财务因素考虑开具银行承兑汇票进而延缓付款时间；二是相比审批周期较长的贷款业务，越来越多的企业认识到电子票据的便捷性，尤其是在 2018 年市场流动性充裕的情况下，贴现利率下行，能够降低企业融资成本，增强企业开票动力。

票据业务市场中，股份制商业银行业务占比相对较大。在 2018 年末银行承兑汇票余额中，股份制商业银行的占比为 30.44%，同比提高了 1.89 个百分点；国有银行的占比为 6.97%，同比降低了 1.17 个百分点；地方法人机构的占比为 19.83%，同比提高了 3.82 个百分点。在年末贴现余额中，股份制商业银行的占比为 39.05%，同比提高了 22.30 个百分点；国有银行的占比为 35.21%，同比降低了 9.92 个百分点；地方法人机构的占比为 6.81%，同比提高了 0.44 个百分点。

4. 理财产品业务规模有所增长

商业银行理财产品募集 35567.05 亿元，兑付 34822.63 亿元，净增 744.42 亿元，余额为 7913.05 亿元，同比增长 10.16%。其中，个人理财产品余额增长较快。个人理财产品余额为 5658.71 亿元，同比增长 21.63%，占比为 71.51%；企业理财产品余额为 2254.34 亿元，同比减少 11.02%，占比为 28.49%。

短期理财产品募集资金明显减少。三个月以内期限（含三个月）理财产品募集资金 6123.68 亿元，同比减少 39.89%，金额占全部募集资金的 17.22%；三个月以上期限产品募集资金 29443.38 亿元，同比下降 3.35%，金额占全部募集资金的 82.78%。

理财产品收益率有所上升。截至 2018 年 12 月末，全国理财产品平均收益率为 4.26%，同比提高 0.08 个百分点；天津市中资法人银行理财产品平均收益率为 4.51%，同比提高 0.23 个百分点。理财产品收益率提高的主要原因：一是上半年理财产品以中长期为主，收益率水平整体偏高；二是年内中国人民银行、中国银保监会、中国证监会、国家外汇管理局联合发布《关于规范金融机构资产管理业务的指导意见》（简称《资管新规》），要求金融机构对理财产品实行净值化管理，禁止资金池模式运作，投资者承担的风险有所提升，从收益角度对风险溢价的要求也更高。

5. 非金融企业债务融资工具发行涨幅明显

非金融企业共计发行债务融资工具 147 期，发行金额为 1548.59 亿元，同比增加 692.19 亿元，涨幅为 80.83%。其中，超短期融资券发行金额为 557.5 亿元，同比增加 206.6 亿元；短期融资券发行金额为 94 亿元，同比减少 1 亿元；中期票据发行金额为 800.6 亿元，同比增加 549.9 亿元；定向工具发行金额为 31.5 亿元，同比减少 117.5 亿元；资产支持票据发行金额

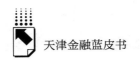

为 64.99 亿元,同比增加 54.19 亿元。

债券市场发行量大幅增长的主要原因包括:一是年内市场流动性较为宽松,推动发行价格下行,对债券市场构成极大利好;二是 2018 年是近年来的偿债高峰,天津发行人中占比较高的平台企业债务压力较大,在规范政府债务导致其他融资途径受限的情况下,债券市场成为该类企业偿还债务的重要资金来源;三是近几年新增的两家拥有 DFI 储架式发行资格的企业(天津城市基础设施建设投资集团有限公司和天津保税区投资控股集团有限公司)可以按照自身流动性需求滚动发行债券,对天津市整体发行量形成较大影响;四是第四季度出台的民企支持政策释放强有力政策信号,稳定了投资者情绪,提振了市场信心,带来了发行量的又一波较快增长。

6. 黄金业务交易额有所下降

黄金业务交易额为 138.99 亿元,同比下降 25.98%。其中,实物黄金、黄金代理、黄金租赁业务规模明显下降,账户金业务规模快速扩大。2018年,实物黄金业务金为 5.54 亿元,同比下降 42.84%;黄金代理业务金额为 36.00 亿元,同比下降 61.07%;黄金租赁业务金额为 1.68 亿元,同比下降 90.11%;账户金业务金额为 95.75 亿元,同比提高 75.82%。

黄金业务交易额下降的主要原因是:年内受美联储缩表、贸易摩擦局势紧张、中国及其他新兴市场不稳定等因素影响,市场投资者看跌黄金的情绪较为严重,特别是年内美元升值导致黄金面临下行压力(美元和黄金的走势一般呈反向趋势)。

(三)外汇市场运行平稳,跨境收支小幅下降

1. 外汇收支基本情况

2018 年,天津市跨境收支总额为 1654.4 亿美元,同比下降 2.1%。其中收入为 661.1 亿美元,同比下降 4.9%;支出为 993.3 亿美元,同比下降 0.1%;收支逆差 332.2 亿美元(其中经常项目逆差 385 亿美元,资本项目顺差 52.8 亿美元),同比增长 11.2%。

天津市银行结售汇总额为 866.5 亿美元,同比增长 1.8%,其中结汇金

额为 372.9 亿美元，同比增长 18.4%；售汇金额为 493.6 亿美元，同比下降 8%。结售汇逆差 120.7 亿美元，同比下降 45.5%。其中经常项目逆差 122.1 亿美元，同比下降 27.6%；资本项目顺差 1.4 亿美元，而上年同期为逆差 52.8 亿美元。截至 2018 年 12 月末，全市外汇存款余额为 156.3 亿美元，同比下降 14.5%；外汇贷款余额为 225.2 亿美元，同比下降 1.9%。12 月末外汇贷存比为 144.1%，同比增加 18.6 个百分点。

2. 天津市外汇运行的主要特点

天津市外贸进出口逐步回暖，呈现良好的发展态势。根据天津海关统计数据，2018 年，天津市进出口贸易总额为 1225.1 亿美元，同比增长 8.5%，高于同期天津市地区 GDP 的增长速度。其中出口 487.9 亿美元，同比增长 12%；进口 737.2 亿美元，同比增长 6.3%。

进出口贸易中外商投资企业占主导地位，私营企业发展势头强劲。从 2018 年统计数据看，外商投资企业进出口贸易总额为 594.6 亿美元，同比下降 0.8%，占天津市进出口贸易总额的 48.5%，占据主导地位。私营企业进出口贸易总额为 387.2 亿美元，同比增长 20.2%，占天津市进出口贸易总额的 31.6%。国有企业进出口贸易总额为 238.4 亿美元，同比增长 17.4%，占天津市进出口贸易总额的 19.5%。

资本项目跨境收支由逆转顺。2018 年，资本项目跨境收入为 159.6 亿美元，同比增长 40.9%；资本项目跨境支出为 106.8 亿美元，同比下降 20.8%。实现顺差 52.8 亿美元，而上年同期为逆差 21.6 亿美元。受一系列政策因素影响，天津市外国来华投资增加，差额转为顺差。

离岸转手买卖逆差是构成经常项目逆差的主要因素。2018 年，离岸转手买卖项下收入 33.2 亿美元，同比下降 78.7%；支出 130.5 亿美元，同比增长 0.5%；离岸转手买卖项下逆差 97.3 亿美元，而上年同期为顺差 26.1 亿美元，离岸转手买卖逆差大幅增长是造成跨境收支和经常项目逆差增长的主要因素。

中美贸易摩擦对天津市涉外经济的影响。2018 年，天津市对美贸易总额占全部贸易总额的 10.6%。从目前情况看，天津市对美出口未受明显影

响，但平行进口汽车、美废纸、农产品等行业进口量开始缩减，部分企业已积极采取各种措施来应对关税危机。对美贸易跨境收支数据显示，2018 年对美贸易收入为 44.8 亿美元，同比增长 12.6%，对美贸易支出为 82.2 亿美元，同比增长 3.9%；从海关 2018 年的统计数据看，天津市对美贸易进出口总额为 189.8 亿美元，同比下降 1.9%，其中出口 71.9 亿美元，同比增长 10.3%，进口 117.9 亿美元，同比下降 8.1%。

二　2018年天津金融业发展情况

2018 年，天津市主动适应经济发展新常态，金融改革发展稳定并有所突破。全市金融业增加值为 1966.89 亿元，同比增长 7.2%（高于 GDP 增速），占地区 GDP 的 10.46%，金融业已成为天津市的重要支柱产业，为天津市经济高质量发展提供有力支撑。

（一）银行业稳步发展，信贷结构不断优化

天津市共有银行业金融机构 110 家。其中，中资银行业金融机构 82 家，分别是：中资银行机构 49 家、金融租赁公司 11 家、金融资产管理公司 4 家、货币经纪公司 1 家、汽车金融公司 2 家、信托公司 2 家、企业集团财务公司 8 家、兴农贷款公司 5 家。外资银行业金融机构 28 家，分别是：外资银行机构 27 家，外资消费金融公司 1 家①。

2018 年末，天津市银行业金融机构营业网点有 3167 个、从业人数为 66180 人（见表 2），与上一年相比均有小幅增加。银行业金融机构资产总额为 4.9 万亿元，同比增长 1.3%；负债总额为 4.7 万亿元，同比增长 1.5%。全年实现营业收入 1113 亿元，同比增长 1.2%；实现净利润 279 亿元，同比下降 40.5%。

---

① 中国人民银行天津分行货币政策分析小组《天津市金融运行报告（2019）》，2019。

表2　2018年天津市银行业金融机构营业网点情况

机构类别	机构个数(个)	从业人数(人)	资产总额(亿元)	法人机构(个)
大型商业银行	1270	28498	13213	0
国家开发银行和政策性银行	13	587	3111	0
股份制商业银行	453	10343	8159	1
城市商业银行	316	7694	8854	1
小型农村金融机构	535	8118	4799	2
财务公司	8	236	645	7
信托公司	2	435	125	2
邮政储蓄	399	4554	1019	0
外资银行	45	1503	792	1
新型农村金融机构	108	1424	303	18
其他	18	2788	8421	15
合计	3167	66180	49441	47

注：营业网点不包括国家开发银行和政策性银行、大型商业银行、股份制商业银行等金融机构总部数据；大型商业银行包括中国工商银行、中国农业银行、中国银行、中国建设银行和交通银行；小型农村金融机构包括农村商业银行、农村合作银行和农村信用社；新型农村金融机构包括村镇银行、贷款公司和农村资金互助社；其他包含金融租赁公司、汽车金融公司、中德住房储蓄银行、金城银行。

资料来源：中国人民银行天津分行货币政策分析小组《天津市金融运行报告（2019）》，2019。

1. 存款小幅增加，其中住户存款保持增长，企业存款有所下降,存款结构变化明显

2018年末，天津市本外币各项存款余额为30983.2亿元，同比增长0.14%，增速较上年下降2.8个百分点。年末存款较年初增加42.4亿元，同比少增831.4亿元，其中，人民币住户存款较年初增加1188.6亿元，同比多增773.8亿元；人民币非金融企业存款较年初减少516.9亿元，同比少增711.03亿元；外币各项存款较年初减少26.5亿美元，同比少增61.5亿美元。鉴于全市存款增长面临较大压力，商业银行主动运用多种负债产品稳定存款，2018年末，结构性存款较年初增加956.9亿元，同比增长62.5%；大额存单较年初增加573.2亿元，同比增长102.5%。

2. 贷款平稳增长，其中住户贷款增速高位回落，企业贷款增速持续放缓，不良贷款率有所上升

2018年末，天津市本外币各项贷款余额为34084.9亿元，同比增长

7.9%，增速较上年下降 2.1 个百分点。年末贷款较年初增加 2439.1 亿元，同比少增 409.4 亿元。其中，住户贷款较年初增加 1517 亿元（其中消费贷款增加 1352 亿元，同比少增 48 亿元；个人住房贷款增加 663 亿元，同比少增 475 亿元），同比多增 48 亿元，增速为 24.01%，较上年下降 6.3 个百分点；非金融企业及机关团体贷款较年初增加 891 亿元（其中中长期贷款增加 360 亿元，同比少增 392 亿元；短期贷款减少 254 亿元，同比多减 622 亿元），同比少增 394 亿元，增速为 3.74%，较上年下降 1.98 个百分点。2018 年不良贷款余额有所增加，截至年末，全市银行业金融机构不良贷款余额为 939 亿元，比年初增加 262 亿元，不良贷款率为 2.6%，比年初提高 0.6 个百分点；关注类贷款余额为 1672 亿元，比年初增加 115 亿元。

3. 信贷结构不断优化，对重点领域的贷款投放力度进一步加大

2018 年，中国人民银行天津分行印发《2018 年金融支持天津实体经济和高质量发展的指导意见》及 8 个专项行动计划等一揽子政策措施，着眼于总量和结构，围绕金融支持京津冀协同发展、支持重大项目、支持制造业转型升级等 8 个重点领域提出 27 条具体措施，合理引导金融机构投向，取得显著效果。一是城乡基础设施和民生工程建设贷款显著增加。电力、热力、燃气及水生产和供应业贷款增加 134 亿元，余额同比增长 12.98%；保障性住房开发贷款增加 205 亿元，余额同比增长 30.47%。二是新兴服务业贷款增加较多。租赁和商务服务业贷款增加 262 亿元，余额同比增长 3.64%；科学研究和技术服务业贷款增加 13 亿元，余额同比增长 21.1%。三是薄弱环节的信贷支持力度加大。微型企业贷款余额同比增长 27.87%，占全部企业贷款的 4.29%，比上年提高 0.89 个百分点；农户贷款同比增长 23%，增速较上年提高 12.54 个百分点。

4. 表外业务总体下降，仅担保类业务小幅增长

2018 年末，天津市银行业金融机构担保类、承诺类、金融资产服务类、金融衍生品类四类表外业务合计余额同比下降 12.2%。其中，担保类表外业务同比增长 1.6%，承诺类、金融资产服务类和金融衍生品类表外业务同比分别下降 7.9%、14.0% 和 30.1%。

5. 小微企业贷款利率明显下降，货币政策工具引导作用显著

2018 年，天津市金融机构人民币一般贷款加权平均利率为 5.24%，比上年提高 0.36 个百分点。但第四季度企业一般贷款利率快速回落，较第三季度下降 0.20 个百分点，其中小微企业一般贷款加权平均利率下降了 0.23 个百分点。12 月，全市小微企业一般贷款加权平均利率为 5.30%，同比下降 0.11 个百分点，比全市所有企业一般贷款加权平均利率低 0.26 个百分点。2018 年天津市金融机构人民币一般贷款各利率浮动区间占比情况见表 3。

货币政策工具的有效运用对降低小微企业贷款利率发挥了重要作用。2018 年，中国人民银行天津分行累计发放再贴现票据 53.2 亿元，是上年的 3 倍，单笔金额在 500 万元以下的票据占比达 97.0%，票据贴现加权平均利率为 4.4%，较上年降低约 0.5%，其中小微企业票据贴现利率降幅为 0.54%。相关金融机构通过支小再贷款发放给小微企业和民营企业的贷款加权平均利率为 6.49%，比金融机构通过自有资金发放贷款的利率低 0.22%。

表3　2018 年天津市金融机构人民币一般贷款各利率浮动区间占比情况

单位：%

指标		1 月	2 月	3 月	4 月	5 月	6 月
合计		100.0	100.0	100.0	100.0	100.0	100.0
下浮		17.7	7.3	13.9	16.2	9.5	10.1
基准		19.2	26.4	16.1	11.8	16.7	21.1
上浮	小计	63.1	66.3	70.0	72.0	73.8	68.8
	(1.0－1.1]	21.6	28.0	22.6	21.8	22.5	23.9
	(1.1－1.3]	18.4	13.8	17.9	22.6	25.0	20.2
	(1.3－1.5]	12.6	12.8	15.2	13.4	10.9	9.6
	(1.5－2.0]	7.7	7.1	12.0	10.1	10.6	11.6
	2.0 以上	2.8	4.5	2.3	4.2	4.7	3.4
指标		7 月	8 月	9 月	10 月	11 月	12 月
合计		100.0	100.0	100.0	100.0	100.0	100.0
下浮		14.0	16.8	16.6	23.8	19.2	17.7
基准		15.0	15.8	12.0	13.4	10.8	20.8

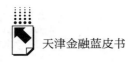

续表

指标		1 月	2 月	3 月	4 月	5 月	6 月
上浮	小计	71.0	67.4	71.4	62.8	70.0	61.5
	(1.0－1.1]	20.7	14.3	20.3	17.0	17.7	20.2
	(1.1－1.3]	19.7	21.1	21.0	12.5	19.7	15.5
	(1.3－1.5]	9.9	10.1	10.9	10.4	12.7	10.7
	(1.5－2.0]	13.8	12.3	12.4	16.4	14.9	9.9
	2.0 以上	6.8	9.5	7.0	6.4	5.0	5.3

6. 人民币跨境收付额下降，资金净流出增幅明显

2018 年，天津市人民币跨境收付额共计 2139.9 亿元，同比下降 10.5%。其中，实收 966.0 亿元，同比下降 14.0%；实付 1173.9 亿元，同比下降 7.5%。实收降幅大于实付降幅，资金净流出 207.9 亿元，同比增长 41.7%。经常项下资金净流出 261.2 亿元，同比减少 7.8%；资本项下资金净流入 53.3 亿元，同比减少 61%。与香港发生的人民币跨境收付额占比为 38.6%，同比增长 3.5 个百分点；与欧美地区发生的人民币跨境收付款的占比为 28.9%，同比下降 3.5 个百分点。境内主体参与积极性提升，2018 年新增企业 1040 家，同比增长 17.3%。

（二）证券交易总体有所回落，各类业务表现分化

如表 4 所示，截至 2018 年末，天津市共有总部设在辖内的证券公司 1 家、证券分公司 33 家（比上年增加 8 家）、证券营业部 151 家（比上年减少 3 家）、总部设在辖内的基金公司 1 家、总部设在辖内的期货公司 6 家、期货分公司 3 家（比上年增加 1 家）、期货营业部 32 家（比上年增加 2 家）、境内上市公司 50 家（比上年增加 1 家）、新三板挂牌公司 194 家（比上年减少 11 家）。

表 4　2018 年天津市证券期货业基本情况

指标	2018 年	2017 年	同比增加
总部设在辖内的证券公司数（家）	1	1	0
证券分公司数（家）	33	25	8
证券营业部数（家）	151	154	－3

指标	2018 年	2017 年	同比增加
证券营业部总资产(亿元)	138.50	163.56	−25.06
证券营业部净资产(亿元)	13.32	15.14	−1.82
总部设在辖内的基金公司数(家)	1	1	0
管理基金数(只)	45	55	−10
基金份额(亿份)	13452.94	17884.87	−4431.93
基金净值(亿元)	13420.65	17892.95	−4472.3
总部设在辖内的期货公司数(家)	6	6	0
期货分公司数(家)	3	2	1
期货营业部数(家)	32	30	2
期货公司总资产(亿元)	93.98	76.66	17.32
期货公司净资产(亿元)	22.68	22.11	0.57
年末境内上市公司数(家)	50	49	1
上市公司总股本(亿股)	644.68	620.34	24.34
上市公司总市值(亿元)	3853.01	5245.12	−1392.11
当年国内股票(A 股)筹资(亿元)	9.1	54.9	−45.8
新三板挂牌公司数(家)	194	205	−11

资料来源：中国人民银行天津分行、天津证监局。

2018 年天津市各类证券交易额为 37183.7 亿元，同比下降 14.6%。其中，股票交易额为 17661.7 亿元，同比下降 20.8%；债券交易额为 16930.5 亿元，同比下降 13.5%；基金交易额为 2526 亿元，同比增长 58.1%。期货市场成交额为 66614.9 亿元，同比增长 10.2%。

1. 证券公司规模有所下降

2018 年末，总部设在辖内的证券公司总资产为 482.2 亿元，同比下降 9.7%；总负债为 283.1 亿元，同比下降 15.1%；实现净利润 5.8 亿元，较上年增加 3.2 亿元。全市证券营业部总资产为 138.50 亿元，同比下降 15.32%；净资产为 13.32 亿元，同比下降 12.02%；客户交易结算资金余额为 114.71 亿元，同比下降 16.81%；指定与托管市值为 3044.48 亿元，同比下降 24.39%；资金账户有 328.59 万户，同比增长 7.42%。

2. 基金公司缩减基金规模

2018 年末，总部设在辖内的基金公司总资产为 105.5 亿元，比年初增加 31.4 亿元；总负债为 19.1 亿元，比年初增加 0.7 亿元。总部设在辖内的基金公司主动缩减货币基金规模，降低单一产品集中度，2018 年末，共管理基金 45 只，同比减少 10 只；基金份额为 13452.94 亿份，同比下降 24.78%；基金净值为 13420.65 亿元，同比下降 24.99%。

3. 期货公司稳步发展

2018 年末，总部设在辖内的期货公司总资产为 93.98 亿元，同比增长 22.59%；净资产为 22.68 亿元，同比增长 2.58%；客户保证金总额为 68.82 亿元，同比增长 31.39%。全年代理交易额为 44222.03 亿元，同比增长 30.61%；手续费收入为 2.48 亿元，同比增长 52.15%。

4. 上市公司新增融资规模有所下降

2018 年末，全市境内上市公司总股本为 644.68 亿股，同比增长 3.92%；总市值为 3853.01 亿元，同比下降 26.54%。全年上市公司融资规模为 39.82 亿元，同比下降 37.49%。

（三）保险业发展总体平稳，人身险占据主导

截至 2018 年末，天津市共有总部设在辖内的保险公司 6 家、省级分支机构 63 家（比上年增加 6 家，见表 5）、保险类机构 3936 家、保险从业人员 9.86 万人。

表 5　2018 年天津市保险业基本情况

指标	2018 年	2017 年	同比增加
总部设在辖内的保险公司数（家）	6	6	0
其中:财产险经营主体（家）	2	2	0
人身险经营主体（家）	4	4	0
保险公司省级分支机构（家）	63	57	6
其中:财产险公司分支机构（家）	26	24	2
人身险公司分支机构（家）	37	33	4
保险公司分支机构总资产（亿元）	1402.9	1284.9	118

指标	2018 年	2017 年	同比增加
其中:财产险公司分支机构总资产(亿元)	124.3	141.2	-16.9
人身险公司分支机构总资产(亿元)	1278.6	1143.7	134.9
保费收入(中外资,亿元)	559.98	565.00	-5.02
其中:财产险保费收入(中外资,亿元)	144.44	141.60	2.84
人身险保费收入(中外资,亿元)	415.54	423.40	-7.86
各类赔款给付(中外资,亿元)	164.14	155.30	8.84

资料来源:中国人民银行天津分行、天津证监局。

1. 资产规模总体增长,财产险公司资产下降

2018 年末,保险公司分支机构总资产为 1402.9 亿元,同比增长 9.2%,其中,人身险公司分支机构总资产为 1278.6 亿元,同比增长 11.8%,财产险公司分支机构总资产为 124.3 亿元,同比下降 12.0%。

2. 保费收入总体略有下滑,财产险公司收入增长

2018 年,天津市保险业共实现保费收入 559.98 亿元,同比下降 0.9%。其中,人身险保费收入为 415.54 亿元,同比下降 1.9%;财产险保费收入为 144.44 亿元,同比增长 2.0%。全年各类赔款给付额为 164.14 亿元,比上年增长 5.7%。其中,人身险赔付 83.75 亿元,增长 3.1%;财产险赔付 80.39 亿元,增长 8.5%。

财产险保费收入中,企业财产保险、责任保险、保证保险、意外伤害保险保费收入同比分别增长 6.8%、29.4%、46.5% 和 38.8%,车险保费收入为 104.9 亿元,同比下降 0.8%,车险业务占财产险公司保费收入的 69.03%,同比下降 2.81 个百分点。

3. 人身险公司销售渠道有所调整,个人代理大幅上升

2018 年,个人代理渠道实现保费收入 230.30 亿元,同比增长 13.05%,占原保险保费收入的 56.44%,较上年提高 7.68 个百分点;公司直销渠道实现保费收入 35.88 亿元,同比下降 1.09%;银邮代理渠道实现保费收入 130.50 亿元,同比下降 23.21%。

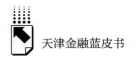

（四）融资租赁业稳步发展，多个方面在全国领先

2018 年，天津市融资租赁业继续稳步发展，与上年相比，在企业数量、注册资金、业务总量等方面，增速都有所下降，但仍保持全国领先的发展态势。

如表 6 所示，截至 2018 年末，总部设在天津市的各类融资租赁公司（不含单一项目租赁公司、分公司、SPV、海外收购的公司和已注销的公司）为 2008 家（比上年增加 434 家），其中金融租赁公司 11 家（与上年相比保持不变）、内资租赁公司 112 家（比上年增加 33 家）、外资租赁公司 1885家（比上年增加 401 家）。2018 年，天津市融资租赁公司数量在全国的占比小幅回升，达到 17.1%，同比增加 0.9 个百分点；注册资金在全国的占比增幅较大，达到 26.5%，同比增加 7.5 个百分点；融资租赁业务总量在全国占比出现下降，达到 33.1%，同比减少 1.9 个百分点。

表 6 2018 年天津市融资租赁业基本情况

指标	2018 年	2017 年	同比增加
各类融资租赁公司数量(家)	2008	1574	434
其中:金融租赁公司数量(家)	11	11	0
内资租赁公司数量(家)	112	79	33
外资租赁公司数量(家)	1885	1484	401
公司数量在全国占比(%)	17.1	16.2	0.9
注册资金在全国占比(%)	26.5	19.0	7.5
业务总量在全国占比(%)	33.1	35.0	-1.9

资料来源：中国租赁联盟、联合租赁研发中心、天津滨海融资租赁研究院。

截至 2018 年底，全国 31 个省区市都设立了融资租赁公司，但绝大部分企业仍分布在东南沿海一带。其中广东、上海、天津、辽宁、北京、福建、江苏、浙江、山东、陕西 10 个省市的企业总数占到了全国的 95% 以上。天津市融资租赁公司总数位于广东和上海之后，在全国排名第三（见表 7）。但天津的金融租赁公司和内资租赁公司数量均在全国排名第一，占比分别达到 15.94% 和 28.21%。

表7 2018 年中国主要地区融资租赁公司数量

地区	金融租赁公司(家)	内资租赁公司(家)	外资租赁公司(家)	公司总数(家)	占全国比重(%)
广东	6	29	4180	4215	35.79
上海	10	25	2175	2210	18.77
天津	11	112	1885	2008	17.05
辽宁	1	32	720	753	6.39
浙江	4	29	435	468	3.97
福建	2	10	442	454	3.85
山东	3	19	360	382	3.24
江苏	5	23	266	294	2.50
北京	3	27	226	256	2.17
陕西	0	31	185	216	1.83
全国	69	397	11311	11777	95.26

资料来源：中国租赁联盟、联合租赁研发中心、天津滨海融资租赁研究院。

截至 2018 年末，在以注册资金排序的中国融资租赁企业 10 强名单中，3 家企业注册地在天津（见表8），分别为排名第一的天津渤海租赁有限公司、排名第二的工银金融租赁有限公司以及排名第七的长江租赁有限公司，可见天津的融资租赁企业在全国具有较强的竞争力。

表8 2018 年中国融资租赁企业 10 强排行榜

排名	企业	注册时间	注册地点	注册资金(亿元)
1	天津渤海租赁有限公司	2008 年	天津	221.01
2	工银金融租赁有限公司	2007 年	天津	180.00
3	平安国际融资租赁有限公司	2012 年	上海	132.41
4	浦航租赁有限公司	2009 年	上海	126.83
5	国银金融租赁股份有限公司	1984 年	深圳	126.42
6	远东国际租赁有限公司	1991 年	上海	125.35
7	长江租赁有限公司	2004 年	天津	107.90
8	芯鑫融资租赁有限责任公司	2015 年	上海	106.50
9	郎丰国际融资租赁(中国)有限公司	2016 年	珠海	103.50
9	上海易鑫融资租赁有限公司	2014 年	上海	103.50
10	中航国际租赁有限公司	1993 年	上海	99.78

资料来源：中国租赁联盟、联合租赁研发中心、天津滨海融资租赁研究院。

天津金融蓝皮书

三 2018年天津金融改革创新情况

（一）进一步深化自贸区金融改革

2018年，天津自由贸易试验区（以下简称"自贸区"）金融改革创新发挥实效，跨境资金收支总量实现快速增长，涉外经济发展态势良好，对全市涉外经济主要总量指标贡献度稳步提升，有力支持了天津开放型经济高质量、高效益、可持续发展。

1. 金融制度创新持续推进，助推金融跨境业务快速发展

2018年5月24日，国务院发布《进一步深化中国（天津）自由贸易试验区改革开放方案》（以下简称《深改方案》）。中国人民银行天津分行认真贯彻落实《深改方案》和天津市委、市政府的工作部署和要求，全力做好组织推动，《深改方案》落实工作进展顺利，效果显著。截至2018年末，中国人民银行印发的《关于金融支持中国（天津）自由贸易试验区建设的指导意见》（简称"金改30条"）和《深改方案》准予实施政策已全部落地，自贸区FT账户复制工作正式启动，金融创新绿地森林效应不断扩大。从天津自贸区挂牌至2018年12月末，区内主体累计新开立本外币账户6.4万个；办理跨境收支1773.9亿美元，占全市的24.7%；结售汇金额为755.4亿美元；跨境人民币结算3577.4亿元人民币，占全市的41.2%。

2. 坚持金融服务实体经济，贸易投融资更加便利高效

2018年，跨境投融资渠道有效拓宽，区内企业开展全口径跨境融资累计借用外债40.3亿美元，区内银行发放境外人民币贷款198.4亿元，跨境双向人民币资金池业务结算量达364.1亿元人民币；取消A类企业贸易收入待核查管理，外汇资本金和外债资金实行意愿结汇，使企业资金周转效率大幅提升；大力推动金融创新"放管服"改革，实施外汇业务"一站式"综合服务、企业开户"绿色通道"、金融集成电路（IC）卡"一卡通"服务等一系列便民惠民措施，有效提升了金融服务效率和水平。

3. 突出特色创新政策优势，全力支持租赁业做大做强

天津东疆保税港区（简称"东疆"）成为全国首家获批开展经营性租赁收取外币租金业务的区域，业务成交额已突破 50 亿美元；天津获批成为全国唯一开展外资融资租赁公司外债便利化的试点地区，全国首笔融资租赁公司外债便利化试点业务在天津落地实施，有效满足了市场主体的实际融资需求；天津成为飞机离岸融资租赁对外债权登记创新业务、企业下设的特殊项目公司（SPV）共享母公司外债额度政策全国首批且唯一试点地区；大力实施外债意愿结汇、联合租赁和外汇资金集中运营等创新政策，实现了多个全国"首单"和"第一"，天津租赁产业集聚效应不断显现，辐射带动作用进一步增强，有力地促进了天津建设国家租赁创新示范区。

4. 金融政策复制性初步实现，简政放权力度不断加大

"金改 30 条"中 11 项政策已在全国复制推广，具体包括：货物贸易 A 类企业贸易收入不入待核查账户、直接投资外汇登记下放银行办理、外汇资本金实行意愿结汇、外债资金意愿结汇、放宽跨国公司外汇资金集中运营管理准入条件、融资租赁收取外币租金、外债宏观审慎监管、支持自贸区内金融机构和企业按宏观审慎原则从境外借用人民币资金、区内企业的境外母公司可按规定在境内发行人民币债券、区内企业和金融机构按规定在境外发行人民币债券募集资金可调回区内使用、区内个人开展经常项下跨境人民币业务。自贸区的先行先试、政策引领作用明显增强。

（二）持续加大对民营小微企业的金融支持

2018 年，天津金融部门积极贯彻落实党中央、国务院关于做好民营企业和小微企业金融服务的决策部署，有效落实"几家抬""三支箭"政策，周密部署，紧锣密鼓地推动了一系列工作，多措并举、综合施策，全力以赴做好民营小微企业金融服务各项工作。

1. 制定出台系列文件，提供有力政策支持

2018 年初，中国人民银行天津分行制定实施了《金融支持天津实体经济和高质量发展的指导意见》以及 8 个专项行动计划，明确小微企业贷款

"扩面增量"的任务目标;11月12日,制定实施《关于进一步深化民营和小微企业金融服务的实施意见》,提出 3 个方面 16 条具体措施,督促金融机构努力实现"两增一降一长效";此外,还相继出台了《关于进一步做好非金融企业债务融资工具发行服务工作的指导意见》《关于定期报送小微企业金融服务相关情况的通知》《"金融服务民营和小微企业百日行"活动方案》等一揽子政策措施,加强对金融机构的督促指导,加大推动力度。11 月 9 日,中国人民银行天津分行联合天津银保监局、天津证监局、天津市金融工作局制定出台《关于进一步深化民营和小微企业金融服务的实施意见》,提出了 24 条含金量高、长短结合、精准发力、标本兼治的政策措施,其中专项安排不少于 200 亿元的央行支持资金,为民营和小微企业注入"源头活水"。

2. 推动银企信息对接,满足民营小微企业融资需求

中国人民银行天津分行组织全市银行业金融机构开展"金融服务民营和小微企业百日行"活动,推动银企信息对接、需求对接、项目对接,确保各项金融支持政策早落地、早见效、出实效。全市金融机构积极走访民营和小微企业,大力挖掘有融资需求的企业。11 月 21 日,中国人民银行天津分行承办天津市政府召开的银企项目对接会,组织推动 22 家金融机构与民营企业举行现场签约,签约金额为 22 亿元。特别是大力推动民营企业债券融资支持工具落实落地,截至 12 月 13 日,由中信银行创设信用风险缓释凭证的天士力医药集团股份有限公司中期票据项目各项发行程序圆满结束,实现了全国首单民企中长期债券融资支持工具在津落地。

3. 综合运用政策工具,激发市场内生动力

中国人民银行天津分行认真落实普惠金融定向降准政策,四次降准累计向 7 家地方法人金融机构释放资金 377 亿元。不断优化宏观审慎评估管理制度,通过增设小微企业金融服务专项指标,将资本充足率容忍度提高 4 个百分点,引导金融机构将更多资金投向民营和小微企业。充分发挥再贷款、再贴现和常备借贷便利等政策工具的优势,推动天津滨海农商银行用 4 天时间完成 50 户民营企业贷款发放,11 月 8 日以"先贷后借"方式一次性向其提供 3 亿元再贷款支持。

4.推进金融产品创新，提高小微服务水平

2018年，天津市实施小微企业应收账款融资专项行动，降低小微企业资金成本。推动投贷联动试点，争取国家开发银行、中国银行等试点银行在津设立投贷联动机构。大力推广知识产权质押、供应链融资等新型信贷产品，解决轻资产、创新型小微企业的融资难问题。根据小微企业贷款"期限短、额度小、频率高、用款急"的特点，鼓励和支持"小微快贷""银税互动""税e融"等融资产品和服务进行创新，降低准入门槛，提高放款效率。

（三）不断加强金融基础设施建设

2018年，中国人民银行天津分行以社会需求为导向，以科技进步为动力，积极拓展服务领域、完善基础设施、提升服务层次，真正把金融服务社会、服务民生落到实处。

1.支付服务体系稳健发展，服务范围不断延伸扩展

2018年，天津市支付系统共处理人民币业务10.0亿笔，共计金额132.5万亿元，同比分别增长4.8%和7.8%。主要改革创新包括以下内容。一是大力推进支付领域金融支持实体经济，有效落实"三缩短、三支持"要求，优化企业银行开户服务，督促银行机构出台99条便企利民措施。二是持续加强支付市场监督管理，建立无证机构经营专项打击常态化工作机制，深化与公安部门联合反欺诈机制；妥善做好法人支付机构备付金管理，天津市法人支付机构交存比例提升至93.57%；创新监管手段，全国首创利用公安部门全国人口信息库进行支付机构存量特约商户法人信息、图像信息比对核实试点，并应用于现场检查工作。三是认真做好各项试点工作。深入开展移动支付便民支付示范工程，完成天津地铁、市内及滨海公交受理终端移动支付改造工作；全面推进示范商圈和示范街区建设，建成23个移动支付示范商圈和32个移动支付示范街区。

2.征信基础设施建设持续加强，征信服务不断深化

2018年末，征信系统共收录天津市23.7万户企业和其他经济组织、

993.4 万自然人的相关信息，受理个人和企业信用报告查询数分别达 67.1 万笔、9093 笔，在全市 28 个网点布置了 40 台征信自助查询机，覆盖了全部区县。主要改革创新包括以下方面。一是持续深入推进房地产开发企业信用、融资租赁业信用、小微企业信用和农村信用四个体系建设，在全国率先开展基本医疗保险诚信体系建设，进一步开展天津市用电诚信体系建设、劳动关系和谐企业信用体系建设和民营中小企业信用体系建设等工作。二是大力推广应收账款融资服务平台，通过组织召开民营企业和小微企业应收账款融资推介会、印发通报督导、开展实地调研、诚信宣传培训等方式，多措并举提高平台利用率，拓宽企业融资渠道，平台全年成交 295 笔，同比增长 130%，成交总额为 264 亿元，同比增长 24.7%，近七成资金流入中小企业。三是进一步加强金融信用信息基础数据库建设，制定印发了《天津市征信信息风险防控管理暂行办法》等 4 项制度办法，着力从开展征信信息安全巡查、加强机构现场检查等方面落实有关监管措施。

3. 金融信息化建设扎实推进，金融服务更加安全高效

一是积极推动金融 IC 卡普及应用。截至第三季度末，天津市金融机构累计发行金融 IC 卡 4748 万张；在全国首次实现公交和交通罚款银联支付产品全覆盖，云闪付 App 乘公交日均 40 多万笔，地铁手机闪付过闸日均 10 万笔。二是扎实做好系统维护和科技服务工作。开展省级数据中心基础环境"云"化工程，完成省级数据中心数据库服务器虚拟化实施工作；组织开展了二代 TIPS 系统、ACS 子系统等 10 余个信息系统上线和升级改造工作，不断优化、升级网络安全设备。三是切实加强金融业信息安全指导。加快推进金融标准化建设，开展"普及金融标准，提升服务质量"主题活动，做好金融机构编码管理及推广。积极推动国产密码算法在网银、金融 IC 卡、移动金融系统的应用普及，渤海银行、天津农商银行完成国产密码算法 IC 卡、网银和 ATM 终端改造计划。组织开展第五届网络安全宣传周、金融科技活动周等活动，积极开展金融网络安全和科技知识宣传。

B.2
2018年天津金融发展指数报告

林文浩　刘浩杰*

摘　要： 本报告在分析天津金融发展指数编制的背景、目的、意义、编制方法的基础上，基于可比口径的数据和指标，对数据进行了深入的分析，对天津2006~2018年的金融发展程度进行量化处理与计算，形成了天津金融发展指数。主要结论如下：以2006年作为基期（1000点），2018年的金融发展指数上涨到7361点，当年的同比增速达到了4.5%，12年以来的平均增长速度高达18.1%，反映出天津金融业的稳步发展；金融市场领衔增长（2018年达25221点，年均增速为30.9%），创新水平稳步提高（2018年达6418点，年均增速为16.8%），金融机构较快发展（2018年达4841点，年均增速为14.0%），金融人才与金融生态环境平稳发展（2018年分别达到2042点和1842点，年均增速分别达到6.1%和5.2%）。

关键词： 天津　金融市场　金融机构　金融创新　金融发展指数

---

* 林文浩，中国滨海金融协同创新中心研究员，天津财经大学金融系讲师，研究方向为货币政策、区域金融；刘浩杰，天津财经大学硕士研究生，研究方向为国际金融。

一 天津金融发展指数编制目的、意义和方法

（一）天津金融发展指数编制的背景

2013 年 5 月，习近平总书记来到天津考察工作并提出了"三个着力"①的重要要求，为天津长期发展提供了根本遵循和行动纲领。2014 年 12 月，中国（天津）自由贸易试验区正式获批，天津自贸区也由此开展了金融领域的制度创新工作。2015 年 4 月，中央审议通过《京津冀协同发展规划纲要》。这一规划纲要最重要的作用是明确了京津冀三地各自的定位与分工。其中，天津担负着建设金融创新运营示范区的新时期重任。2015～2017 年，天津以供给侧结构性改革为主线，推进京津冀协同发展，深化金融改革开放。2018 年，天津认真落实了总书记提出的"三个着力"，以"五位一体"和"四个全面"分别作为整体布局和战略布局，推动天津现代化建设。深入推进供给侧结构性改革，加快建设金融创新运营示范区，积极推进国家租赁创新示范区建设，提升金融服务实体经济的能力。

当前，天津正处在多机遇叠加的历史性关键时期，要在京津冀协同发展战略部署的基础上突出自贸区和金融创新运营示范区建设，打造改革开放新高地，服务"一带一路"扩大金融双向开放，实现经济高质量发展。2018年，天津保持战略定力，聚焦高质量发展，将城市的战略重点转到拼质量、拼效益、拼结构、拼绿色度上来，全年实现生产总值 18809.6 亿元，增速为 3.6%，新动能加快成长，需求结构优化升级，高质量发展态势逐渐形成。2018 年，天津金融业贯彻落实稳健中性的货币政策，金融运行总体稳定，金融结构不断优化，直接融资占比明显提高，民营和小微企业融资难题有所缓解。加快建设金融创新运营示范区，创新推广更多好用的金融产品。全力打造国家级的金融租赁示范区，发挥引领示范效应，特别是出口与离岸租赁

---

① 着力提高发展质量和效益、着力保障和改善民生、着力加强和完善党的领导。

领域，进一步增强天津租赁业的整体实力。积极防范化解重大风险，守住了不发生区域性、系统性金融风险的底线。

近年来，学界已经在城市发展领域广泛运用量化手段以及科学管理方法。从现有的国际金融中心指数来看，无论是新华－道琼斯国际金融中心发展指数（IFCD Index）还是全球金融中心指数（GFCI），都适用于成熟的金融中心城市的实力比较，对于还处于成长阶段的城市并不适用。于是，立足于目前的需求，有必要编制一个易于操作、开放系统、全面严谨、具有一定代表性的金融发展指数，作为对天津金融发展水平进行评价的依据，从而协助政府决策。

（二）天津金融发展指数编制的目的

天津金融发展指数是一个全面系统的科学评估体系，能够在动态中精准度量天津金融发展的水平与景气程度，这也是本报告研究的目的所在。通过天津金融发展指数的编制与运用，首先，能够全面、客观、科学地量化天津金融业发展水平与景气程度；其次，可以明确天津在金融领域的目标定位；再次，可以通过对金融业景气程度的逐层解构分析服务行业的协调发展情况；最后，能够实时观测天津金融发展的政策定位落实情况。

（三）天津金融发展指数编制的意义

天津金融发展指数的研究基础是金融中心指数研究的相关应用经验与理论方法，并以天津作为研究对象量身打造，综合金融各个方面进行严谨分析，掌握了第一手资料，实现跨学科交叉分析手段的综合应用，围绕天津金融业将理论技术与发展现实做有机结合，从而形成针对性强、普适度高的金融发展指数。

（1）较为突出的实用价值

金融发展指数等相关指标体系作为金融行业发展变化的风向标以及晴雨表，是刻画相关金融行业发展情况的重要依据，也是一些金融机构以及相关监管部门内外部交流的重要媒介，为持续推动金融行业健康快速发展提供非常重要的监测工具。

（2）较为明确的功能作用

通过相对深入地分析国外和国内较为典型的相关金融纵向发展类指数和相关金融横向竞争等指数的应用经验以及相关编制方法，得到充足的相关指标样本以及研究的方法与思路。参照天津市金融业的发展现实，推断并总结天津市相关金融业持续健康发展的基本要素和重要目标。指标选取具有可操作性和代表性强的特点，从而降低相关评价对象的复杂程度，以实现有效度量天津市金融景气程度的目标。

（3）较为创新的研究方法

相较于 20 世纪 80 年代的传统金融指标体系，本指数主要应用于金融发展处在持续稳健成长阶段，遵循相应的发展要求以及创新思路，着力凸显金融创新示范区的天津市金融行业的相关测评，进而填补了传统金融指数未能评价持续稳健成长阶段金融行业的不足，积累了金融发展指标体系的应用经验以及研究方法。

（4）较为广泛的应用前景

在优化实践检验以及完善数据收集的基础上，本课题组在未来将定期持续发布天津市金融行业发展程度的相关指数，不仅能够实现天津市金融行业景气状况、发展速度和实现程度的纵向比较，还将为达成多个金融区域的竞争实力的横向比较起到铺垫作用。

（四）天津金融发展指数编制的方法

本报告的金融发展指数基本围绕天津市金融行业的相关定位。首先，构建反映天津金融发展的三级评价指标体系，涵盖金融市场、金融机构、金融人才、金融创新、金融生态环境五项内容（见图1），根据相关指标的相对重要程度和天津市金融行业相关定位的战略导向，通过专家打分等方法设置相应的权重。其次，给予相关指数能够相对有效地体现金融行业发展和进步程度以及发展景气程度的内涵。其中，金融行业的发展速度能够综合体现天津市金融行业的发展轨迹，能够体现金融发展指数的连贯性和持续性；景气程度等指标体系反映了天津市金融行业的发展趋势，以及指标体系的前瞻性。

通过进一步向金融市场发布景气以及相关发展情况的信号，精确推断未来一段时间天津市金融行业的发展前景。最后，在公开渠道等重要途径以及权威的金融机构获得相关的评价以及原始数据，通过运用逐级加权平均等测算方法进一步构建相关指数的计算模型，进而测算得到金融发展指数。

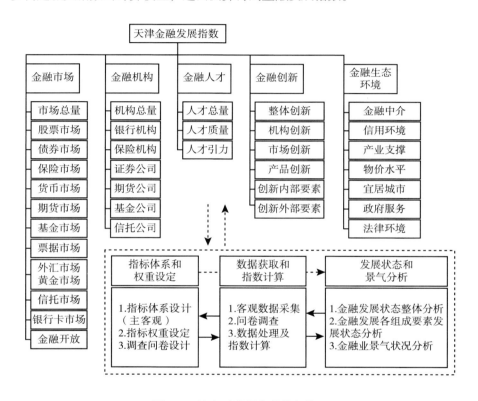

图 1　天津金融发展指数指标体系

在相关金融发展指标体系构建的方法及思路上，对金融人才、金融生态环境以及金融创新等难以量化的方面采用主观的评价方法。遵循综合性、数量精简以及开放型和战略导向的相关原则选取相应的指标，全部相关三级指标中的客观类型指标都选自权威的金融机构和重要的数据库，专业团队的相关人员将定期维护并更新各级指标的数据。在金融创新、金融机构、金融市场和金融生态环境等一级指标中，包含 36 个二级指标和 105

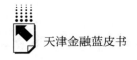

个三级指标①。

在完成相关的评价指标体系的构建之后，本报告选取 2006 年末作为研究的基期（1000 点），测度全部三级指标 2007 ~ 2018 年的相对基期数值，进而根据各个指标分别测度其 12 年的持续增长速度。最终，通过逐级加权平均等测算方法建立金融指数测度模型，进而得出各级金融发展指数的相应数值。

二　天津金融发展指数整体分析

（一）金融业整体分析

本报告根据可比性较强的数据以及口径指标，通过综合分析和系统统计等分析方法，计算了 2006 ~ 2018 年天津金融发展指数及环比指数（见图 2）。

自"十一五"规划以来，天津市金融行业总体健康持续快速发展。2018 年，天津市金融行业基本维持平稳运行，金融创新相关指数相较其他指数处于领先地位。金融各子市场维持平稳运行，金融机构迅猛发展，金融专业相关人才持续聚集，金融行业生态环境平稳优化。

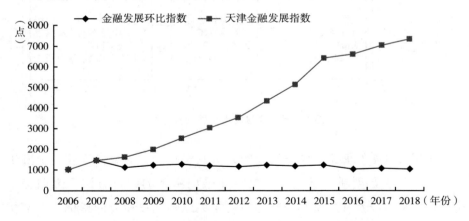

图 2　2006 ~ 2018 年天津金融发展指数及环比指数

---

①　在"金融市场"一级指标下加入"票据市场"二级指标和"银行承兑汇票余额"三级指标。

就发展速度而言，把2006年作为计算金融指数的基期（将2006年基期数值设为1000点，下同），截至2018年，天津市金融指数达到了7361点（见表1），2018年金融指数的增幅为4.5%，年平均增长速度为18.1%，比天津市地区GDP年平均增长速度高5.4个百分点，比全国GDP年平均增长速度高5.6个百分点。2006~2018年天津金融发展指数与天津地区GDP指数见图3。运用上年作为指数测度的基期，可以更加清晰地测度金融发展景气态势。其中，2007年金融发展景气态势处于最高点，相比2006年增长了45.8%。

表1 天津金融发展指数

单位：点

年份	以2006年为基期指数	以上年为基期指数
2006	1000	1000
2007	1458	1458
2008	1623	1113
2009	1990	1226
2010	2534	1273
2011	3037	1199
2012	3560	1172
2013	4343	1220
2014	5148	1185
2015	6432	1250
2016	6617	1029
2017	7044	1065
2018	7361	1045

如图4所示，金融各个子市场持续快速增长，2018年金融市场发展指数为25221点，2006~2018年平均增长速度达到30.9%；金融创新水平不断上涨，2018年金融创新发展指数为6418点，年均增长速度达到16.8%；金融机构持续健康发展，2018年金融机构发展指数为4841点，年均增长速度为14.0%；金融生态环境以及金融人才稳健优化，2018年其发展指数分别为2042点和1842点，年均增速分别为6.1%以及5.2%。

2018年，天津市金融行业稳健发展。2018年金融发展指数较上年增长4.5%，低于2006~2017年的平均增长速度19.4%。天津市金融各个子市

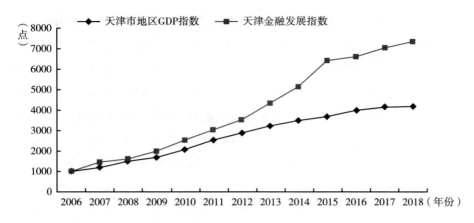

图3　2006~2018年天津金融发展指数与天津地区 GDP 指数

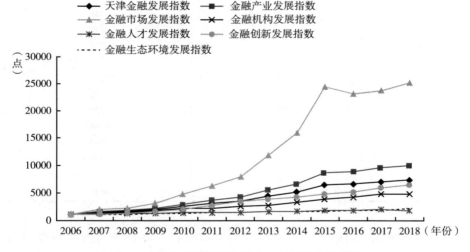

图4　天津金融发展指数以及一级指标发展指数

场基本仍处于调整阶段，2018 年金融市场发展指数较上年增长 6.6%，高于 2017 年较 2016 年增长 1.8% 的速度，但远低于 2006~2017 年 33.3% 的平均增长速度，体现出天津市金融市场具有周期性特征。2018 年金融创新发展指数的增长速度较为迅猛，较上年增长 8.4%，相较于 2006~2017 年的平均增长速度 17.5%，低 9.1 个百分点。2018 年，金融机构发展指数较上年增长 2.6%，相较于 2006～2017 年的平均增长速度 15.1%，降低 12.5 个百分点。2018 年，金融生态发展指数以及金融人才发展指数较上年分别增长 3.5% 和 1.4%，分别相较于 2006～2017 年的年平均增长速度降低 2.9 个和 4.2 个百分点。

（二）金融业分项走势分析

1. 金融市场发展指数

金融市场发展指数指标体系由金融开放以及市场总量等 13 个关键要素子指标组成。

就发展速度而言，如表 2 所示，用 2006 年作为计算基期，2018 年金融市场发展指数达到 25221 点，2018 年较 2017 年的增长幅度为 6.6%，2006～2018 年的平均增长速度为 30.9%。以上年为基期指数，2007 年金融市场发展指数为最大值，相比 2006 年增长 95.6%。2016 年增长速度为 -4.9%，自 2006 年来第一次出现下降的情况。

表 2　2006～2018 年天津金融市场发展指数

单位：点

年份	以 2006 年为基期指数	以上年为基期指数
2006	1000	1000
2007	1956	1956
2008	2213	1131
2009	3122	1411
2010	4717	1510
2011	6306	1337
2012	7910	1254
2013	11848	1498
2014	15893	1341
2015	24429	1537
2016	23235	951
2017	23650	1018
2018	25221	1066

就金融市场发展指数各市场而言，2006～2018 年，平均增长速度最快的是货币市场以及基金和债券市场，高于 31.0%，超过金融市场发展指数 2006～2018 年的平均增长速度（30.9%）。保险市场较平稳，发展指数年平均增长速度为 6.7%，低于金融市场发展指数的年平均增长速度。

2. 金融机构发展指数

金融机构发展指数主要包含机构总量以及 6 种机构指数等要素。

如表 3 所示，以 2006 年为计算基期，2018 年，天津金融机构发展指数为 4841 点，相较于 2017 年的 4717 点，增长了 2.6%。2006～2018 年，天津金融机构发展指数平均增速为 14.0%，低于天津金融发展指数的平均水平。而以上年为基期，天津金融机构发展指数在 2007 年达到高点。

表3　2006～2018 年天津金融机构发展指数

单位：点

年份	以 2006 年为基期指数	以上年为基期指数
2006	1000	1000
2007	1350	1350
2008	1494	1107
2009	1813	1213
2010	2157	1190
2011	2254	1045
2012	2616	1161
2013	2828	1081
2014	3359	1188
2015	3873	1153
2016	4230	1092
2017	4717	1115
2018	4841	1026

综合分析 2006～2018 年天津金融机构发展情况，年均增速最快的机构为基金公司和保险机构，年均增速超过 20%。相对而言，证券、银行、期货、信托等机构发展较为平稳，其年均增速分别为 13.0%、12.6%、

11.3%、0。

2018 年，天津金融机构发展整体处于平稳的态势。保险机构发展较快，增幅高达 20.0% 以上，景气程度是所有 6 个子机构中最高的。银行机构、信托机构同比增长 1.7% 和 0，增速居中。而期货机构、证券机构和基金公司增幅为负，分别为 −2.7%、−6.2% 和 −23.7%，景气指数偏低。

3. 金融人才发展指数

金融人才发展指数主要由人才总量、人才质量和人才引力 3 个要素构成。以 2006 年为计算基期，2018 年天津金融人才发展指数为 2042 点（见表 4），同比增速为 3.5%。2006 ~ 2018 年，天津金融人才发展指数平均增速为 6.1%，其中，2007 年和 2010 年的景气程度较高，分别较上年增长了 19.6% 和 14.2%。

表 4　2006 ~ 2018 年天津金融人才发展指数

单位：点

年份	以 2006 年为基期指数	以上年为基期指数
2006	1000	1000
2007	1196	1196
2008	1202	1005
2009	1223	1017
2010	1396	1142
2011	1463	1048
2012	1526	1043
2013	1631	1069
2014	1662	1019
2015	1766	1063
2016	1886	1068
2017	1974	1047
2018	2042	1035

从天津金融人才发展指数的发展结构来分析，2006 ~ 2018 年，人才质量发展指数平均增速最快，为 6.3%，高于金融人才发展指数 6.1% 的平均

水平。而人才总量发展指数和人才引力发展指数两个指标的增速较为平稳，年均增速均为5.8%，低于金融人才发展指数6.1%的平均水平。

4. 金融创新发展指数

金融创新发展指数由整体创新、产品创新、市场创新、机构创新、创新内部要素和创新外部要素等6个要素指数共同构成。

以2006年为计算基期，2018年金融创新发展指数为6418点（见表5），较上年增长8.4%，2006～2018年平均增速为16.8%，该指标在天津金融发展指数指标中占据93%的水平，表明金融创新在金融发展中占据重要作用。2011年，天津金融创新发展指数达到一个高点，实现增速42.9%。

表5　2006～2018年天津金融创新发展指数

单位：点

年份	以2006年为基期指数	以上年为基期指数
2006	1000	1000
2007	1131	1131
2008	1344	1187
2009	1593	1186
2010	1953	1226
2011	2791	1429
2012	3462	1240
2013	3923	1133
2014	4239	1080
2015	4774	1126
2016	5165	1082
2017	5920	1146
2018	6418	1084

资料来源：课题组制作。

2018年天津金融创新整体发展平稳，但相较于2017年的发展状态增速有所下滑。2018年实现增速8.6%，比2006～2017年的年均增速17.5%要低很多。从指数发展结构来分析，机构创新发展指数、产品创新发展指数在

2006～2018 年增速较快，两个子指数的年平均增速分别达到 32.7%、
17.4%，均比金融创新发展指数 16.8% 的年平均增速要高。而其余几个指
数（市场创新、整体创新、创新内部要素、创新外部要素指数）发展较为
平稳，2006～2018 年平均增速分别为 12.0%、9.2%、5.4%、5.2%，相较
于金融创新发展指数的平均增速 16.8% 要低。

5. 金融生态环境发展指数

金融生态环境发展指数由信用环境、金融中介、产业支撑、宜居城市、
物价水平、法律环境、政府服务等 7 个要素子指数构成。

从发展速度看，以 2006 年为计算基期，2018 年金融生态环境发展指
数为 1842 点（见表6），较 2017 年增长 1.4%，2006～2018 年的平均增速
为 5.2%。2008 年、2011 年金融生态环境发展指数增长较快，分别较上年
增长 8.8% 和 9.2%，其余各年增长较为平稳。

表6　2006～2018 年天津金融生态环境发展指数

单位：点

年份	以 2006 年为基期指数	以上年为基期指数
2006	1000	1000
2007	1066	1066
2008	1160	1088
2009	1209	1042
2010	1288	1065
2011	1406	1092
2012	1488	1058
2013	1561	1049
2014	1638	1049
2015	1707	1042
2016	1756	1028
2017	1816	1034
2018	1842	1014

从发展结构看，2006～2018年平均增速最快的要素为产业支撑，其发展指数平均增速为7.0%。与此同时，政府服务发展指数的年平均增速为5.2%。法律环境、金融中介、信用环境、宜居城市发展指数较为平稳，年均增速分别为5.1%、4.6%、4.1%、4.1%，低于金融生态环境发展指数年平均增速5.2%。此外，物价水平指数10年平均增速为－1.0%①。

（三）金融业发展信号预警

2018年，天津金融业整体发展较为平稳，相较于上一年在增速水平上有所下降。其中，金融创新发展指数同比增速为8.4%，金融市场发展指数的同比增速为6.6%，金融机构、金融人才和金融生态环境发展指数增速相对稳健，同比增速分别为2.6%、3.5%和1.4%。就2006～2018年的综合发展态势来分析，金融市场、金融创新、金融机构发展指数的年平均增速相对较高，年平均增速分别为30.9%、16.8%和14.0%。

2018年，一级指标的环比指数大多有所回落。其中，金融创新、金融机构环比指数分别达到1084点、1026点，比2017年有所降低；金融人才和金融生态环境环比指数分别达到1035点、1014点，比2017年略有下降。但是。2018年金融市场的环比指数达到1066点，比2017年有所提升。

如表7所示，2018年，天津金融业整体、金融产业、金融市场、金融机构、金融创新和金融生态环境6个指标均处于增长偏低的水平，而金融人才处于正常趋缓的水平。具体来说，处于增长偏低状态的6个指标对应的指数均为正，但低于2006～2017年平均增速的50%，属于增长偏低。而金融人才指数的同比增速略低于2006～2017年历史平均增速，属于正常的发展态势。

---

① 在分析价格变化时，往往使用10年平均增速作为参考标准，本报告中物价水平指数为负，是源于物价水平为逆指标，物价上涨物价指数为负。

表7 2018年天津金融业景气程度信号分析

指数	金融业整体	金融产业	金融生态环境	金融市场	金融机构	金融创新	金融人才
增长趋热							
快速增长							
正常趋涨							
正常趋缓							√
增长偏低	√	√	√	√	√	√	
不景气							

注：将景气程度分为6种情景：①增长趋热：2018年该指数增速高于2006～2017年历史最高增速；②快速增长：2018年该指数增速低于2006～2017年历史最高增速、高于2006～2017年历史平均增速1.5倍；③正常趋涨：2018年该指数增速低于2006～2017年历史平均增速1.5倍、高于2006～2017年历史平均增速；④正常趋缓：2018年该指数增速低于2006～2017年历史平均增速、高于2006～2017年历史平均增速50%；⑤增长偏低：2018年该指数增速为正，但低于2006～2017年历史平均增速50%；⑥不景气：当年该指数增速为负。

三 天津金融发展指数分项分析

对天津金融发展指数一级指标及其二级指标分别进行详细分析，可以更加深入地了解天津金融业的发展程度和景气状况，探索主要发展驱动因素及亟待提升的核心领域。

（一）金融市场发展度分析

金融市场是天津在京津冀协同发展中的重点。2018年，天津金融市场呈现交易规模有所回落、各类市场表现分化、直接融资功能增强的特点。

在天津金融发展指数分析中，金融市场的权重为42%，其13个子市场的权重如表8所示。

1. 金融市场整体

2018年，金融市场发展速度有所回升。金融市场发展指数达到25221点（见图5），比2017年增长6.6%。整体来看，天津金融市场总量发展指

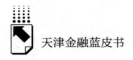

表8 金融市场及其二级指标权重

单位：%

市场类型	权重
金融市场整体	42
1. 市场总量	20
2. 股票市场	10
3. 债券市场	13
4. 保险市场	5
5. 货币市场	10
6. 期货市场	6
7. 基金市场	4
8. 票据市场	2
9. 外汇市场	2
10. 黄金市场	2
11. 信托市场	9
12. 银行卡市场	5
13. 金融开放	12

数和金融市场开放发展指数比2017年略有降低。金融市场总量和金融开放发展指数同比增幅分别达到 - 0.9% 和 - 4.7%。从金融市场的子市场看，2018年，除保险市场、股票市场、信托市场同比增幅为负，景气程度较低外，其他市场的同比增幅都为正，景气程度较高。

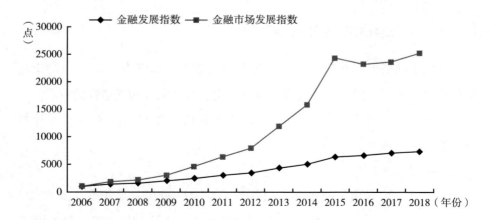

图5 天津金融市场指数与金融发展指数曲线

鉴于天津金融市场交易规模回落、各类市场表现分化、直接融资功能有所增强等叠加影响，2018 年金融市场景气状况有所回升，金融市场环比指数为 1066 点，高于同期天津金融发展环比指数的 1045 点（见图 6），反映出金融市场的回暖。

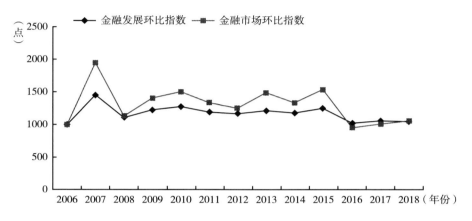

图 6　天津金融市场与金融发展环比指数

2. 市场总量及金融开放

（1）市场总量

市场总量指标反映了一个地区金融市场的深度和广度，是天津金融业发展水平的重要体现，鉴于其重要性，本报告将其权重设定为 20%。2018 年，金融市场总量发展指数为 7304 点，环比指数为 991 点，较 2017 年有所下降。金融业增加值环比指数为 1008 点；金融业增加值占 GDP 的比重环比指数为 996 点。

2018 年，天津金融市场交易总量（沪深两市交易总额）为 51598.5 亿元，较上年下降 10.0%。2018 年，金融业增加值为 1966.9 亿元，较上年增长 7.2%，金融业增加值占天津地区 GDP 的比重为 10.5%，居全国主要城市前列，金融业全年纳税额同比增长 16.9%，占全市总税收的 9.8%，较上年提高 1.6 个百分点。2018 年，天津市新增地区社会融资规模为 3074.8 亿元，融资规模有所回升。从融资结构看，本外币各项贷款为 2304.1 亿

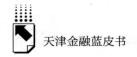

元，贷款占新增地区社会融资规模的 74.9%，较上年下降 7.7 个百分点；表外融资减少 1054.7 亿元，"去通道""缩链条"态势明显。实体经济直接融资 714.6 亿元，同比增加 894.2 亿元，占新增地区社会融资规模的 23.2%。

（2）金融开放

金融开放反映了天津金融业的国际化程度，本报告将其权重设定为 12%。自"十一五"时期以来，天津金融开放水平不断提高。天津自贸区成立后，天津金融开放的脚步逐渐加快。受交易规模下降的影响，2018 年天津金融开放指数为 7025 点，比 2017 年略有下降；2018 年金融开放环比指数为 954 点，比 2017 年下降 4 点，主要受到外资银行资产规模和跨境贸易人民币结算量下降的影响。

2018 年，天津跨境贸易人民币结算金额为 2139.8 亿元，比 2017 年下降 10.5%。天津外资银行有 45 家，比 2017 年减少 7 家；外资银行资产总额达 792.0 亿元，比 2017 年下降 10.8%。外资保险公司有 17 家，比 2017 年增加 4 家。天津市的海外上市公司（含 H 股、S 股）有 4 家，与上一年持平。

2018 年，天津市人民币跨境收付 2139.8 亿元中，实收 966.0 亿元，同比下降 14.0%；实付 1173.9 亿元，同比下降 7.5%。其中，与欧美地区发生的人民币跨境收付款额的占比为 28.9%，同比下降 3.5 个百分点；与中国香港发生的人民币跨境收付款额的占比为 38.6%，同比增长 3.5 个百分点。境内主体参与积极性提升，2018 年新增企业 1040 家，同比增长 17.3%。经常项下资金净流出 261.2 亿元，同比减少 7.8%，资本项下资金净流入 53.3 亿元，同比减少 61%。

3. 金融市场子市场

2006～2018 年，基金市场和债券市场是年均增速最快的市场，指数年均增速为 30.8%。2018 年，基金市场、债券市场发展指数分别达到 71849 点、104674 点。2018 年，货币市场、信托市场、期货市场、外汇市场、银行卡市场、股票市场、票据市场、黄金市场、保险市场的发展指数分别达到

25509 点、25088 点、22205 点、16224 点、12431 点、7784 点、4914 点、3214 点、2169 点，比 2017 年分别增长了 53.3%、－23.3%、10.3%、26.1%、7.6%、－14.1%、21.2%、0、－0.5%。

2018 年，各金融子市场的增长情况出现分化，货币市场、基金市场、票据市场、债券市场、期货市场、银行卡市场呈现增长态势，环比指数分别达到 1533 点、1365 点、1212 点、1169 点、1103 点、1076 点，比 2017 年分别提升了 419 点、724 点、255 点、102 点、100 点、14 点。2018 年，信托市场、股票市场、保险市场出现负增长，环比指数分别达到 767 点、859 点、995 点。2018 年，黄金市场环比指数为 1000 点，较上一年保持不变。

为深入分析各个金融子市场的结构和特征，本部分将介绍其在 2006～2018 年的发展状况。

（1）股票市场

为建设金融创新运营示范区，天津始终重视直接融资的作用，将积极利用多层次的股票市场作为建设金融创新运营示范区的重要举措。因此，本报告将其权重设定为 10%。

2018 年，股票市场发展指数与环比指数分别为 7784 点和 859 点，较上年都有所下降。2018 年，股票市场交易额环比指数、股票市场融资额环比指数、境内上市公司数环比指数有所分化，分别为 794 点、166 点、1020 点。2018 年，天津股票市场交易额为 20093.7 亿元，同比下降 20.6%；天津境内上市公司数为 50 家，比 2017 年增加 1 家。2018 年，天津上市挂牌企业数快速增长；新增境内外上市和新三板挂牌企业 18 家，累计达到 259 家，年末证券账户 516.8 万户，同比增长 8.2%。2018 年，股票市场融资额为 9.1 亿元，同比下降 83.4%。

（2）债券市场

债券市场是现代金融市场的核心之一，本报告将其权重设定为 13%。2018 年，债券市场发展指数为 104674 点，比 2017 年增长 16.9%；债券市场环比指数为 1169 点，比 2017 年上升 102 点，增速有所回升。

2018 年，债券市场呈现平稳运行状态。天津（交易所）债券市场交

易额为 28698.0 亿元，比 2017 年下降 5.1%。天津国内债券筹资额为 2740.0 亿元，是 2018 年股票市场融资额的 301 倍。2006～2018 年，天津债券市场保持稳健发展，交易总额整体增加，2018 年略有下降，融资规模显著提升（见表 9）。

表 9　债券市场组成要素增速及环比指数

单位：%，点

指标	2006～2018 年平均增速	2018 年同比增速	2018 年环比指数
债券市场交易量（交易规模）	36.1	-5.1	945
当年国内债券筹资额（融资能力）	35.6	68.2	1682

2018 年，天津市社会融资规模同比上升，直接融资比重显著提高，融资效率稳步提升。天津债券筹资额 2740.0 亿元中，中期融资券筹资额与短期融资券筹资额分别为 801.0 亿元和 652.0 亿元。天津的非金融企业在银行间债券市场发行债务融资工具 1548.6 亿元，同比增长 80.8%，净融入资金 413.09 亿元。

（3）保险市场

考虑到保险市场的重要性，本报告将其权重设定为 5%。2018 年，保险市场平稳运行。天津市保险业共实现保费收入 560.0 亿元，同比下降 0.9%。其中，财产险保费收入为 144.4 亿元，同比增长 2.0%；人身险保费收入为 415.5 亿元，同比下降 1.9%。保险市场发展指数与环比指数略有下降，分别为 2169 点和 995 点。

2018 年，天津保险业稳步发展，保险机构运营良好。保险密度和保险深度分别为 3590.5 元/人、3%。"十三五"时期，天津保险业以多种方式投资实体经济，支持天津实现自身的崭新定位。

（4）货币市场

货币市场是短期资金市场，是金融市场的重要组成部分。本报告为货币市场赋予了 10% 的权重。2018 年，货币市场发展指数达 25509 点，涨幅达 53.3%；2018 年，货币市场环比指数达 1533 点，比 2017 年上升 419 点，增速显著提升。

2018 年，货币市场交易额快速增长。天津市金融机构在银行间同业拆借市场的交易金额为 29026.5 亿元，比 2017 年增加了 126.0%；净融入资金为 8276.7 亿元，同比增加 6.0%；隔夜和七天拆借金额的占比为 92.0%，拆入和拆出加权平均利率同比分别下降 22 个和 29 个基点。2018 年，天津现券买卖累计交易金额为 36482.7 亿元，同比下降 12.0%，现券买入和卖出收益率同比分别下降 0.75 个和 0.69 个百分点。天津债券回购交易金额 316912.5 亿元，同比增长 48.9%，质押式回购的占比为 98.6%。从利率水平看，天津质押式正回购和逆回购加权平均利率同比分别下降 30 个和 7.9 个基点。

（5）期货市场

本报告将期货市场权重设定为 6%。2018 年，天津市期货市场发展指数达到了 22205 点，同比增长 10.3%，市场交易规模保持平稳增长；天津市期货市场的环比指数为 1103 点，增速较 2017 年显著回升。天津法人期货公司资产规模和业务规模均较快增长。期货市场成交额为 66614.9 亿元，同比增长 10.2%。2018 年末，天津市 6 家法人期货公司资产合计为 94.0 亿元，同比增长 22.6%；净资产总额为 22.7 亿元，同比增长 2.6%。

（6）基金市场

2018 年，天津市基金市场发展指数为 71849 点，同比增长 36.5%；环比指数回升至 1365 点，比 2017 年上升了 724 点，增长速度显著提升。

本报告将基金市场权重设定为 4%。2018 年，天津基金市场交易规模为 2806.8 亿元，相比 2017 年增长了 36.5%。

（7）票据市场

2018 年，天津市票据市场发展指数为 4914 点，相比 2017 年增长 21.2%；票据市场的环比指数为 1212 点，环比增速比 2017 年有所提升。

2018 年，天津票据市场稳健发展，电子票据覆盖率稳步提升。2018 年末，天津市银行承兑汇票余额达到 3645.5 亿元，较上年末增加 502.1 亿元，

同比增长 16.0%，票据贴现加权平均利率为 4.78%，较上年下降 30 个基点。共办理电子商业汇票承兑业务 18.7 万笔，金额 6237.7 亿元，占全部商业汇票业务的比重分别达到 76.1% 和 97.0%，分别较上年提高 40.9 个和 11.7 个百分点。

（8）外汇市场

2018 年，天津市外汇市场发展指数上升到 16224 点，同比增长 26.1%；外汇市场环比指数为 1261 点，增长速度与上一年持平。本报告将外汇市场权重设定为 2%。

2018 年 4 月，天津自贸区正式挂牌三周年，《中国人民银行关于金融支持中国（天津）自由贸易试验区建设的指导意见》中准予实施政策全部落地，11 项措施在全国复制推广，24 项措施成效显著，天津自贸区的跨境收支总量占天津市的 25%，为促进天津高质量增长，形成全面开放新优势发挥了重要作用。

根据环球银行金融电信协会（SWIFT）发布的数据，2019 年 7 月，人民币成为国际支付第六大活跃货币（按境内和国际支付货币中的份额），份额为 1.81%。人民币国际化和天津自贸区建设，有力地促进了天津外汇市场的发展。

（9）黄金市场

2018 年，黄金市场发展指数、环比指数分别为 3214 点、1000 点，与 2017 年基本持平。本报告将黄金市场权重设定为 2%。

近年来，天津市的黄金市场健康有序发展。2018 年，天津市黄金市场整体运行态势良好，其中，金融机构黄金市场业务发展平稳，呈现交易机构数量增加、交易品种丰富等特点。

（10）信托市场

2018 年，天津市信托市场发展指数与环比指数双双下降，分别为 25088 点、767 点。本报告将信托市场权重设定为 9%。

2018 年，天津法人信托公司信托资产总额为 4004.5 亿元，相比 2017 年下降了 23.3%。2018 年以来，信托业监管持续加强，金融去杠杆导致信托业通道业务规模明显缩小，信托市场的资产规模有所下降。在《资管新规》打破刚性兑付的背景之下，信托产品吸引力下降，资金募集难度增大。同时，禁止产品嵌套、合格投资者门槛上升、资金池管理等将让信托市场经历转型的"阵痛"。此外，2018年12月《商业银行理财子公司管理办法》正式发布后，对整个资产管理行业的格局产生较大影响，信托市场将面临更大的竞争压力。

（11）银行卡市场

2018年，天津市银行卡市场发展指数与环比指数分别为12431点、1076点。近年来，伴随中国移动支付环境的日趋完善，天津银行卡市场快速发展，极大地便利了本市居民的交易。基于银行卡市场的重要性，本报告将银行卡市场权重设定为5%。

2018年，天津市支付系统共处理人民币业务10.0亿笔，金额为132.5万亿元，同比分别增长4.8%和7.8%。深入推进天津市移动支付便民示范工程，完成天津地铁、市内及滨海公交受理终端移动支付改造工作；全面推进示范商圈和示范街区建设，建成23个移动支付示范商圈和32个移动支付示范街区，移动支付受理环境改造工作稳步推进，全年完成联网通用移动支付交易量6757.1笔，交易额129.9亿元。2018年，与中国印钞造币总公司中钞信用卡产业发展有限公司联合开展基于联盟区块链、智能合约、电子签名、可信时间戳等技术的创新支付工具，便利中小企业融资。与此同时，天津市农村地区支付服务体系日趋便利高效，中国人民银行支付系统已基本覆盖全市所有乡镇。2018年，农村地区通过中国人民银行支付系统办理的业务笔数和金额分别达510.7万笔、15989.5亿元。支农惠农服务主体更加丰富，2018年末共有支付业务服务主体44家。

（二）金融机构发展度分析

金融机构是金融创新运营示范区的"岛屿"，密切联系着金融"海洋"中的各种要素。本报告将金融机构指标权重设定为33%，在金融机构指标下设计了7项二级指标，各个二级指标的权重见表10。

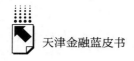

表10　金融机构及其二级指标权重

单位：%

指标	权重
金融机构整体	33
1. 机构总量	5
2. 银行机构	40
3. 保险机构	20
4. 证券公司	15
5. 期货公司	6
6. 共同基金	4
7. 信托公司	10

1. 金融机构整体

2018年天津市金融机构继续保持着平稳运行的态势，发展指数为4841点（见图7），相比2017年上升2.6%；环比指数达为1026点（见图8），比上年下降89点，增速有所回落。

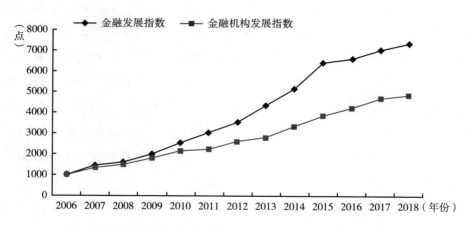

图7　天津金融发展指数与金融机构发展指数

从发展速度看，2018年金融机构发展指数上升到4841点，相比2017年增长2.6%，增速较2017年有所下降。

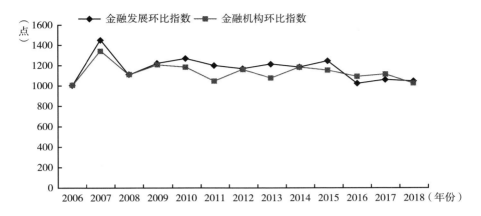

图8　天津金融发展环比指数与金融机构环比指数

　　天津市金融机构的数量和实力在2018年均获得了增长。一方面，2018年天津市的商业银行数量达到3167家，比上一年增加38家；天津市的法人证券公司1家，证券公司营业部数量达到151个，比上一年减少3个；天津市的法人保险公司数达到6家，保险公司机构数为675家，与2017年数量持平；天津市的法人期货公司共有6家，期货公司营业部数量达到32个，比上一年增加2个。另一方面，2018年，银行业金融机构资产总额达到4.94万亿元，比上一年增加0.15万亿元；不良贷款率达到2.6%，比2017年增加0.63个百分点；法人证券公司资产总额高达489.84亿元，比上一年减少了64.61亿元；保费收入为559.98亿元，比上一年增加5.0亿元；法人基金管理公司管理资产总额减少至13420.65亿元，比上一年减少了4472.3亿元。

　　2. 金融机构总量

　　从2018年天津市金融机构总量的角度来看，发展较为平稳。2018年，机构总量发展指数为2265点；环比指数为1000点，比2017年下降75点，增速有所放缓。

　　一个地区金融机构的数量反映了该地区金融体系中"岛屿"的丰富程度，所以本报告为其设定了5%的权重。

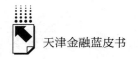

截至 2018 年末，天津市共有金融机构 6830 家，与 2017 年数量持平。2006～2018 年，天津金融机构数量的年均增速为 7.0%，增速较为稳健。

3. 金融机构子行业

从金融机构行业结构的角度来看，保险机构在 2018 年的增长速度较快，发展态势强劲；基金公司、证券公司、银行机构、信托公司、期货公司的增速相对平稳，发展态势比较稳健。

除金融机构整体评价外，金融机构所包含的 7 项二级指标中还包括 6 类金融机构。伴随全球经济回暖，天津市保险机构发展速度保持了较快水平，基金公司、证券公司、银行机构、信托公司、期货公司的发展速度持续保持稳定。6 类金融机构在 2018 年的同比增速比 2017 年有所回落。

在天津市的 6 类金融机构中，2006～2018 年发展速度最快的是基金公司，2018 年基金公司发展指数高达 10708 点，环比指数为 763 点，环比指数比 2017 年减少 1299 点，增速显著下降。近年来，基金公司管理资产总额在出现"井喷"式快速增长后，基金公司主动降低货币基金规模，降低单一产品集中度。保险机构、证券公司和银行机构的发展速度仅次于基金公司，指数分别为 9031 点、4355 点和 4132 点。其中，2018 年，保险机构发展指数为 9031 点，环比指数为 1200 点；银行机构发展指数为 4132 点，环比指数为 1017 点；证券公司发展指数为 4355 点，环比指数为 938 点，增速继续回落，由正转负；期货公司和信托公司的增速落后于上述四类机构，其发展指数分别为 3608 点和 1000 点，期货公司环比指数下降至 973 点。

（1）银行机构

2018 年，天津市银行机构持续增加，机构数量相比上年有所增加，资产、负债和营业收入平稳增长，净利润出现下降。银行机构发展指数上升至 4132 点，相比 2017 年增长了 67 点，增幅为 1.6%。天津市商业银行机构总数合计达 3167 家，与 2017 年相比增加了 38 家。天津市银行业金融机构总资产规模合计 4.944 万亿元，与 2017 年相比增加了 0.15 万亿元，同比增长 3.1%，增速进一步收敛。2018 年，负债总额为 4.7 万亿元，同比增长 1.5%，增速较上年下降 0.9 个百分点。全年实现营业收入 1113.0 亿元，同比上升 1.2%；实现净利润 279.3 亿元，同比下降 40.5%，降幅较上年扩大 31.4 个百分点。

2018 年，天津的存款小幅增长，存款结构变化较大。2018 年末，天津市本外币各项存款余额为 30983.2 亿元，同比增长 0.1%，较上年下降 2.8 个百分点，较年初新增 42.4 亿元，同比少增 831.4 亿元。其中，住户存款较年初增加 1188.6 亿元，同比多增 773.8 亿元；非金融企业存款较年初下降 516.9 亿元，同比少增 711.0 亿元；外币各项存款同比下降 14.5%，较年初减少 26.5 亿美元，同比多减 61.5 亿美元。全市存款增长面临较大压力，银行主动运用多种负债产品稳定存款，2018 年末，结构性存款较年初增加 956.9 亿元，同比增长 62.5%；大额存单较年初增加 573.2 亿元，同比增长 102.5%。

2018 年，天津的贷款平稳增长，对重点领域投放力度进一步加大。2018 年末，天津市本外币各项贷款余额为 34084.9 亿元，同比增长 7.7%，较上年下降 2.1 个百分点，全年新增贷款为 2439.1 亿元，同比少增 409.4 亿元。其中，普惠口径小微贷款余额同比增长 31.4%，较上年提高 12.8 个百分点；科学研究和技术服务业贷款余额同比增长 21.1%，较上年提高 29.9 个百分点；保障性住房开发贷款余额为 878 亿元，同比增长 30.5%，较上年提高 21.5 个百分点；住户短期消费贷款余额为 602.9 亿元，同比增长 145.0%，较年初增加 356.9 亿元，是 2017 年全年增量的 4.5 倍。外币各项贷款余额同比下降 1.9%，较年初减少 9.4 亿美元，同比少增 39.1 亿美元。

2018 年末，天津市银行业不良贷款余额为 939.1 亿元，比年初增加 262.0 亿元，不良贷款率为 2.6%，比年初提高 0.6 个百分点。关注类贷款余额为 1672.1 亿元，比年初增加 114.5 亿元，逾期 90 天以上贷款与不良贷款的比例较上一年下降了 0.07 个百分点。

银行业地方法人金融机构进一步壮大，金城银行成为国内首批 5 家民营银行试点之一。2018 年末，天津的中资法人商业银行数量达到 5 家。

（2）保险机构

2018 年，天津市保险机构持续快速增长，保险机构的数量和实力均有所提升。2018 年，保险机构发展指数上升至 9091 点，相比 2017 年增长了 1200 点，增幅高达 20.0%。天津市拥有法人保险公司 6 家，与上一年持平；

拥有保险机构 675 个，与 2017 年数量持平。

2018 年，天津市保险业共实现保费收入 560.0 亿元，同比下降 0.9%。其中，人身险保费收入为 415.5 亿元，同比下降 1.9%；财产险保费收入为 144.4 亿元，同比增长 2.0%。财产险保费收入中，企业财产保险、责任保险、保证保险、意外伤害保险保费收入同比分别增长 6.8%、29.4%、46.5% 和 38.8%；车险保费收入 104.9 亿元，同比下降 0.8%。

2018 年，全年赔付额为 164.14 亿元，比上年增长 5.7%。其中，人身险赔付 83.75 亿元，增长 3.1%；财产险赔付 80.39 亿元，增长 8.5%。截至 2018 年末，全市共有保险类机构 3936 家，保险从业人员 9.86 万人。

（3）证券公司

2018 年，天津证券公司稳步向前发展，证券公司发展指数为 4355点，比 2017 年下降 6.2%，环比指数为 938 点，增速相比 2017 年有所回落。伴随天津证券业的稳健发展，证券公司的数量和实力保持稳定。2018 年，天津市共有法人证券公司 1 家，与上一年持平。2018 年，拥有证券公司营业部 151 个，比 2017 年下降 3 个。法人证券公司资产规模下降，盈利能力增强。2018 年末，法人证券公司资产总额为 489.84 亿元，同比下降 11.7%；负债总额为 290.80 亿元，同比下降 17.3%；实现净利润 5.9 亿元，较上年增加 3.3 亿元。法人证券公司各项风控指标优于监管预警标准。

（4）期货公司

受到全球金融危机和欧洲债务危机的持续影响，天津期货公司发展指数在经历了 2007～2010 年连续 4 年的快速上升后，增速在 2011 年降低，跌入谷底，2012～2014 年增速逐步提升，2015～2017 年增速有所回落。2018年，天津期货公司发展指数为 3609 点，环比指数为 973 点。期货公司资产规模稳步增长，业务发展稳定。2018 年末，天津市有法人期货公司 6 家，与 2017 年持平；天津期货公司营业部为 32 个，比 2017 年增加 2 个；2018年末，6 家法人期货公司资产总额为 94.0 亿元，同比增长 22.6%，净资产总额为 22.7 亿元，同比增长 2.6%。全年代理交易额为 44222.0 亿元，同比增长 30. 6% ，代理交易量为 6960. 8 万手，同比增长 17. 9% 。

（5）基金公司

2018 年，共同基金增长势头强劲，发展指数提升到了 10708 点，比 2017 年有所回落。

近年来，天津市基金业发展迅速。2006 年法人基金管理公司管理资产总额仅有 1. 88 亿元，经过 2007 ~ 2012 年的震荡成长之后，2013 年迅速提高至 1943. 6 亿元，2014 年为 5906. 1 亿元，2015 年为 6739. 3 亿元，2016 年为 8449. 7 亿元，2017 年进一步提升到 17893. 0 亿元。

2018 年，法人基金公司资产规模增加，管理基金规模下降。2018 年末，法人基金公司资产总额为 105. 5 亿元，比年初增加 31. 4 亿元；负债总额为 19. 1 亿元，比年初增加 0. 7 亿元。法人基金公司主动缩减货币基金规模，降低单一产品集中度，共管理基金 45 只，基金净值为 13420. 7 亿元，比年初减少 4472. 3 亿元，同比下降 25. 0% 。

（6）信托公司

2018 年，天津市信托公司继续保持了其稳定发展的态势，2018 年信托公司发展指数为 1000 点，与 2017 年基本持平。

2018 年天津市共有法人信托公司 2 家，营业机构 2 家，与 2017 年相比未发生明显变动。2018 年，天津市信托公司的固有资产总额为 125 亿元，比 2017 年增加 14. 5 亿元。

（三）金融人才发展度分析

根据国际权威的全球金融中心指数的研究，在影响国际金融中心的 6 大因素中，人才供给因素扮演着最为重要的角色。考虑到金融人才在区域金融发展中的重要作用，本报告为金融人才设定了 10% 的权重。

金融人才的数据更新存在滞后性，单一的数据不能全面反映金融人才的整体发展水平。为全面反映天津金融业人才发展状况，本报告为金融人才设定了 3 项二级指标，二级指标的权重见表 11。

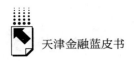

表 11 金融人才及其二级指标权重

单位：%

指标	权重
金融人才整体	10
1. 人才总量	40
2. 人才质量	35
3. 人才引力	25

注：2006~2011 年，不纳入主观指标时的二级指标权重分别为：人才总量 40%，人才质量 20%，人才引力 40%。

1. 金融人才整体

2018 年，金融人才整体发展稳中有进，发展指数为 2042 点（见图 9），比 2017 年增长 3.5%，增长速度有所回落；环比指数为 1035 点（见图 10），比上年降低 12 点。

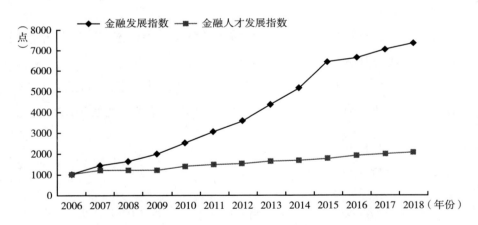

图 9 天津金融发展指数与金融人才指数曲线

近年来，天津不断加大对海内外高层次、紧缺金融人才的引进和培养力度，持续推动人才引进方式的创新，天津金融人才素质稳步提高。

2. 金融人才各方面

从人才发展结构看，2018 年金融人才质量稳步提高，发展结构更加合

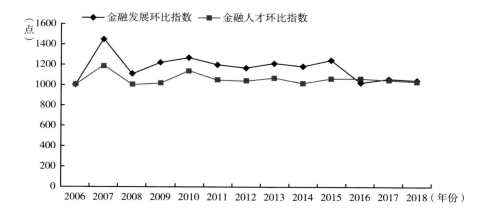

图10 天津金融发展环比指数与金融人才环比指数曲线

理；人才引力、人才总量的增速较低，发展态势稳定。

金融人才的衡量标准具体有 3 项二级指标，分别是人才总量（人才充裕度）、人才质量、人才引力（金融人才引进力度）。整体来看，伴随全球经济复苏和天津市对金融行业的大力支持，2018 年天津金融人才整体发展水平较 2017 年得到了一定程度的提高。其中，人才引力的提升较为显著，人才质量和人才总量的发展态势稳定。

在反映金融人才发展的 3 项指标中，人才质量发展突出，居第一位。2018 年，人才质量发展指数为 2070 点，环比指数为 1041 点，与 2017 年基本持平。人才引力的中长期发展较为稳健，发展指数为 1962 点。人才引力环比指数为 1015 点，比 2017 年增加了 16 点，增速基本持平。人才总量发展指数为 1968 点，环比指数为 1041 点，增速比 2017 年略有下降。

（1）人才总量

2018 年，人才总量发展指数为 1968 点，比 2017 年增长 4.1%，增速较上年有所回落。

2018 年，天津金融人才保持平稳适度增长，其中，人才总量、人才质量和人才引力均有小幅提升。2018 年，天津金融从业人员有 25.23 万人，比 2017 年增加 1.4 万人，比 2006 年增加 17.2 万人，其中，银行业金融机构从业

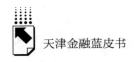
人员为6.6万人，保险从业人员为9.9万人。2018年，天津金融从业人员的年均增速达到10.0%。2018年，天津金融从业人员占天津从业人员总数的比重为2.8%，比2006年提高1.4个百分点。

（2）人才质量

2018年，天津金融人才质量保持平稳增长。2018年，金融人才质量发展指数达2070点，比2017年增长82点，增幅达4.1%。从客观数据看，2018年，天津金融从业人员中高等学历从业者所占比重达到74%，比2017年提高1个百分点。

（3）人才引力

2018年，天津人才引力稳步提升，人才引力发展指数为1962点，比2017年增长1.5%，环比指数为1015点。从客观数据看，2018年，天津市金融从业人员工资水平达到11.4万元，2006～2018年天津市金融从业人员工资水平的年平均增速达到5.5%。

3. 金融人才服务体系

天津市不断搭建金融人才综合服务平台，逐步形成集人才培训、综合服务和法规政策于一体的创新型城市。

天津市积极落实"十二五"规划、"十三五"规划中有关金融人才的各项任务，人才资本优先积累、人才投入优先保证机制不断完善健全，"引才、育才、聚才、用才"体系的构建工作稳步开展。

近年来，天津引进人才步伐明显加快。2018年，在津院士37人，新建博士后工作站10个，年末博士后流动站、工作站339个，新进站博士后394人。2018年，随着天津"海河英才"行动计划的推出，天津引进人才13.3万人，其中技能型、资格型人才4.7万人，一批顶尖领军人才和急需紧缺的高层次人才集聚天津。

（四）金融创新发展度分析

在天津金融发展指数中，金融创新是关键的衡量指标。2018年，面临国家多重战略机遇，天津市委、市政府积极推动，加快建设金融创新运营示范区。天津正积极推进科技金融、物流金融、航运金融、租赁金融、绿色金融等发展创新，不断完善金融基础设施建设和金融管理能力建设，助力天津市经济高质量发展。本报告综合考虑创新发展速度的衡量方法仍处于探索尝试阶段，以及金融创新对一个地区金融发展的战略重要性较高等因素，为保证最终指标的正确性，设置金融创新的权重为15%。该指标包括6项二级指标，二级指标权重见表12。

表12 金融创新及其二级指标权重

单位：%

指标	权重
金融创新整体	15
1. 整体创新	10
2. 机构创新	20
3. 市场创新	20
4. 产品创新	15
5. 创新内部要素	25
6. 创新外部要素	10

1. 金融创新整体

金融创新指数的计算，采用主观评价法和客观数据法相结合的方法进行。客观数据法反映数据的客观表现，主要用于机构创新和市场创新的计算。主观评价法主要用于衡量创新内部要素和创新外部要素。利用主观评价法进行往年倒推是无法实现的，因此，主观评价法①仅对2012年及其后年份的天津金融发展指数进行了引用，2006~2011年的天津金融发展指数及其子指数仅使用客观数据法。

2018年，金融创新发展指数达到6418点（见图11），比2017年增长498点，增幅达8.4%，连续多年保持较快增长；环比指数达到1084点（见图12），在一级指标的比较中占据绝对领先位置，为提升天津金融发展指数带来了动力。

① 本报告中主观指标均基于2012年、2013年等年份的问卷调查，逐年外推获得。

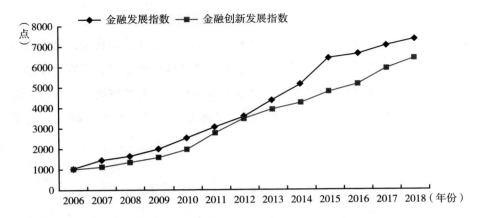

图 11　天津金融发展指数与金融创新发展指数

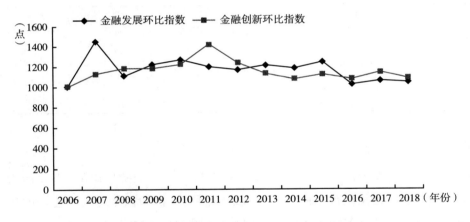

图 12　天津金融发展环比指数与金融创新环比指数

从具体金融创新事件看，2018 年天津金融创新成绩斐然。天津扎实推进金融创新运营示范区建设，助推金融业发展迈上新台阶。继续加快金融改革创新，巩固扩大融资租赁、互联网金融等新型业态优势；大力发展直接融资，集聚更多金融要素资源；继续落实金融支持自贸区建设政策，推进京津冀金融协同发展；不断加大支持实体经济、民营经济、中小微企业和产业结构调整的力度，促进经济高质量发展。

一是金融创新运营示范区建设稳步推进。聚焦服务实体经济，创新推广更多管用、好用的金融产品。中国第一单中长期民营企业债券融资支持工具在天津成功落地。二是金融业发展活力和开放水平不断提升。金融机构体系更加健全，自贸区金融改革创新进一步深化。积极推进国家租赁创新示范区建设，在离岸租赁和出口租赁上重点发力，打造天津租赁业发展升级版。融资租赁总资产约占全国的1/4。三是金融服务实体经济能力不断增强。2018年，天津设立百亿元智能制造财政专项资金，依托海河产业基金打造千亿元级新一代人工智能科技产业基金和项目群、300亿元生物医药产业母基金群。支付服务体系稳健发展，征信基础设施建设进一步加强，两大征信平台助力企业获得2844.3亿元的信贷支持。集聚航运金融、海事司法、航运人才等领域高端要素，打造国际化、市场化的航运要素平台。四是强化金融风险防控。建立健全地方金融监管和风险监测预警体系，探索实行穿透监管、大数据分析等特色化信息化监管措施。

2. 金融创新各方面

金融创新的实现，涉及众多方面，不同领域的发展速度呈现分化。2018年，市场创新显露了生机；整体创新、机构创新、产品创新、创新内部要素和创新外部要素平稳发展。总的来说，2018年天津金融创新水平保持良性发展。

2006～2018年，天津金融创新在多个方面实现发展，并有所突破。其中，有两类创新的增长速度一直处于领先位置，机构创新和产品创新，以超过17.0%的年均增速，远远高于其他创新领域保持领先位置。而市场创新与整体创新在2006～2018年平均增速分别达到12.0%和9.2%，也保持着较为平稳的发展。2012年引入主观评价类指标，因此创新内部要素和创新外部要素的计算将2012～2018年增速的几何平均值假定为2006～2018年的平均增速，分别为5.3%和5.2%，保持在相对稳定的水平。

（1）整体创新

2018年，天津金融整体创新发展指数为2869点，比2017年提升3.9%；环比指数为1039点，与2017年持平。

推动天津金融改革开放是实现天津城市定位的重要举措，是贯彻国家多

重战略的重要支撑，是实践中国"自下而上"金融改革的重要组成部分，因此赋予整体创新指标10%的权重。

通过金融先行先试试点、金融整体创新、金融创新人才供给3个指标衡量整体创新可以发现，2018年整体创新的3个领域继续保持增长态势。具体来说，天津金融先行先试环比指数达到1000点；天津整体金融创新环比指数达到1049点；天津金融创新人才供给环比指数达到1048点。

（2）机构创新

2018年，天津机构创新发展指数为29552点，较2017年增长4.0%；环比指数为1040点，较2017年下降465点，增速有所回落。2006～2018年，天津机构创新发展指数年均增速为32.7%。

天津金融创新运营示范区的建设离不开自贸区的金融创新实践，也离不开金融机构的创新，因此赋予机构创新指标20%的权重。

2018年，天津扎实推进金融创新运营示范区建设，充分发挥金融创新运营示范区效应，金融机构创新平稳发展，创新型金融机构种类和数量均有所提升。2018年，天津融资租赁法人机构数达到2008家，较2017年增加434家。2006～2018年，天津融资租赁法人机构数量年均增速达到77.9%，增长迅猛。天津融资租赁合同余额达到2.16万亿元，同比增长5.0%。天津融资租赁资产总额占全国的1/4，飞机、国际航运船舶、海工平台等跨境租赁业务总量在全国的占比均达到80%以上。2018年，在天津注册的金融租赁公司有11家，产业基金公司有2家，财务公司有8家，均与2017年持平。天津依托海河产业基金，打造千亿元级新一代人工智能科技产业基金和项目群，为多项科技产业项目提供资金支持，同时打造300亿元生物医药产业母基金群。私募股权基金本地投资案例数为46个，较2017年减少7个；私募股权基金本地投资金额为20.6亿美元，较2017年小幅下降，减少4.4亿美元。天津典当公司数为169家，与2017年持平；小额贷款公司数为95家，与2017年持平；金融租赁公司、汽车金融公司、中德住房储蓄银行、金城银行等其他法人金融机构有15家，较2017年增加2家。

金城银行是天津自贸区内注册设立的唯一一家民营法人银行，也是北方地区唯一获批设立的民营银行。金城银行的成立为近年来的天津金融机构创新注入新鲜血液。2018年末，金城银行的资产总额为213.68亿元，较年初增加25.07亿元，增幅为13%。其中，各项贷款余额102.88亿元，较年初增加25.74亿元，增幅为33%；投资业务余额29.46亿元，较年初减少20.07亿元，降幅为41%；存（拆）放同业款项余额48.45亿元，较年初增加27.32亿元，增幅为130%。2018年末，全行负债总额为179.71亿元，较年初增加23.55亿元，增幅为15%。其中，一般性存款余额122.73亿元，较年初增加31.11亿元，增幅为34%；同业存（拆）放款项余额48.01亿元，较年初减少5亿元，降幅为9%。

2018年末，全行实现营业收入5.66亿元，实现净利润1.52亿元，基本与上年持平。总资产收益率（ROA）和净资产收益率（ROE）分别达到0.76%和4.58%。

（3）市场创新

2018年，天津金融市场创新发展指数为3905点，比2017年显著提升；环比指数为1250点，比2017年增加169点，发展态势稳健。2006～2018年，天津市场创新指数年均增速为12.0%。

市场创新是金融改革创新的首要目标，也对天津金融创新运营示范区的建设发展具有重要意义。市场创新的实现直接关系到金融市场的健康发展，基于此赋予市场创新指标20%的权重。

2018年，天津金融市场稳健发展、活力提升，围绕京津冀协同发展、自贸区建设和金融创新运营示范区建设，市场创新不断深化。

2018年11月，2018中国企业国际融资洽谈会暨民企投融资洽谈会在天津开幕。本届民企投融资洽谈会的目的是振兴实体经济发展、助力民营企业转型，主题是"融合·赋能——共塑民企高质量发展新生态"。此次洽谈会共落实签约项目318个，投资额达1863.6亿元。其中，58个项目投资额在10亿元以上，34个项目有全国500强、全国民企500强企业参与投资。众多知名民企看中天津"亲商""惠商"的发展环境，海尔全球创新模式研究

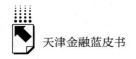

中心、迪信通通信设备研发生产基地、深拓机器人、锂离子动力电池等一大批智能科技、先进制造项目纷纷落户。

截至 2018 年末，天津已有 194 家企业在"新三板"挂牌，比 2017 年末减少 11 家。截至 2018 年末，天津滨海柜台交易市场（区域性股权市场）挂牌公司家数达到 1077 家。

截至 2018 年 6 月末，天津股权交易所（简称"天交所"）累计挂牌企业 1435 家，其中，股份有限公司挂牌企业 733 家，展示板挂牌企业 702 家。截至 2018 年 6 月末，天交所累计实现各类融资总额合计 312.46 亿元，包括直接融资 97.08 亿元，其中挂牌前私募资金达 42.76 亿元，后续增发 54.32 亿元；间接融资 215.38 亿元，其中股权质押融资 93.74 亿元，带动银行授信贷款 121.64 亿元。

（4）产品创新

2018 年，天津金融产品创新发展指数为 6856 点，较 2017 年增长 2.7%；环比指数为 1027 点，较 2017 年下降 19 点，增速有所回落。2006 ~ 2018 年，天津金融产品创新发展指数年均增速为 17.4%。

产品创新是金融创新活动①的重要组成部分，金融产品创新在天津金融创新运营示范区的建设中将发挥重要作用，因此赋予产品创新指标 15% 的权重。

金融产品与服务、金融工具的创新，金融创新产品种类和交易额的增加，金融市场活力的提升，均反映了 2018 年天津金融创新活跃度的提高。从客观数据看，2018 年，天津市小微企业贷款余额达到 6652.0 亿元，较 2017 年增加 800.0 亿元；法人基金管理公司新基金产品数为 45 支，较 2017 年小幅下降 18%，减少 10 支。2018 年，天津推出金融服务实体经济创新产品 138 项，其中中国第一单中长期民营企业债券融资支持工具在天津成功落

---

① 根据《帕尔格雷夫经济学大辞典》的界定，"当一个新的金融产品或服务被人们广泛接受用来代替或补充已有的金融工具、机构或业务流程时，就可以称之为创新性的，而不只是新的或新颖的，这和任何其他创新性产品或服务一样。……金融创新重要的不是一种产品或过程（这通常是不明显的）的创新，而是创新在市场中的扩散"。

地，帮助发行人实现4.45%的较低发行价格，是2017年以来中国境内民营企业同期限债券发行中的最低价，并且比天士力医药集团上期发行的同类产品发行利率低94个基点。

（5）创新内部要素

2018年，天津创新内部要素发展指数1442点，环比指数为1053点，以平稳态势发展。2006~2018年，天津创新内部要素发展指数年均增速为5.4%。

创新内部要素共由5个指标构成，分别是组织形式创新程度、金融机构创新能力、管理创新程度、技术创新程度与服务创新程度，全方面多角度反映金融体系内部影响金融创新能力。考虑到影响要素数据的不易得性，本报告采取主观评价法，通过各创新内部要素2012~2018年的主观评价分数，加权得到创新内部要素发展指数。创新内部要素在金融创新中的作用与影响越来越大，因此赋予创新内部要素指标25%的权重。5个三级主观评价指标各赋予20%的权重（见表13）。

表13 创新内部要素及其指标权重

单位：%

指标	权重
创新内部要素	25
1. 组织形式创新程度	20
2. 金融机构创新能力	20
3. 管理创新程度	20
4. 技术创新程度	20
5. 服务创新程度	20

通过调查得到，组织形式创新程度和金融机构创新能力的环比指数均为1046点，管理创新程度的环比指数为1059点，技术创新程度的环比指数为1049点，服务创新程度的环比指数为1064点。

（6）创新外部要素

2018年，天津创新外部要素发展指数为1423点，环比指数为1052点，保

持稳定增长。2006～2018 年，天津创新外部要素发展指数年均增速为 5.2%。

创新外部要素由两个指标构成，分别是高校合作推动创新力度与监管部门推动创新力度，从两方面体现金融体系外部影响创新的能力。与创新的内部要素衡量方法相同，考虑到影响要素数据的难度量与主观评价法的固有限制，本报告只提取了 2012～2018 年的数据，采取主观评价法对创新外部要素进行评分，然后加权得到创新外部要素发展指数。考虑到创新外部要素对金融创新的影响力度，赋予创新外部要素发展指标 10% 的权重，两个三级主观评价指标各赋予 50% 的权重（见表 14）。

表 14 创新内部要素及其指标权重

单位：%

指标	权重
创新外部要素	10
1. 高校合作推动创新力度	50
2. 监管部门推动创新力度	50

通过调查得到，高校合作推动创新力度是 1060 点，监管部门推动创新力度是 1044 点。

（五）金融生态发展度分析

良好的金融生态环境对提升本地区金融竞争力、促进金融市场有序健康发展、吸引资金流入有积极作用，并且对实现地区金融定位至关重要。若一个地方缺乏良好的金融生态环境，就会使资金流出，阻碍该地区的经济发展。因此创建一个稳定、健康的金融生态环境，切实巩固金融稳定，促进金融业更好地为国民经济服务至关重要。综合考虑以上因素，赋予金融生态环境指标 20% 的权重。

在度量天津金融生态环境方面，本报告选取七大指标，分别是信用环境、金融中介、产业支撑、物价水平、宜居城市、政府服务和法律环境。具体来说，使用主观评价和定量指标结合的方法衡量信用环境与金融中介指标；使用定量指标度量产业支撑、物价水平与宜居城市指标；使用主观问卷调查的方式描述法律环境和政府服务指标，考虑到主观评价法难以进行时间倒推，因此仅提取了 2012～2018 年法律环境和政府服务的数据。各指标权重分配情况各不相同，具体见表 15。

表 15　金融生态环境及其二级指标的权重

单位：%

指标	权重
金融生态环境整体	20
1. 金融中介	12
2. 信用环境	8
3. 产业支撑	35
4. 物价水平	10
5. 宜居城市	5
6. 政府服务	20
7. 法律环境	10

1. 金融生态环境整体

2018 年，天津金融生态环境维持良好发展态势，金融生态环境发展指数为 1842 点，较 2017 年小幅上升，上升 1.4%，增速略有下降。

天津金融生态环境持续改善，虽然前进的速度相对低于金融机构、金融市场，但是仍旧稳步增加，逐渐积累，为天津市金融发展提供了稳定的保障和健康的基础。法律环境、金融中介、信用环境、产业支撑等领域都在逐步走向完善与成熟，其发展历程和发展程度与天津市金融生态环境所经历的每一时期和整个社会经济环境的特点具有一定的契合度。2018 年，金融生态环境发展指数为 1842 点（见图 13），较 2017 年增长 26 个点，环比指数为 1014 点（见图 14），与其他四个一级指标相比较低。

2018 年，天津金融生态环境持续优化，天津金融服务效能不断提升。

首先，征信基础设施建设持续加强，征信服务不断深化。2018 年末，征信系统共收录天津市 23.7 万户企业和其他经济组织以及 993.4 万个自然

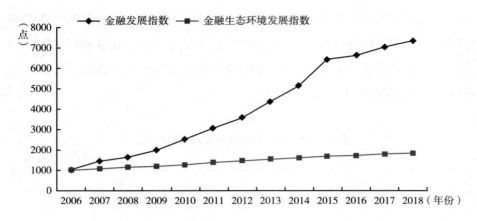

图13　天津金融发展指数与金融生态环境发展指数

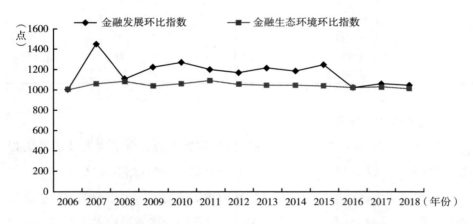

图14　天津金融发展环比指数与金融生态环境环比指数

人的相关信息，受理个人和企业信用报告查询分别达67.1万笔和9093笔，在全市28个网点布置了40台征信自助查询机，覆盖了全部区县。应收账款融资服务平台建设进一步推进，全年成交金额为263.9亿元，同比增长24.7%，近七成资金流入中小企业。"和谐劳动关系企业信用体系建设"和"民营中小企业信用体系建设"助力企业获取信贷支持合计2844.3亿元。

其次，金融知识宣传增点扩面，金融消费权益保护进一步加强。

2018 年组织部署了"3·15 金融消费者权益日"、"普及金融知识守住钱袋子"和"绿色金融进校园"等大型集中宣传，全市累计开展活动 11.3 万次，发放宣传资料 150 万份，微信推送阅读量约 34 万次，受众消费者达 400 万人。举办天津市"金融知识普及月金融知识进万家"暨"提升金融素养争做金融好网民"集中宣传活动，被人民网、《金融时报》、新华网等主流媒体报道。开展了支付服务领域金融消费权益保护情况现场检查以及金融消费权益保护工作现场评估。探索完善金融消费争议多元化解决机制，有序推进天津市金融消费纠纷调解中心建设和金融广告治理工作。

2. 金融生态环境各方面

2018 年，法律环境和政府服务的发展指数分别为 1421 点和 1428 点；宜居城市发展指数为 1616 点，与 2017 年相比提高了 3.7%；产业支撑发展指数为 2253 点，与 2017 年相比降低了 3.7%；物价水平发展指数为 895 点，降低了 0.1%；信用环境发展指数为 1626 点，与 2017 年相比提高了 6.3%；金融中介发展指数为 1718 点，与 2017 年相比提高了 4.0%。

2006～2018 年，天津金融生态环境的各方面不断发展，各领域呈前进趋势，产业支撑指数以 7.0% 的年均增速位于榜首，远远超过其他六个领域。随后是金融中介、信用环境和宜居城市，分别以 4.6%、4.1% 和 4.1% 的年均增速发展。因为本报告在 2012 年首次引入主观评价法描述法律环境和政府服务指标，所以将法律环境和政府服务 2012～2018 年的平均增速假定为 2006～2018 年数据的平均增速，分别达到 5.1% 和 5.2%，呈现稳定发展趋势。总体而言，2018 年除物价水平增速为负，天津金融生态环境呈现稳健的增长态势，信用环境、金融中介、产业支撑、宜居城市、政府服务和法律环境呈现良好发展趋势。

（1）金融中介

2018 年，金融中介发展指数为 1718 点，与 2017 年相比提高了 4.0%；环比指数为 1040 点，与 2017 年相比降低了 29 点，增速略有下降。

金融机构和专业服务业机构的互利共生是金融中心和金融区的重要特征

之一。本报告为金融中介服务机构这一指标设置了12%的权重，反映了金融中介服务机构在金融环境中的重要作用。

通过调查行业数据，可以发现金融中介专业人才和金融中介服务机构的密度呈现稳步增加趋势。①2018年，万人注册会计师达到1.393人，比2017年增加0.032人，与2006年相比增加0.393人；②2018年，天津万人执业律师人数达到4.482人，与2017年相比增加0.221人，与2006年相比增加2.652人；③2018年，万人会计师事务所达到0.069个，与2017年相比增加0.002个，与2006年相比增加0.022个；④2018年，天津万人律师事务所达到0.499个，比2017年增加0.023个，与2006年相比增加0.274个；⑤2018年，万人专业保险中介机构数达到0.151个，与2017年持平，与2006年相比增加0.084个。

由于7个指标采用主观评价法获取数据，所以在时间上，各个环比指数仅获取了2012～2018年的数值。基于前期调研，2018年"会计审计服务"的环比指数为1053点，"金融法律服务"的环比指数为1052点，"融资担保服务"的环比指数为1048点，"资讯信息服务"的环比指数为1048点，"投资咨询服务"的环比指数为1047点，"信用评级服务"的环比指数为1044点，"资产评估服务"的环比指数为1040点。

（2）信用环境

信用环境是考量某个地区金融生态环境发展状况的重要指标。基于它的重要性，本报告为信用环境指标设定8%的权重。2018年底，信用环境指数为1626点，与2017年相比提高了6.3%；环比指数为1063点，与上年基本持平，增速较为稳定。

基于前期调查，公民信用意识的环比指数为1077点，信用数据库建设的环比指数为1070点，信用文化建设的环比指数为1067点，政府补贴政策的环比指数为1060点。

（3）产业支撑

2018年，天津继续保持战略定力，将经济重心转到拼质量、拼效益、拼结构、拼绿色度上来，聚焦到高质量发展。重点构建实体经济、科技创新、现代金融、人力资本协同发展的产业体系。鉴于天津产业体系的重要性，本报告为产业支撑设定的权重为35%。2018年，产业支撑发展指数为2253点，较2017年下降3.7%；2018年，产业支撑环比指数为963点，相比2017年，增速由正转负。

2018年，天津市产业支撑和实体经济持续发展。天津市地区GDP达到18809.64亿元，比2017年增加260.45亿元，天津市人均GDP达到120606元，比2017年增加1662元。天津工业增加值为6962.71亿元，与2017年相比增加98.73亿元。外贸进出口回稳向好，港口货物吞吐量为5.08亿吨，与2017年相比增加了0.07亿吨，全年外贸进出口总额达1225.1亿美元，同比增长8.5%。其中，出口488.0亿美元，同比增长12.0%，4年来首次实现正增长；进口737.2亿美元，同比增长6.3%。对"一带一路"沿线的俄罗斯、东盟出口分别增长67.7%和26.8%。全市新批外商投资企业1088家，合同外资额246.5亿美元，实际直接利用外资48.5亿美元，同比增长0.8%。外商投资产业结构不断优化，服务业实际利用外资33.7亿美元，占总量的69.5%。天津市三次产业增加值占全市总产出的比重依次为0.9%、40.5%和58.6%，其中，第三产业的比重较上年提高0.4个百分点，"三二一"的产业结构进一步巩固。

（4）物价水平

地区物价水平对本地区的企业运营成本和居民生活有着重要的影响，同时也能够反映地区经济的繁荣程度，是金融运行的重要环境因素。本报告在天津金融生态环境中纳入物价因素，使用居民消费价格指数和办公室租用成本两个指标来研究物价水平。考虑到金融生态环境中物价水平的重要性，本报告赋予物价水平的权重为10%。2018年，天津物价水平发展指数为895点，较上年下降了0.1%；环比指数为1001点，较上年提高了7点，增速略有上升。

天津市2018年的居民消费价格指数为102.0，与上年基本持平，这表明居民消费价格基本平稳；办公室租用成本为120.8元/（平方米·月），较2006年提高了19.2元/（平方米·月），较上年降低了0.1元/（平方

米·月），这表明办公室租用成本基本保持稳定。

（5）宜居城市

2013 年，习近平总书记在天津考察工作时提出要加快打造美丽天津。美丽天津和宜居城市的建设能够有力促进金融机构和金融人才在天津的集聚。基于金融生态环境中宜居城市的重要性，本报告将宜居城市的权重设定为 5%。2018 年末天津市的宜居城市指数为 1616 点，较上年提高 3.7%；环比指数为 1037 点，较上年提高了 35 点，增速有所提高。

2018 年，天津市空气质量达到或好于二级的天数占全年的比重达到 56.7%，重污染天数同比减少 13 天，创 2013 年监测以来的最好状态。2018 年，天津市建成区绿化覆盖率达到 36.3%，与 2017 年持平。天津市的万人城市轨道交通运营里程达到 0.123 公里，比 2017 年增加 0.011 公里。艺术表演场所为 60 个，比 2017 年增加 3 个。

（6）政府服务

2018 年，政府服务发展指数为 1428 点；环比指数为 1052 点，继续保持稳步发展。

本报告中的政府服务由一系列体现政府服务的要素组成，包括金融区域布局和基础设施建设政策、金融机构奖励政策、金融人才奖励政策、政府补贴政策、税收优惠相关政策、金融配套服务产业相关政策、金融监管以及政府推动信用环境建设活动。基于金融生态环境中政府服务的重要性，本报告将政府服务的权重设定为 20%。由于政策支持要素数据较难获得，本报告使用主观评价法得到要素评价数据，但该方法难以进行时间倒推，所以选取的数据时间区间仅为 2012~2018 年。8 个三级指标的具体权重见表 16。

基于前期调查，税收优惠相关政策环比指数为 1050 点，政府补贴政策环比指数为 1058 点，金融机构奖励政策环比指数为 1055 点，金融人才奖励政策环比指数为 1047 点，金融区域布局和基础设施建设政策环比指数为 1057 点，金融配套服务产业相关政策环比指数为 1049 点，金融监管环比指数为 1048 点，政府推动信用环境建设活动环比指数为 1054 点。

表16　政府服务及其三级指标的权重

单位：%

指标	权重
政府服务	20
1. 金融区域布局和基础设施建设政策	10
2. 金融机构奖励政策	10
3. 金融人才奖励政策	10
4. 政府推动信用环境建设活动	10
5. 政府补贴政策	15
6. 税收优惠相关政策	15
7. 金融配套服务产业相关政策	15
8. 金融监管	15

（7）法律环境

2018年，法律环境指数为1421点，环比指数为1051点，继续稳健发展。

全国金融法律规章，天津市金融法规、规章，金融诉讼仲裁环境，金融执法环境等一系列要素构成了法律环境。基于金融生态环境中法律环境的重要性，本报告将法律环境指标的权重设定为10%。由于法律环境要素数据较难获得，本报告使用主观评价法得到要素评分，但该方法难以进行时间倒推，所以基于前期调查获得的法律环境指标的时间区间仅为2012~2018年。

法律环境的4个三级指标所占权重均为25%（见表17）。基于前期调查，4个三级指标的环比指数分别为1052点、1060点、1042点和1052点。

表17　法律环境及其三级指标的权重

单位：%

指标	权重
法律环境	10
1. 全国金融法律规章	25
2. 天津市金融法规、规章	25
3. 金融诉讼仲裁环境	25
4. 金融执法	25

分 报 告

Sub Reports

B.3
2018年天津金融机构发展报告

刘通午 舒 鑫*

摘　要：　本报告分析了2018年天津金融机构的发展情况。天津市银行业机构发展稳定，资产规模平稳增长，但赢利能力明显下降；存款小幅增长，贷款平稳增长，表外各类业务增速总体下降，存贷款利率水平基本稳定。证券机构发展平稳，法人证券公司资产规模有所下降，法人期货公司代理交易规模有所上升，上市公司数量有所增长，但总市值骤减，新三板挂牌企业数量有所下降。保险机构保费收入持续增长，保险保障覆盖面扩大；财产险业务结构优化，赔付显著上升；人身险销售渠道进行了调整，个人代理大幅上升。租赁业发展集聚明显，势头良好。另外，信托机构、商业保理机构发展平稳，小额

---

* 刘通午，天津金城银行，高级经济师，研究方向为外汇管理、金融监管；舒鑫，天津财经大学博士研究生，研究方向为公司金融。

贷款公司艰难转型，智能科技产业有所发展。

关键词： 金融机构　银行业　证券机构　保险机构　租赁机构

2018 年，天津市深入贯彻习近平新时代中国特色社会主义思想、党的十九大会议精神以及习近平总书记"三个着力"重要要求，统筹做好"五稳"工作，坚持稳中求进的工作原则，在保持经济运行整体平稳的基础之上，不断推进结构的转型升级，改善民生民计，激发市场活力，提升产品质量。2018 年，天津市地区生产总值达到 18809.64 亿元，相较于 2017 年增加了 3.6%。其中，三次产业的比重分别为 0.9%、40.5%、58.6%，而三次产业增加值分别为 172.71 亿元、7609.81 亿元和 11027.12 亿元，同比分别增长了 0.1%、1.0% 和 5.9%。天津市在 2018 年扎实推进去产能进程，供给侧结构性改革年度任务全面落实。年末规模以上工业资产负债率为 57.9%，较 2017 年减少了 1.9 个百分点，是自 2013 年来资产负债率最低的一年。在降成本方面，天津市出台了一批新的政策措施，帮助企业逐渐降低其成本。天津市积极响应国家政策号召，在去产能进程、推进供给侧结构性改革战略中认真履行自身职责，坚持以实体经济为发展核心，加大金融服务实体的力度，保持天津市经济整体水平的稳健发展。

2018 年，来天津投资的京冀企业投资规模为 1233.88 亿元，占天津实际利用内资金额的比重为 46.4%。此外，天津市加大对北京疏解非首都功能的支持力度，滨海—中关村科技园区已有近 1000 家注册企业，天津宝坻、武清等地区承接平台建设速度大幅提升，在雄安新区的建设方面，天津与河北展开八个方面的合作，天津市金融机构发展始终秉持"一基地三区"建设，加大产业、交通和生态建设领域与北京、河北两地在金融合作的力度。

未来天津市金融业将继续围绕京津冀协同发展和雄安新区建设，提升金融服务和支持能力。在"一带一路"倡议的推进下，天津运用其自身自贸区的优势，加强对"三区一基地"的建设，从资源要素上进行创新，充分利用其港口优势、环渤海条件，积极推动供给侧结构性改革，在"巩固已有发展""增强相对优势""提升服务效率和畅通交易环节"等领域上做足功夫，加快建设以人工智能为主的创新型智能科技产业的发展。推动传统行业的转型升级，鼓励工业企业上云①，提高服务业层次和规模，以及开展高质量招商引资。

一 天津银行业金融机构发展状况

截至 2018 年末，天津市银行业金融机构数为 3167 家，较 2017 年增加了 38 家，其中大型商业银行增加了 23 家，股份制商业银行增加了 22 家，城市商业银行增加了 12 家，但小型农村金融机构、邮政储蓄以及外资银行的数量相对上年均有所减少。从金融从业人数指标来看，2018 年从业人数为 66180 人，相较于上年增加了 1754 人。法人机构数也从 2017 年 45 家增加至 47 家。2018 年，天津市银行业金融机构的资产总额为 4.9 万亿元，同比增长了 1.3%。

表1　2018 年天津市银行业金融机构情况

类别	营业网点			法人机构数(家)
	机构数(家)	从业人数(人)	资产总额(亿元)	
大型商业银行	1270	28498	13213	0
小型农村金融机构	535	8118	4799	2
股份制商业银行	453	10343	8159	1
邮政储蓄	399	4554	1019	0
城市商业银行	316	7694	8854	1
新型农村金融机构	108	1424	303	18

---

① 企业上云，是指企业可通过网络便捷地按需使用资源（包括计算资源、存储资源、应用软件、服务及网络等），且高度可扩展、灵活易管理的业务模式，具有大规模、虚拟化、高可靠及弹性配置等属性。企业上云，可提高资源配置效率、降低信息化建设成本、促进共享经济发展、加快新旧动能转换。

类别	营业网点			法人机构数(家)
	机构数(家)	从业人数(人)	资产总额(亿元)	
外资银行	45	1503	792	1
国家开发银行及政策性银行	13	587	3111	0
财务公司	8	236	645	7
信托公司	2	435	125	2
其他	18	2788	8421	15
合计	3167	66180	49441	47

资料来源：中国人民银行天津分行、天津银监局。

1. 资产规模平稳增长，赢利能力明显下降

2018 年末，天津市银行业金融机构资产总额为 4.9 万亿元，较上年减少了 1.4%；负债总额为 4.7 万亿元，较上年增加了 1.5%，增速下降了 0.9 个百分点；不良贷款余额为 939.1 亿元，较年初增加了 262 亿元；不良贷款率为 2.6%，较年初增加了 0.6 个百分点。

2. 存款小幅增长

截至 2018 年末，天津金融机构（含外资）本外币存款余额规模高达 30983.17 亿元，与年初相比增量为 42.36 亿元，增长了 0.14%，增速比上年的 2.9% 出现明显下降。从存款结构看，住户存款与年初相比增量为 1188.62 亿元，非金融企业存款与年初相比减少了 516.86 亿元，而广义政府存款和非银行业金融机构存款与年初相比分别减少了 322.84 亿元和 198.38 亿元。2017 年、2018 年各月份天津市金融机构本外币存款增速变化见图 1。

3. 贷款平稳增长

2018 年末，天津市金融机构本外币贷款余额高达 34084.90 亿元，与年初相比增量为 2439.09 亿元，较上年增加了 7.7%。具体来看，住户贷款与年初相比增量为 1516.59 亿元，非金融企业及机关团体贷款与年初相比增量为 848.47 亿元，非银行业金融机构贷款与年初相比增量为 8.41 亿元。其中，住户贷款的增长规模最大，其次是非金融企业及机关团体，而非银行业金融机构的贷款增长规模相对较小。

图1　2017年、2018年各月份天津市金融机构本外币存贷款增速变化

资料来源：中国人民银行天津分行。

对重点领域投放力度进一步加大。普惠口径小微贷款余额同比增长31.4%，较上年提高12.8个百分点；科学研究和技术服务业贷款余额同比增长21.1%，较上年提高29.9个百分点；保障性住房开发贷款余额878亿元，同比增长30.5%，较上年提高21.5个百分点；住户短期消费贷款余额602.9亿元，同比增长145.1%，较年初新增356.9亿元，增量是2017年增量的4.5倍。

外币存贷款双双呈现下降趋势。外币各项存款同比下降14.5%，较年初减少26.5亿美元，同比多减61.5亿美元。外币各项贷款余额同比下降1.9%，较年初减少9.4亿美元，同比少增39.1亿美元。

4. 表外各类业务增速总体下降

2018年末，天津市银行业金融机构担保类、承诺类、金融资产服务类、金融衍生品类四类表外业务余额同比下降了12.2%。其中，担保类表外业务同比增长了1.6%，承诺类、金融资产服务类和金融衍生品类表外业务分别同比下降了7.9%、14.0%和30.1%。

5. 存贷款利率水平基本稳定

2018年，天津市金融机构人民币企业贷款加权平均利率为5.24%，比上年上升0.36个百分点。但第四季度企业一般贷款利率快速回落，较第三季度下降0.20个百分点，其中小微企业一般贷款加权平均利率下降了0.23个百分点。2018年，中国人民银行天津分行累计发放再贴现53.2亿元，是上年的3倍。

6. 跨境人民币业务量下降

2018年，天津市跨境人民币业务收付金额总计2139.8亿元，同比下降10.8%。其中，实收966.0亿元，同比下降14.0%；实付1173.9亿元，同比下降7.5%。实收降幅大于实付降幅，资金净流出207.9亿元，同比增长41.7%。经常项下资金净流出261.2亿元，同比减少7.8%；资本项下资金净流入53.3亿元，同比减少61%。境内主体参与积极性提升，2018年新增企业1040家，同比增加了17.3%。

二 天津证券机构发展状况

2018年天津市证券业发展平稳，年末证券账户有516.78万户，较上年末增加了8.2%；境内外上市和新三板挂牌企业新增18家，累计259家；各类证券交易额为37183.74亿元，较上年减少了14.6%，其中，股票交易额、债券交易额、基金交易额以及期货市场成交额分别为17661.73亿元、16930.48亿元、2526亿元、66614.89亿元，分别较上年增加了 -20.8%、-13.5%、58.1%、10.2%。整体而言，天津市证券行业规模较2017年有所下降，但基金交易规模以及期货市场表现出上升的态势。

1. 2018年天津证券业运营状况

如表2所示，2018年末天津证券机构数量相较于2017年末有所增加，并取得了新的进展。证券总公司数量与上年保持一致，仍旧维持着1家；而在其下设立的分公司数量相较于2017年的25家，新增了8家，截至2018年末，天津证券分公司数量达到33家；辖区内证券营业网点数量有

小幅减少，由 2017 年的 154 家减少至 151 家，减少了 3 家营业网点；证券信用评级公司和证券投资咨询公司的数量仍旧保持与 2017 年一致，均为 1 家；证券投资咨询分公司的数量相较于上一年的 3 家增加至 5 家；独立基金销售机构的数量也从上一年的 4 家增加至 8 家。

表 2　天津证券机构数量

单位：家

机构类型	2017 年 12 月	2018 年 12 月
证券总公司	1	1
证券分公司	25	33
辖区内证券营业网点	154	151
证券信用评级公司	1	1
证券投资咨询公司	1	1
证券投资咨询分公司	3	5
独立基金销售机构	4	8

资料来源：天津证监局官网。

2. 法人证券公司资产规模有所下降

整体来看，2018 年天津市证券营业部的总资产规模相较于 2017 年有所下降，由于受到宏观经济的影响，在三期叠加冲击下，外加中美贸易摩擦等多方面的影响，对我国股市、债市等资本市场的冲击不容忽视。如图 2 所示，2018 年 1 月证券营业部总资产规模为 173.42 亿元，相较于 2017 年 1 月的 190.69 亿元，下降了 9.06%。2018 年 5 月，总资产规模达到最高值，为 187.95 亿元，但同比减少了 9.01 亿元。2018 年 12 月，天津证券营业部总资产规模达到 138.50 亿元，为全年最低水平。

3. 法人期货公司代理交易规模有所上升

截至 2018 年末，天津市有 6 家法人期货公司。天津市法人期货公司资产共计 93.98 亿元，相较于 2017 年末（76.66 亿元）增长了 22.6%。2018 年末期货公司的净资产为 22.68 亿元，同比增长了 2.6%。年末净利润为

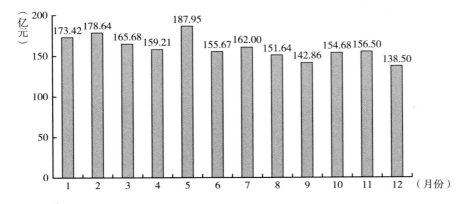

图2　2018年各月份天津市证券营业部总资产规模

资料来源：天津证监局官网。

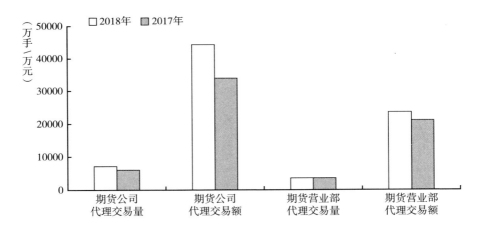

图3　2017～2018年天津市期货机构交易情况

资料来源：天津证监局官网。

731.12亿元，相较于2017年的819.96万元有所减少。从图3可以看到，2018年期货公司代理交易量和代理交易额均出现上升的态势，分别升至6967万手和4.42亿元，同时期货营业部代理交易量出现小微下调，但期货营业部代理交易额显著上升，由2017年2.1亿元上升至2.3亿元，增加了9.5%。

4. 上市公司数量有所增长，总市值骤减

2018 年 12 月，天津上市公司的数量由上年的 49 家增加至 50 家，新增的一家企业是在上海证券交易所挂牌上市的 A 股。而上市挂牌公司的总股本在 2018 年 12 月为 644.68 亿股，同比增加了 24.34 亿股；总市值为 3853.01 亿元，相较于上一年的 5245.12 亿元，减少了 1392.11 亿元，减少幅度为 26.54%。

5. 新三板挂牌企业有所下降

截至 2018 年末，天津新三板挂牌公司有 194 家，相较于 2017 年的 205 家减少了 9 家，2018 年末，全国新三板挂牌公司的数量为 10691 家，天津新三板挂牌公司在全国的占比为 1.81%，其中 96 家企业有市值，有 10 家企业处于创新层，88 家企业处于基础层，80 家企业处于竞价转让，剩余 16 家企业处于做市转让。通过市值划分 96 家新三板企业：其中有 9 家企业的市场超过 10 亿元，为第一个层次；第二个层次为规模 3 亿 ~ 10 亿元的企业，有 18 家企业；第三个层次为规模 1.5 亿 ~ 3 亿元的企业，有 17 家企业；第四个层次为规模 1 亿 ~ 1.5 亿元的企业，数量为 14 家；第五个层次为规模 0.5 亿 ~ 1 亿元的企业，数量为 13 家；最后一个层次为规模在 0.5 亿元以下的企业，数量为 25 家。专用设备制造企业的数量最多，有 11 家企业；其次是软件和信息技术服务业，该行业有 10 家企业；而数量排名第三的行业为通用设备制造业与电气机械及器材制造业，有 7 家企业。

三 天津保险机构发展状况

2018 年天津市保险业稳定发展，共获原保险保费收入 559.98 亿元，较 2017 年减少了 0.9%，人身险和财产险获得的保费收入分别为 415.54 亿元和 144.44 亿元，分别较 2017 年降低了 1.9% 和增加了 2.0%。赔付额为 164.14 亿元，较 2017 年增加了 5.7%。人身险和财产险的赔付额分别为 83.75 亿元和 80.39 亿元，分别较 2017 年增加了 3.1% 和 8.5%。保险机构有 3936 家，共有保险从业人员 9.86 万人。

天津空港经济区保险产业园已经汇聚了较多法人机构入驻，其中有渤海人寿、中升保险等，还有大量保险公司的分支机构入驻，有平安财险、国寿财险等，总入驻的企业数量达到40余家。从现阶段发展来看，天津空港经济区保险产业园的保险产业已经进入起步阶段。此外，保险行业协会在银保监会的积极指导下，加大保险产业与港口的合作力度，推进京津冀协同发展。

1. 保费收入持续增长，保险保障覆盖面扩大

截至2018年末，天津市保险行业保费收入规模559.98亿元（见表3），相较于2017年，减少了0.89%，全国保险行业保费收入高达38016.62亿元，天津保险行业规模占全国的1.47%。其中，财产险保费收入规模为144.44亿元，比上年增加了2.03%；人身险总共获得415.54亿元的保费收入，同比降低了1.87%。寿险、健康险和人身意外伤害险这三类险种实现的保费收入分别为329.16亿元、72.08亿元和14.31亿元，相较于2017年，增速分别为 −6.57%、18.30%和39.86%。2018年全年财产保险公司累计签单3616.5万件，同比增长18.2%。天津市保险业赔付总额为164.14亿元，较2017年赔付总额增加了5.68%。其中，财产险业务赔付支出80.39亿元，同比增加了8.49%；人身保险业务赔付支出83.75亿元，同比增加了3.10%。而寿险、健康险和人身意外伤害险这三类业务的赔付支出分别为59.12亿元、22.23亿元和2.40亿元，相较于2017年，增速分别为250.47%、−64.01%和 −7.38%。在赔付支出这一项目中，寿险增长的幅度最大，而健康险降低的幅度也较大。

表3　2018年天津保费收入和赔付支出

单位：万元

险种	原保险保费收入	赔付支出
1. 财产险	1444428.30	803926.75
2. 人身险	4155413.94	837461.58
（1）寿险	3291562.51	591150.91
（2）健康险	720798.51	222322.78
（3）人身意外伤害险	143052.93	23987.89
合　计	5599842.24	1641388.33

资料来源：天津保监局官网。

2. 财产险业务发展结构优化，赔付显著上升

2018 年财产保险公司原保险保费收入为 151.29 亿元（见表 4），同比增长 11.52%。财产险业务原保险保费收入为 10770.08 亿元，同比增长 9.51%。

表 4 2018 年财产保险公司原保险保费收入情况

单位：万元

资本结构	公司名称	收入
中资	人保股份天津分公司	441316.15
	大地财产天津分公司	76824.27
	出口信用天津分公司	23844.20
	中华联合天津分公司	30878.57
	太保财天津分公司	133957.86
	平安财天津分公司	372322.94
	华泰天津分公司	11717.19
	天安天津分公司	19872.30
	华安天津分公司	13694.74
	太平保险天津分公司	67308.20
	亚太财险天津分公司	8614.72
	中银保险天津分公司	12509.12
	永诚天津分公司	13532.67
	安邦天津分公司	6897.75
	阳光财产天津分公司	79892.79
中资	都邦天津分公司	4451.75
	渤海天津分公司	48289.24
	国寿财险天津分公司	55844.81
	英大财险天津分公司	12196.08
	紫金财产天津分公司	17796.80
	富德产险天津分公司	1256.13
	鑫安保险天津分公司	6661.58
	众安财产天津分公司（虚拟）	13422.37
	中铁自保天津分公司（虚拟）	557.61
	阳光渝融天津分公司（虚拟）	1749.94
	泰康在线天津分公司（虚拟）	2085.24
	易安财产天津分公司（虚拟）	0.27
	安心财产天津分公司（虚拟）	3629.04
	众惠相互天津分公司（虚拟）	217.45
	小计	1481341.78

续表

资本结构	公司名称	收入
外资	三星天津分公司	13770.68
	利宝天津分公司	3121.33
	安盛天平天津分公司	17162.98
	爱和谊日生同和(中国)天津分公司	4105.52
	小计	38160.51
	合计	1519502.29

资料来源：天津保监局官网。

3. 人身险公司销售渠道有所调整，个人代理大幅上升

2018 年，人身保险公司原保险保费收入为 408.0 亿元（见表 5）。从渠道结构看，银邮代理渠道实现保费收入 130.5 亿元，同比下降 23.2%；公司直销渠道实现保费收入 35.9 亿元，同比下降 1.1%；个人代理渠道实现保费收入 230.3 亿元，同比增长 13.1%，占原保险保费收入的 56.4%，同比提高 7.7 个百分点。

表 5　2018 年人身保险公司原保险保费收入情况

单位：万元

资本结构	公司名称	收入
中资	国寿股份天津分公司	624098.84
	太保寿天津分公司	202622.85
	平安寿天津分公司	999029.65
	新华天津分公司	204190.63
	泰康天津分公司	264373.43
	太平人寿天津分公司	159691.35
	建信人寿天津分公司	36717.47
	光大永明天津分公司	98805.57
	民生人寿天津分公司	2502.68
	富德生命人寿天津分公司	89805.76
	国寿存续天津分公司	1714.75
	平安养老天津分公司	18541.26
	合众人寿天津分公司	7647.60

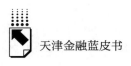

资本结构	公司名称	收入
中资	太平养老天津分公司	8038.82
	人保健康天津分公司	47104.94
	华夏人寿天津分公司	255930.87
	长城天津分公司	15246.66
	人保寿险天津分公司	61487.64
	国华人寿天津分公司	23582.74
	泰康养老天津分公司	6105.46
	阳光人寿天津分公司	71953.84
	中邮人寿天津分公司	95576.44
	安邦人寿天津分公司	8960.50
	渤海人寿天津分公司	475020.97
	小计	3778750.72
外资	中宏人寿天津分公司	2990.33
	工银安盛天津分公司	55671.19
	中信诚天津分公司	36169.58
	中荷人寿天津分公司	10344.05
	同方全球天津分公司	14771.16
	招商信诺天津分公司	3967.83
	恒安标准天津分公司	73927.92
	华泰人寿天津分公司	598.47
	陆家嘴国泰人寿天津分公司	13029.35
	大都会天津分公司	42619.27
	平安健康天津分公司	17390.50
	中银三星天津分公司	29586.86
	汇丰人寿天津分公司	522.70
	小计	301589.21
	合计	4080339.93

资料来源：天津保监局官网。

4. 天津保险业推动深化改革，积极服务经济社会高质量发展

天津保监局引导保险业发挥功能作用，丰富保险供给，推动深化改革，服务经济社会高质量发展。一是"政府 + 保险"双轮驱动模式走向成熟。在经济技术开发区启动"民生保险"项目后，天津保险业为众多集体供餐单位、企事业单位提供保险保障 322 亿元，责任保险"准公共性"有效发

挥。二是参与"一带一路"互联互通。引导行业扩大短期出口信用保险覆盖面，加快海外投资保险、中长期出口信用保险业务发展，加强"自贸通""津贸通"等多个综合服务平台建设。2017年，天津保险业通过短期出口信用保险，支持天津贸易出口153.6亿美元，占一般贸易出口总额的71.37%。通过中长期出口信用保险及海外投资保险，为外贸企业提供风险保障21.1亿美元。三是深度参与社会保障体系建设。2017年，天津大病保险运行机制不断优化，城乡居民大病保险项目参保人数达到534万人，赔付支出2211余万元。全民意外伤害保险机制不断完善，实现保费3.6亿元，赔付支出3.1亿元。税优健康保险稳步发展，共有15家保险分公司取得销售资格，实现保费373.23万元，为1143人提供2.63亿元风险保障。四是加快推进行政审批制度改革。天津保监局持续健全备案管理制度，简化审批材料，优化审批流程，提高审批效率，努力做到"应放尽放"。目前，自贸区内保险分支机构相关事项的事前审批已全面取消，调整为备案管理。

5. 当前保险业偿付能力充足稳定

天津市当前保险业偿付能力保持相对充足稳定。2018年末，天津市有178家保险公司的平均综合偿付能力充足率为242%，其核心偿付能力充足率平均水平为231%。其中，财产险、人身险和再保险三类公司的平均综合偿付能力充足率分别为274%、235%和282%。整体而言，保险业的乱象问题得以有效制止，行业结构相对进行了优化调整，在转型升级进程中也取得了一定成效。保险业整体的风险防控能力需要进一步提升，尤其是现阶段外部环境不稳定的情况下，对于基本面要求较高，而保险业本身在结构性、周期性和体制性等方面仍旧有问题。因此，保险业需要坚持以习近平新时代中国特色社会主义思想为指导理念，坚持稳中求进的总基调，做好防范化解系统性重要风险，努力提升保险业高质量发展。

四 天津租赁机构发展状况

2018年，从全国租赁业发展情况来看，整体行业运行处于正常态势。

由于受到行业监管和会计准则变化的影响，租赁业企业数量、业务规模的增速出现了一定程度的下滑，为 2006 年以来的最低值，这也是意料之内、情理之中的事。截至 2018 年 12 月末，全国融资租赁企业数量达11777 家，相较于 2017 年的 9676 家增加了 2101 家，增长 21.7%。从业务总量来看，全国融资租赁合同余额约为 66500 亿元，比 2017 年末增加约 5700 亿元，增长了 9.38%。天津租赁业的发展也较为成熟，其中融资方式主要借助于银行拆借，而资金来源则以京津冀三地为主。截至 2018年上半年，通过银行拆借的资金规模占整体拆借资金的 70% 左右，其中从北京、上海等地拆借的资金规模占整体拆借资金的 62.9%。

1. 天津租赁行业发展集聚

根据中国融资租赁联盟和天津滨海融资租赁研究院的调查统计数据，在全国租赁前十强企业中，天津有 2 家企业入围，其中工银金融租赁有限公司位居第一，其注册时间为 2007 年，注册资金为 110 亿元，另一家入围的企业名为兴业金融租赁有限责任公司，其注册时间为 2010 年，注册资本金为90 亿元（见表 6）。其余 8 家企业分布于上海、深圳、新疆和重庆。

表 6　中国租赁十强企业排行榜

名次	企业名称	注册时间	注册地	注册资金（亿元）
1	工银金融租赁有限公司	2007	天津	110.00
2	远东国际租赁	1991	上海	125.35
3	国银金融租赁	1984	深圳	126.42
4	平安国际融资租赁有限公司	2012	上海	122.11
5	浦航租赁有限公司	2009	上海	126.83
6	渤海租赁股份有限公司	1993	新疆	61.85
7	招银金融租赁有限公司	2008	上海	60
8	昆仑金融租赁有限责任公司	2010	重庆	60
9	交银金融租赁有限责任公司	2007	上海	85
10	兴业金融租赁有限责任公司	2010	天津	90

注：排名时间截至 2018 年 12 月 31 日。

资料来源：中国租赁联盟、天津滨海融资租赁研究院。

2. 天津市融资租赁企业数量稳步增长

截至 2018 年末，根据天津市租赁行业协会和天津滨海融资租赁研究院统计，天津市金融租赁公司有 11 家，与 2017 年数量保持一致，没有增加新的公司，占全国金融租赁公司数量的 15.3%；租赁贷款余额为 4749.1 亿元，占全国租赁贷款余额的 22.2%，相较于 2017 年，增长了 12.9 个百分点，较天津市各项贷款增速高出 5.8 个百分点。天津市的飞机、国际航运船舶和海工平台等租赁业务规模累计占全国业务总规模的 80%，而金融租赁在其中发挥着较为重要的作用。如表 7 所示，2018 年末，天津有内资租赁企业 112 家，相较于 2017 年的 79 家增长了 33 家，而外资租赁企业有 1885 家，比 2017 年的 1484 家增加了 401 家。整体而言，2018 年末，总部设在天津市的各类融资租赁公司（不含单一项目租赁公司、分公司、SPV、海外收购的公司和已注销的公司）为 2008 家，比 2017 年的 1574 家增加 434 家。其中，直租业务的占比并不是太高，而直租的标的物主要以设备类和交通类产品为主。截至 2018 年上半年，天津市金融租赁公司开展的直租业务规模同比增长了 18.7%，在租赁贷款总规模中的占比为 15.2%，较 2017 年同期提升了 0.7 个百分点。

表7　2018 年天津市融资租赁企业概况

单位：家

企业类型	2017 年末企业数	2018 年末企业数	2018 年末比上年底新增数量
金融租赁企业	11	11	0
内资租赁企业	79	112	33
外资租赁企业	1484	1885	401
总计	1574	2008	434

资料来源：中国租赁联盟、天津滨海融资租赁研究院。

3. 探索租赁业务新领域

截至 2018 年末，天津海关办理海关融资租赁业务总共 284 次，涉及飞机、飞机发动机和大型生产设备等，实现租赁货值 996.32 亿元。其中，海关融资租赁是指允许符合条件的海关特殊监管区内企业开展融资租赁业务，

区外承租企业对融资租赁货物按照海关审查确定的每期租金分期缴纳关税和增值税。开展融资租赁业务，在带动新兴产业发展、拓宽企业融资渠道等方面发挥着重要作用。以东疆内民生吉盛（天津）航空租赁有限公司进口租赁一架湾流 G650ER 公务机为例，国内承租人以一般贸易的方式申报进口，因飞机价值高，企业需一次性承担进口关税、进口环节增值税等总计约 1 亿元。通过海关特殊监管区域租赁进口飞机，承租人根据租赁合同约定按租金分期向海关申报并缴纳相应税款，每期缴税 300 余万元。融资租赁业务的开展大大减轻了企业的资金周转压力，有效提升了企业资金的利用效能，为融资租赁业务的快速发展提供了有力保障。

4. 东疆开启物流金融新模式

天津滨海新区主要承载着北方国际航运核心区的运行。2019 年，天津滨海新区大力支持天津港口产业发展，提升运营效率，压低合规成本和缩短通关耗时。落实"一带一路"倡议，提高港口区域交通效率，从海运、空运、陆运等多元化交通枢纽强化港口中心功能。关注保税中转业务，加强境内免税业务的开展。在自贸区建设方面，力争全面完成《深改方案》128 项制度创新任务，建成高水平国际贸易单一窗口，构建更加开放的市场准入模式。2019 年 3 月，天津港首农食品进出口贸易有限公司（简称"天津首农"）与中国邮政储蓄银行股份有限公司天津分行（简称"邮储银行天津分行"）、天津农业投资担保有限公司（简称"天津农担公司"）举行三方签约仪式，开展预付款融资合作，创新开展物流金融业务。此次签约是东疆物流金融业务模式的拓展和延伸，旨在解决中小企业融资难题。天津首农建设的冷链国际分拨配送中心坐落在东疆，是京津冀一体化的标志性项目，在本次合作中天津首农承担仓储物流、货物监管等职责，邮储银行天津分行向首农下游客户提供全方位的金融服务，天津农担公司将利用自身综合优势实现风险分担，进一步加强风险缓释措施。

以物流金融推动进口贸易生态是东疆目前大力推进的产业方向。在天津市委、市政府的大力支持和指导下，作为天津市推动物流金融工作的载体平台，东疆管委会积极推动"国际仓＋东疆单"模式，打造贸易生态，全面提升口岸功能，努力建设集贸易、储运、加工、分拨、配送、金融支持于一体的中国北方进口商品交易中心和物流分拨中心。

五 天津其他机构发展状况

1. 信托机构运行情况

天津信托有限责任公司年报披露，2018 年末，公司管理的资产总规模为 1568.11 亿元，其中固有资产 74.93 亿元，占资产总规模的 4.78%；信托资产 1493.18 亿元，占资产总规模的 95.22%。天津信托有限责任公司的事务管理类规模为 1086.81 亿元，占公司资产总规模的 69.28%。影响业务发展的有利因素包括以下几种。一是我国经济发展现状整体上在逐渐调整，如结构上进行优化调整，寻找新型动能转换，从质量效益、基础建设领域上取得可观成果。改革开放效果凸显，在新常态背景下，新型业态的出现也为经济发展提供了有力支撑，为质量转型升级打牢基础，再次彰显了我国经济强大的韧性。二是京津冀协同发展政策的不断落实和"一基地三区"等重大战略的进一步加快推进，京津冀地区全面协同、深度融合的发展格局正在形成，这为信托公司业务发展带来了机遇。三是专业财富管理、家族信托消费金融等创新领域日益成为信托业转型的新突破口，在政策层面迎来众多利好，市场发展步伐逐步加快，将为信托行业带来稳定的利润增长点。

影响业务发展的不利因素包括以下种。一是我国正经历着三大攻坚战关键时期，面对外部环境的剧烈变动，不确定性增加，为抵御各方面的冲击，我国经济仍旧需要以改革手段来促进发展，比如从质量变革、动力变革和效率变革等多领域进行相应调整。二是从天津经济形势看，经济增长"挤水分"压力仍在，全市产业结构偏重、偏旧问题突出，新旧动能转换衔接不畅，转型发展任重道远，战略新兴产业发展需要进一步完善，虽然已取得了一定的改革成绩，但仍面临较大挑战。三是在降杠杆、去通道的大背景下，彻底打破刚性兑付、禁止产品嵌套、资金池管理、合格投资者门槛上升等必然让信托业经历转型"阵痛"。

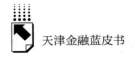

2. 商业保理机构运行情况

中国服务贸易协会商业保理专业委员会测算，截至 2018 年末，全国商业保理企业已累计提供应收账款融资达 3 万亿元，服务的中小企业数量超过 300 万家。仅 2018 年一年，就为中小企业提供融资 1.2 万亿元，受益的中小企业达 120 万家。商业保理行业在破解中小企业融资难融资贵和降低大企业杠杆率方面发挥了重要作用，因此越来越受到市场的认可和推崇。

作为全国首批商业保理试点区，东疆经过近几年的发展，实现了保理产业与租赁、贸易、供应链金融等产业的协同促进，形成集聚规模。天津市商务局始终秉承"规范化、专业化、规模化"的商业保理发展理念，严格审批监管，认真搞好对策研究，加强风险排查治理，积极开展配套活动，推动商业保理企业在数量和业务规模上呈现稳中求进、快速发展态势。目前，东疆累计注册的商业保理公司约 400 家，累计注册资本约 560 亿元。下一步，东疆还将以自贸区深化改革为契机，持续推动更高层次的政策创新，进一步打造专业化、国际化的营商环境，助推区内企业实现高质量发展。而 2019 年是我国全面建成小康社会的关键之年，国家对实体经济高质量发展高度重视，商业保理作为具有逆周期特点的低风险性贸易融资类工具，能够在一定程度上摆脱中小企业融资难、融资贵等困境，还能为健全商务信用体系领域的创建提供重要作用，特别是在保理立法和标准建设取得重要进展的背景下，商业保理行业将迎来新的发展机遇。

3. 小额贷款公司运行情况

2018 年是国家金融改革整顿的一年，金融监管新政陆续出台，金融各领域改革调整，预防和化解系统性金融风险。其中银行业转型，《资管新规》落地，是银行业强监管的一年。这一年也是小额贷款公司行业艰难转型的一年。这一年小额贷款公司有两件事情备受鼓舞，一是习近平总书记在召开民营企业座谈会时，要求拓宽民营企业融资途径，特别强调"发挥民营银行、小额贷款公司、风险投资、股权和债券等融资渠道作用"。从 2017 年末开始的整治金融乱象，清理整顿"现金贷"、清理整顿互联网金融、处置非法集资、扫黑除恶等金融领域治理行动，维护了金融秩序和环境。

截至 2018 年 9 月末，天津市小额贷款行业总注册企业有 169 家，注册资本金为 175.81 亿元。资产总额为 234.75 亿元，其中，净资产为 216.78 亿元。小额贷款公司实现贷款余额为 204.6 亿元，客户数累计为 21.42 万户，累计放贷 1728.32 亿元。整体来看，天津市小额贷款行业服务的客户数和累计放贷金额均有所增长，说明小额分散业务的增加带动了客户数的增加，短期贷款业务的增加加强了流动性。而在 169 家小额贷款企业中，有 3 家小额贷款公司实现增资扩展，意味着股东对小额贷款公司行业信心指数提高，涌现了领跑天津市小额贷款公司行业的多家优秀公司。

4. 智能科技产业发展

天津科技产业发展受到了天津市委、市政府的广泛关注，针对推动智能科技技术的发展制订了十余项行动计划。2018 年，天津市人民政府印发《天津市关于加快推进智能科技产业发展的若干政策》，旨在着重关注智能科技产业的兴起对经济驱动的主要意义，通过政策引导以及制度优惠对智能终端生产出的产品传统智能行业的转型升级以及智能化技术的广泛应用等领域均有显著的影响。高效应用大数据、云计算等技术丰富互联网技术，并将其应用于智能科技产业来推进天津的经济发展。在政策落实方面，由天津市财政局、工业和信息化委员会，各区人民政府联合牵头设立总规模 100 亿元的智能制造财政专项资金，用以对传统智能产业的转型升级，加大智能机器人、软硬件等产业的培育与提升支持力度。天津市智能科技产业的发展，离不开雄厚的资金支持，因此，需要合理规划好基金，从海河产业基金管理公司对基金的合理规划可以看到，其用市场化募集的方式吸引国内外金融机构、企业和其他社会资本，并将资本聚拢设立智能科技产业母基金，然后再通过创建子基金等方式来拓宽基金的渠道，最终形成的基金群总规模高达 1000 亿元。该公司通过对基金的合理使用来支持智能机器人、软硬件、智能汽车等智能科技新兴产业，用以辅助天津智能科技新兴产业的快速发展。

2018 年天津经济运行整体逐季向好，金融运行总体稳定发展，总量稳步提升。一是银行业稳步发展，信贷结构进一步得到优化；二是证券交易额

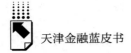
总体有所回落，各类业务表现出分化现象；三是保险业总体平稳，资产规模出现较大幅度增长；四是直接融资比重显著提高，金融市场交易活跃。但天津市经济金融存在全社会创新创业氛围不浓厚、民营经济发展不充分等问题，金融业需进一步提升服务实体经济的能力，支持经济转型和结构调整，逐利天津市金融高质量发展。

B.4
2018年天津金融市场发展报告

王文刚　倪　鑫*

摘　要： 本报告分析了2018年天津金融市场发展状况。货币信贷市场发展基本平稳；证券市场发展平稳，股票市场、债券市场、基金市场和期货市场的建设均取得一定的成绩，市场功能发挥较好；天津金融资产交易所、天津滨海柜台交易市场、天津排放权交易所等新型交易市场有了一定的发展。

关键词： 金融市场　货币信贷市场　证券期货市场　保险市场　外汇市场

2018年，天津市高举习近平新时代中国特色社会主义思想伟大旗帜，牢记习近平总书记对天津工作提出的"三个着力"重要要求和一系列重要精神，将此作为引领天津走向新时代、迈向新征程的"元"和"纲"。同时，坚持稳中求进的工作总基调，扎实推进"五位一体"总体布局和"四个全面"战略布局在天津的实施，优化创新环境，引进创新人才，进一步完善金融基础设施建设和金融管理能力建设，不断增强天津金融市场活力，助力全市经济走上高质量发展的道路。

2018年，天津市地区GDP为18809.64亿元（见图1），地区GDP名义增速为1.4%，人均GDP为12.1万元。其中，第一产业增加值172.71亿

---

* 王文刚，中国银行业监督管理委员会内蒙古监管局局长，高级经济师，研究方向为金融创新与金融监管；倪鑫，天津财经大学博士研究生，研究方向为国际金融。

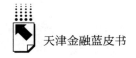

元，增长 0.1%；第二产业增加值 7609.81 亿元，增长 1.0%；第三产业增加值 11027.12 亿元，增长 5.9%。三次产业结构为 0.9:40.5:58.6。

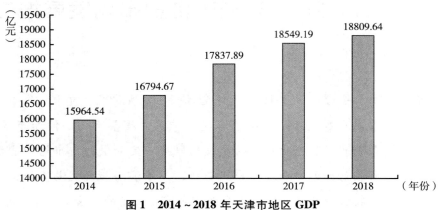

图 1   2014 ~ 2018 年天津市地区 GDP

资料来源：天津市统计局官网。

2018 年，天津市金融业增加值为 1966.89 亿元，增长 7.2%。全市加快落实供给侧结构性改革任务，着力构建实体经济、科技创新、现代金融、人力资源协同发展的产业体系。

天津市社会融资规模整体增加，虽然贷款融资规模有所减少，但债券融资规模大幅增加。2018 年，天津市社会融资规模为 3074.84 亿元，较上年增加 284.58 亿元，增长 10.2%。其中，人民币贷款为 2408.02 亿元（见图 2），虽然较上年减少 346 亿元，但仍然占据融资主力；外币贷款（折合人民币）、委托贷款、信托贷款分别减少 103.92 亿元、928.8 亿元、192.25 亿元；未贴现银行承兑汇票、企业债券、地方政府专项债券分别增加 66.34 亿元、703.93 亿元、791.24 亿元。

一   货币信贷市场发展状况

2018 年天津市存贷款余额继续增加，年末金融机构（含外资）本外币存款余额为 30983.17 亿元，与年初相比增量为 42.36 亿元（见表 1），增长

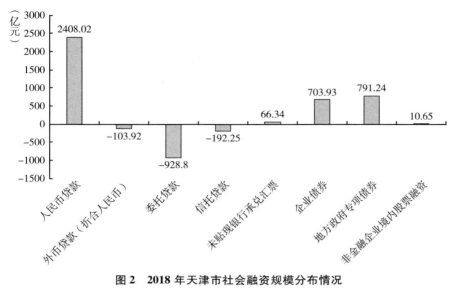

图2 2018年天津市社会融资规模分布情况

资料来源：中国人民银行天津分行。

了0.1%。具体来看，住户存款与年初相比的增量为1188.62亿元，较上年的增量多773.8亿元；非金融企业存款与年初相比减少了516.86亿元，较上年的增量少711.0亿元。截至2018年末，金融机构（含外资）本外币贷款余额为34084.90亿元，增量为2439.09亿元，较年初增加了7.7%。

可以看出，全市存款增长面临较大压力，银行主动运用多种负债产品稳定存款，但贷款规模一直稳定增长，表明2018年天津信贷市场稳步发展、结构进一步优化。

表1 2018年金融机构（含外资）本外币存贷款情况

单位：亿元

指标	年末数	比年初增加
金融机构（含外资）本外币存款余额	30983.17	42.36
住户存款		1188.62
非金融企业存款		−516.86
广义政府存款		−322.84
非银行业金融机构存款		−198.38
其他存款		−108.18

续表

指标	年末数	比年初增加
金融机构（含外资）本外币贷款余额	34084.90	2439.09
住户贷款		1516.59
非金融企业及机关团体贷款		848.47
非银行业金融机构贷款		8.41
其他贷款		65.62

资料来源：中国人民银行天津分行。

（一）信贷市场

1. 存款小幅增加

截至 2018 年末，天津市金融机构（含外资）本外币存款余额为 30983.17 亿元（见图 3），与年初相比有 42.36 亿元的增量。具体从存款结构来看，非银行业金融机构存款和广义政府存款小幅降低，非金融企业存款大幅降低，住户存款大幅增加，总体而言保持增长水平。非银行业金融机构存款较 2018 年初降低了 198.38 亿元，广义政府存款降低了 322.84 亿元，非金融企业存款降低了 516.86 亿元，住户存款的增量为 1188.62 亿元。

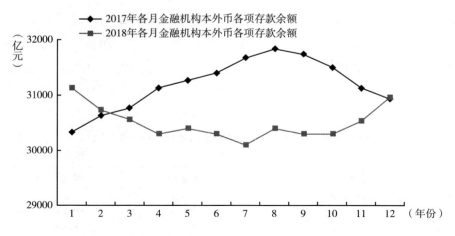

图 3 2017 年、2018 年各月金融机构各项本外币存款余额

资料来源：中国人民银行天津分行。

12 月末的金融机构（含外资）本外币存款余额较上月末的增量为
460.45 亿元。具体来看，住户存款和非金融企业存款的增量分别为 254.86
亿元和 605.35 亿元，非银行业金融机构存款和广义政府存款分别降低了
90.73 亿元和 328.68 亿元。

2. 贷款平稳增长

天津市 2018 年末金融机构（含外资）本外币贷款余额为 34084.90 亿元
（见图 4），与年初相比有 2439.09 亿元的增量。具体从贷款结构来看，非银
行业金融机构贷款略有增加，非金融企业及机关团体贷款小幅增加，住户贷
款大幅增加，总体保持持续增长态势。

非银行业金融机构贷款较 2018 年初增加了 8.41 亿元，非金融企业及机
关团体贷款的增量为 848.47 亿元，住户贷款的增量为 1516.59 亿元。

12 月末的金融机构本外币贷款余额较上月末的增量为 138.64 亿元。具
体来看，住户贷款和非银行业金融机构贷款的增量分别为 205.02 亿元和
0.30 亿元，非金融企业及机关团体贷款减少了 69.95 亿元。

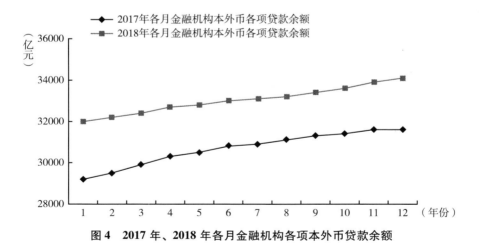

图 4　2017 年、2018 年各月金融机构各项本外币贷款余额

资料来源：中国人民银行天津分行。

3. 小微企业贷款利率明显下降

2018 年，天津市金融机构人民币企业一般贷款加权平均利率为 5.24%，

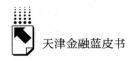

比上年上升 0.36 个百分点。但第四季度企业一般贷款利率快速回落，较第三季度下降 0.20 个百分点，其中小微企业一般贷款加权平均利率下降了 0.23 个百分点。货币政策工具的有效运用对降低小微企业贷款利率发挥了重要作用。

4. 表外业务总体下降，仅担保类业务小幅增长

2018 年末，天津市银行业金融机构担保类、承诺类、金融资产服务类、金融衍生品类四类表外业务合计余额同比下降 12.2%。其中，担保类表外业务同比增长 1.6%，承诺类、金融资产服务类和金融衍生品类表外业务同比分别下降 7.9%、14.0% 和 30.1%。

（二）货币市场

2018 年，天津市相关机构在银行间同业拆借市场的交易金额为 29026.5 亿元，同比增加 126.0%；净融入资金为 8276.7 亿元，同比增加 6.0%；隔夜和七天拆借金额的占比为 92.0%，拆入和拆出加权平均利率同比分别下降 22 个和 29 个基点。债券回购交易金额 316912.5 亿元，同比增长 48.9%，质押式回购占比为 98.6%，质押式正回购和逆回购加权平均利率同比分别下降 30 个和 7.9 个基点。现券买卖累计交易金额 36482.7 亿元，同比下降 12.0%，现券买入和卖出收益率同比分别下降 0.75 个和 0.69 个百分点。2018 年天津同业拆借情况见表 2。

表 2　2018 年天津同业拆借情况

单位：亿元，%

月份	融入金额	市场占比	融出金额	市场占比
1	1075.35	1.1641	1227.55	1.3288
2	443.03	0.8299	624.22	1.1694
3	696.47	0.7067	1422.25	1.4432
4	737.35	0.7954	1362.9	1.4702
5	601.47	0.5183	932.56	0.8037
6	918.93	0.7947	1740.19	1.5050

月份	融入金额	市场占比	融出金额	市场占比
7	1117.58	0.8068	1387.93	1.0019
8	1950.77	1.1776	2646.47	1.5976
9	1233.05	0.8384	2118.04	1.4401
10	1301.07	0.9695	1683.29	1.2542
11	2431.31	1.3497	2953.35	1.6395
12	2468.27	1.4260	3409.29	1.9697

资料来源：中国外汇交易中心。

（三）票据市场

2018 年，天津市进一步加大直接融资工作推动力度，中国人民银行天津分行着力加强对组织引导力量，天津市票据市场稳健发展，电票覆盖率持续提高。2018 年末，天津市银行承兑汇票余额为 3645.5 亿元，较年初增加 502.1 亿元，同比增长 16.0%；票据贴现加权平均利率为 4.78%，较上年下降 30 个基点。共办理电子商业汇票承兑业务 18.7 万笔，金额 6237.7 亿元，占全部商业汇票承兑业务的比重分别为 76.1% 和 97.0%，分别较上年提高 40.9 个和 11.7 个百分点。

二　证券期货市场发展状况

2018 年，天津市证券市场稳步发展，股票市场、债券市场、基金市场与期货市场的建设都取得一定成就，市场功能逐步发挥，发展形势良好。截至 2018 年 12 月 31 日，天津市有上市公司 50 家，新三板挂牌公司 194 家，天津滨海柜台交易市场（区域性股权市场）挂牌公司 1077 家，拟上市公司 20 家（见表3）。上市公司总股本为 644.68 亿股，较上年有所增加，总市值为 3853.01 亿元，较上年有所下降。

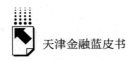

表 3　2018 年天津市证券期货市场基本情况

项目	数量/金额
总部设在辖区的证券公司数(家)	1
总部设在辖区的证券投资咨询公司数(家)	1
总部设在辖区的基金管理公司数(家)	1
总部设在辖区的期货公司数(家)	6
年末国内上市公司数(家)	50
新三板挂牌公司家数(家)	194
天津滨海柜台交易市场(区域性股权市场)挂牌公司家数(家)	1077
拟上市公司家数(家)	20
证券信用评级公司家数(家)	1
上市公司总股本(亿股)	644.68
上市公司总市值(亿元)	3853.01

资料来源：天津证监局。

截至 2018 年 12 月 31 日，在天津市辖区内的证券公司有 1 家，其分公司与营业部各有 33 家和 151 家（见表 4）。基金管理公司 1 家，登记注册的私募基金管理人 476 家，已备案私募基金产品数达 1597 只。证券营业部总资产为 138.5 亿元，净资产为 13.32 亿元，净利润为 - 0.28 亿元。

表 4　天津证券市场概况

类别	指标	单位	2018 年	2017 年
基本情况	证券公司	家	1	1
	证券分公司	家	33	25
	辖区内证券营业部	家	151	154
	证券投资咨询公司	家	1	1
	证券投资咨询分公司	家	5	3
	基金管理公司	家	1	1
	私募基金管理人	家	476	447
	私募基金产品数(已备案)	只	1597	1524
	独立基金销售机构	家	8	4

类别	指标	单位	2018 年	2017 年
证券营业部	总资产	亿元	138.50	163.56
	净资产	亿元	13.32	15.14
	净利润	亿元	−0.28	−0.11
	指定与托管市值	亿元	3044.48	4026.38
	客户交易结算资金余额	亿元	114.71	137.89
	资金账户	万户	328.59	305.88
	A 股证券账户	万户	513.03	473.98
	B 股证券账户	万户	3.75	3.76

资料来源：天津证监局。

1. 法人证券公司经营规模不断扩大，市场参与度提高

2018 年，天津市辖区内证券分公司、证券投资咨询分公司数量增加，私募基金管理人、独立基金销售机构数量增加，资金账户、A 股证券账户数量增加。可见，公众与机构市场参与度有所提高。

2. 法人期货公司资产规模有所增加，交易活跃

2018 年末法人期货公司总资产较 2017 年末增加约 17.3 亿元，代理交易量增加约 90%，期货市场交易进一步活跃，市场参与者增加。

（一）股票市场发展状况

2018 年天津市股票市场发展平稳，年末证券账户有 516.78 万户，较 2017 年末增加了 8.2%；各类证券交易额为 37183.74 亿元，较 2017 年减少了 14.6%；股票交易额为 17661.73 亿元，较上年减少了 20.8%。

与 2017 年相比，2018 年上市公司总股本呈持续增长状态，且均高于 2017 年。上市公司总市值起伏较大，1~3 月波动上升，从 3 月起呈下降趋势，直到 9 月下降趋势停止，之后开始小幅上升（见图 5）。上市公司数量基本保持不变，只增加了 1 家 A 股上市公司，同时新三板挂牌公司小幅减少（见表 5）。相较于 2017 年，虽然总股本增加 3.9%，但总市值出现大幅下降。

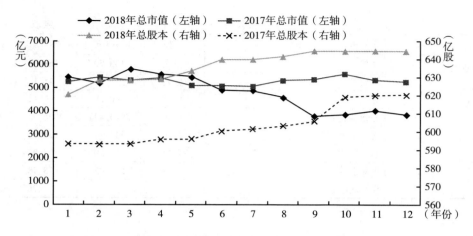

图5 2017年和2018年天津上市公司总市值和总股本变化

资料来源：天津证监局。

表5 天津股票市场概况

指标	单位	2018年	2017年
上市公司数	家	50	49
其中:A股公司数	家	45	44
AB股公司数	家	1	1
AH股公司数	家	3	3
AS股公司数	家	1	1
其中:上交所上市公司数	家	26	25
深交所主板上市公司数	家	7	7
中小板上市公司数	家	9	9
创业板上市公司数	家	8	8
新三板挂牌公司数	家	194	205
上市公司总股本	亿股	644.68	620.34
上市公司总市值	亿元	3853.01	5245.12

资料来源：天津证监局。

（二）债券市场发展状况

2018年，天津市债券市场发行与运行状况良好，债券交易额为16930.48亿元，较上年有所下降。全年共发行地方政府债券981亿元，平均利率为3.92%，为天津市建设发展提供了充足的资金。

天津市实施积极的财政政策，严格规范各类资金的使用，通过将新增债券限额用于区级棚户区改造、生态环保等重点项目，持续改善民生。截至2018年末，天津市债券筹资额为2740亿元（见表6），同比增加68%。其中，短期融资券筹资额652亿元，较上年增加194.1亿元；中期票据筹资额801亿元，较上年增加413.3亿元。

为积极推进天津市债券发行场所全覆盖，2018年上海证券交易所和深圳证券交易所累计债券交易金额分别为25452.58亿元和14864.33亿元，较2017年有所减少，分别减少7%和12%。

表6　2009～2018年天津债券融资概况

单位：亿元

年份	债券筹资额	短期融资券筹资额	中期票据筹资额
2009	226.10	36.00	
2010	342.00	67.00	
2011	323.00	73.00	
2012	612.50	131.00	144.50
2013	1032.80	248.50	537.00
2014	1503.10	387.70	930.40
2015	1596.70	394.90	926.70
2016	1826.10	474.50	651.40
2017	1629.20	457.90	387.70
2018	2740.00	652.00	801.00

资料来源：Wind 数据库。

（三）基金市场发展状况

2018年，天津市基金市场稳步发展，基金交易额达2526亿元，增长58.1%。

如表7所示，2018年1～4月，基金份额、基金净值呈不断增长趋势，但4月后均呈下降趋势。9～10月管理基金数从56只降为45只，但基金份额与基金净值并未大幅下降。截至2018年末，私募基金产品数为1597只，比2017年12月的1524只增加73只，且全年各月私募基金产品数较2017年都有所增长。

表7　2018年天津市基金情况

月份	管理基金数（只）	基金份额（亿份）	基金净值（亿元）	私募基金产品数（只）
1	55	19514.35	16360.44	1573
2	55	19536.35	19541.49	1589
3	53	19898.61	19902.14	1553
4	53	20121.52	20119.97	1576
5	54	18409.65	18407.63	1589
6	54	17412.22	17400.30	1572
7	54	17045.34	17033.92	1595
8	54	16699.80	16680.67	1610
9	56	15967.30	15948.64	1607
10	45	15158.71	15127.84	1615
11	45	14544.70	14522.57	1616
12	45	13452.94	13420.65	1597

资料来源：天津证监局。

（四）期货市场发展状况

2018年，天津法人期货公司快速发展，代理交易额大幅增长。天津市辖区内的法人期货公司2018年末总资产与净资产分别达到93.98亿元、22.68亿元（见表8），较上年同期分别增长22.6%、2.6%。2018年，期货公司代理交易额和代理交易量分别为4683.85亿元和825.3万手，较上年分别增长78%和90%。

表8　天津期货市场概况

类别	指标	单位	2018年	2017年
基本情况	期货公司家数	家	6	6
	辖区期货分公司数	家	3	2
	辖区期货营业部数	家	32	30
	期货交割库数	家	52	52

类别	指标	单位	2018 年	2017 年
期货公司	总资产	亿元	93.98	76.66
	净资产	亿元	22.68	22.11
	净利润	万元	731.12	819.96
	代理交易额	亿元	4683.85	2636.58
	代理交易量	万手	825.3	433.79
期货营业部	净利润	万元	−341.08	−174.11
	代理交易额	亿元	1804.75	1987.83
	代理交易量	万手	304.16	290.41

注：数据统计截至 2018 年 12 月。

资料来源：天津证监局。

三　保险市场发展状况

2018 年，天津市共有保险类机构 3936 家，保险从业人员 9.9 万人，经营主体保持稳定，资产规模总体增长，保费收入有所下降，人身险在保险市场业务中占据较大比重。

（一）保险市场稳定发展，资产规模总体增长

2018 年末，天津市共有总部设在辖内的保险公司 6 家，分支机构 63 家（见表 9）。保险公司在津分支机构资产总额为 1402.9 亿元，同比增长 9.2%，其中，人身险公司资产总额为 1278.6 亿元，同比增长 11.8%，财产险公司资产总额为 124.3 亿元，同比下降 12.0%。

表 9　2018 年天津市保险业基本情况

项目	数量
总部设在辖内的保险公司（家）	6
其中：人身险经营主体（家）	4
财产险经营主体（家）	2
保险公司分支机构（家）	63

续表

项目	数量
其中：人身险公司分支机构（家）	37
财产险公司分支机构（家）	26
保费收入（中外资，亿元）	559.98
其中：人身险保费收入（中外资，亿元）	415.54
财产险保费收入（中外资，亿元）	144.44
各类赔款给付（中外资，亿元）	164.14

资料来源：天津保监局、中国人民银行天津分行。

（二）保费收入总体略有下滑，财产险公司收入增长

如表 10 所示，2018 年天津市共获得原保险保费收入 559.98 亿元，较 2017 年减少了 0.9%。人身险和财产险的保费收入分别为 415.54 亿元和 144.44 亿元，分别较 2017 年减少了 1.9% 和增加了 2.0%。赔款给付额为 164.14 亿元，较 2017 年增加了 5.7%，人身险和财产险的赔款给付额分别为 83.75 亿元和 80.39 亿元，分别较 2017 年增加了 3.1% 和 8.5%。

表 10　2018 年天津市保险业收入情况

单位：亿元

项目	金额
原保险保费收入	559.98
1. 财产险	144.44
2. 人身险	415.54
（1）寿险	329.16
（2）健康险	72.08
（3）人身意外伤害险	14.31
赔款给付	164.14
1. 财产险	80.39
2. 人身险	83.75
（1）寿险	59.12
（2）健康险	22.23
（3）人身意外伤害险	2.40

资料来源：天津保监局。

四 外汇市场发展状况

（一）跨境人民币业务量下降

2018年，天津市开展跨境人民币结算业务的范围已达到了148个国家（地区），办理跨境人民币业务的企业约有6020家。业务主要集中在金融证券、租赁、科技制造、批发、房地产、钢铁化工等行业。

全年人民币跨境收付量下降，资金净流出增幅明显。2018年，全市人民币跨境收付金额为2139.8亿元，同比下降10.5%。其中，实收966.0亿元，同比下降14.0%；实付1173.9亿元，同比下降7.5%。实收降幅大于实付降幅，资金净流出207.9亿元，同比增长41.7%。经常项下资金净流出261.2亿元，同比减少7.8%；资本项下资金净流入53.3亿元，同比减少61%。与香港发生的人民币跨境收付量的占比为38.6%，同比增长3.5个百分点；与欧美地区发生的人民币跨境收付量的占比为28.9%，同比下降3.5个百分点。境内主体参与积极性提升，2018年新增企业1040家，同比增长17.3%。

（二）外贸出口规模增长

2018年天津市外贸进出口额达8077.01亿元，较上一年增加了5.6%，出口额为3207.16亿元（见图6），较上一年增加了8.6%；进口额为4869.85亿元，较上一年增加了3.7%。

2018年，天津市进一步加大金融服务力度，积极服务于"一带一路"建设，发挥天津的港口优势，提高对外开放水平。向俄罗斯的出口额较上一年增加了60.5%，向东盟的出口额较上一年增加了23.0%，向美国的出口额较上一年增加了7.2%，向欧盟的出口额较上一年增加了2.0%。天津市2018年外商投资企业新批1088家，实际直接利用外资48.5亿美元，较上一年增加了0.8%。外商投资产业结构不断优化，服务业实际利用外资33.7亿美元，占总量的69.5%。

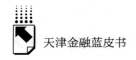

图6　2014～2018 年天津市外贸进出口额

资料来源：天津市统计局网站。

五　新型交易市场发展状况

（一）天津金融资产交易所

截至 2018 年，天津金融资产交易所（简称"天金所"）共与 1900 多家金融机构建立合作关系，拥有机构会员超过 49 万家，个人注册投资者超过 480 万名，为中小企业直接融资超过 2.5 万亿元。天金所"政府和社会资本合作（PPP）资产交易和管理平台"（简称"PPP 平台"）旨在构建 PPP 市场的良性生态圈，为各个参与方提供"一站式"的资金，同时探索建设中国 PPP 行业的国际准则与运营规范。

2018 年 1 月 27 日，天金所在其举办的"生态联盟峰会"上表明，未来将打造 PPP 生态联盟、不良资产结构化交易生态联盟、信用生态联盟和企业破产重整行业生态联盟"四大生态联盟"，不断推动天金所服务实体经济能力发展。

1. 打造 PPP 生态联盟体系，助力 PPP 稳定发展

2019 年 2 月 28 日，天金所 PPP 平台已成立两周年。为支持 PPP 行业持

续、健康、高质量发展，该平台自成立以来就力图为 PPP 行业提供一站式资金解决方案。

目前，天金所 PPP 平台已初步形成了全行业、全链条的 PPP 生态联盟圈，通过构建社会资本联盟与金融机构联盟，形成集聚了包括投资方、施工方、项目公司等九大类 200 多家生态成员的纵向沟通机制与横向沟通机制，实现成员间的优势互补和资源共享。因此，PPP 生态联盟体系具备为 PPP 项目提供咨询、招标采购、资金募集、资产流转等"一站式资金解决方案"的综合性服务功能，并形成了招标采购、资金募集、资产转让以及交易品种创新四级交易服务市场体系。

2. 打造不良资产结构化交易生态联盟，助力资产配置优化

2015 年以来，随着银行不良贷款的持续增长，不良资产的处置问题开始成为热点。针对不良资产处置行业各主体无序竞争、不良资产处置偏离市场标准等问题，天金所作为国内专业的不良资产处置平台，成立了不良资产结构化交易生态联盟，建立了以不良资产结构化交易为核心的创新生态联盟，服务实体企业、激活企业生产动力。

不良资产结构化交易生态联盟的成立吸引了知名律师事务所、基金公司、不良资产处置机构等数十家知名机构的加入，加入联盟的各专业人士将共同努力。首先，联盟计划设立不良资产结构化交易基金，为不良金融资产投资机构提供融资方案，从源头化解不良资产；其次，联盟将致力于改善各类不良资产的市场化定价机制与传统金融机构不良贷款的处理方式，优化配置资产和资源，推动供给侧结构性改革的进一步深化。

3. 打造信用生态联盟，助力"信联储"发展

经过多年积累沉淀，天金所形成了信用生态联盟——信联储（The United Credit System），并于 2018 年 1 月 27 日在生态联盟峰会上正式发布，该联盟集合了资金提供端、资产供给端、风险资产管理处置端及多元服务机构等多个主体。第一批信联储成员除国有实体企业外，还包括基金公司、资产管理公司、信用评级机构等金融服务机构，目的是以信用为基础，切实为实体经济，尤其是为中小企业降低资金成本、扩展融资渠道，让联盟内的参

与者实现互联互信的良性循环。

此外，2018年1月27日，信联储也正式启动了信联储基金和联盟内第一只专项基金，这代表了信用能力，从资金量上看，基金总规模达到了100亿元，首期专项基金规模达到了3亿元。基金将以把握优质金融资产的投资机会为核心，实现与信联储各资源的协同，通过结构化设计策略以及生态系统布局，支持联盟信用价值转化的安全共享，推动构建良好的信用生态系统。

4. 打造企业破产重整行业生态联盟，助力供给侧改革

"僵尸企业"指依靠政府支持或银行放贷来存活，不产生盈利且低效占据资源的企业。为加快"僵尸企业"的整合出清，推进供给侧结构性改革，天金所与各行专业人才及基金公司、资产处置公司等机构组成"企业破产重整联盟"。

（二）天津滨海柜台交易市场

1. 天津股权交易所与天津滨海柜台交易市场合并运营

2018年4月28日，天津市人民政府发布公告，指定天津滨海柜台交易市场股份公司为天津市区域性股权市场的唯一运营机构，天津滨海柜台交易市场（简称"天津OTC"）是由滨海柜台交易市场股份公司建立起来的，并全权由其运营。2019年1月23日，天津OTC与天津股权交易所完成资产重组，天交所成为天津OTC全资子公司。

天津OTC形成了"一市五板多平台"的股权市场格局，开展了包括私募股票发行、可转债发行、资产挂牌展示等多项创新业务服务，为广大中小微企业提供"路演特训营"等多种形式的培育孵化系列服务，成为天津市中小企业发展壮大的"黄埔军校"。今后，公司将扩大市场业务范围，创新市场运营模式，不断提升资本市场服务天津实体经济和区域中小微企业发展的能力。

2018年末，天津OTC正在挂牌的非上市股份公司已达421家（见图7），目前是全国第四大股权交易平台。

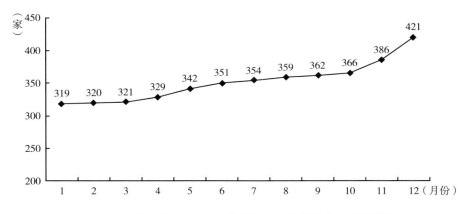

图7 2018年天津OTC正在挂牌的非上市股份公司数据统计

资料来源：天津滨海柜台交易市场股份公司官网。

2. 发力建设天津区域性股权市场科技创新专板

天津OTC自成立之日起，就通过设立科技板、创新板、众创板等科技创新专板，建立了"智能科技企业服务平台"与"天津新四板科技金融服务平台"，规范治理了刚起步的科技型公司，为培育高质量的科创板、创业板公司做铺垫。截至2018年末，天津OTC挂牌和展示的企业达4121家，大多数为中小微企业和科技型企业，累计实现融资552亿元。

在天津市政府积极鼓励并引导企业和机构进入天津科技创新专板的基础上，天津OTC科技创新专板也要对标上交所科创板，提升区域性股权市场综合服务功能，促进科技金融融合发展。同时，要形成天津科技创新专板的特色，发挥市场融资与培育孵化作用，构建企业从出生、成长到上市发展的全流程服务体系。

（三）天津排放权交易所

天津排放权交易所是由中国石油天然气集团有限公司和天津产权交易中心于2008年共同出资建立，按照《国务院关于天津滨海新区综合配套改革试验总体方案的批复》要求设立的全国首家综合性环境能源交易机构，致

力于通过市场化手段和金融创新方式促进节能减排。

作为全国首批经国家发改委批准开展碳排放权交易的7家试点市场之一，2018年1月31日，天津排放权交易所和中油资本管理有限公司、蚂蚁金服集团、中国石油天然集团有限公司签署了相关增资扩股协议。在新的股权结构下，天津排放权交易所未来除继续试点碳交易市场、全国碳市场能力建设等现有功能和业务外，还将通过商业模式和技术的创新，结合政府、商业、公益组织、个人等多方力量，尝试打造以互联网为基础的、全新的、全民的、全球的绿色金融产品和服务，响应国家大力发展绿色金融的战略，助力实现联合国包容性发展和可持续性发展的目标。

六　天津金融市场展望

（一）自贸区金融创新

天津自贸区作为北方第一个自贸区，借助自贸区先行先试的优势，在金融创新方面发挥越来越重要的作用。2018年末，已经完成了90个来自《中国（天津）自由贸易试验区总体方案》的改革任务，并实施了175个制度创新手段。2018年5月，国务院印发《进一步深化中国（天津）自由贸易试验区改革开放方案》，为自贸区的创新发展探索新路径、新模式。

1. 自贸区金融创新案例增加

2018年，天津自贸区金融工作协调推进小组共发布8批累计57个自贸区金融创新案例，既有方便企业进行跨境融资、使用境外外汇资金的跨境金融服务案例，又有提高融资租赁业发展水平的仓单融资业务创新，大力提升自贸区金融服务贸易和投融资的便利化程度，为企业发展营造更好的营商环境。

其中，中国人民银行发布的"国内首单融资租赁公司外债便利化试点业务"，通过特殊项目公司与母公司外债额度的共享解决特殊项目公司融资规模不足的问题，进一步缓解企业的融资难题，为跨境融资管理改革提供创新案例与试点经验。

天弘基金发行的"天津首笔陆港互认基金人民币跨境业务",不仅拓展了人民币跨境流通渠道,推进了人民币国际化,也加速了天津金融市场的开放与创新发展。

东疆管委会发布的天津首笔"东疆仓单"融资业务,打破了传统企业以信用为主的金融机构授信模型,采取"企业信用＋动产质押"的新模式,既降低了抵押风险又形成了开展非保税货物质押的新融资方式。

2. 继续深化金融创新改革

2019 年天津继续推进更高水平的对外开放,加快推动《进一步深化中国(天津)自由贸易试验区改革开放方案》128 项改革创新任务落地实施。其中,"放管服"改革方面25 项,投资贸易方面48 项,金融方面22 项,航运口岸方面15 项,京津冀协同发展方面18 项。

将自贸区发展为京津冀协同发展示范区,首先要发挥自贸区的服务与开放功能,打造面向"一带一路"沿线国家和地区的综合服务中心,依托自贸区的开放优势与制度优势,为京津冀地区企业提供跨境融资、投资咨询、融资租赁、会计审计等综合性服务。其次要优化区域金融资源配置,鼓励融资租赁公司创新债券与资产证券化产品、试点发行京津冀地方政府债券、支持开展服务京津冀协同发展的租赁与保理项目进行跨境融资,提升自贸区投融资服务功能。最后要充分发挥天津港北方国际航运中心的优势,改革口岸物流服务,优化口岸通关环境,推动天津港成为服务京津冀地区货物、产品、人员、技术进出的绿色通道。

(二)融资租赁业稳步发展

1. 融资租赁业继续稳步发展

2018 年,天津市融资租赁业继续稳步发展,与上年相比,在企业数量、注册资金、业务总量和全国占比等方面,增速都有所下降,但仍保持领先全国的发展态势。

截至 2018 年 12 月末,不包括单一项目分公司、SPV、租赁公司、海外收购公司与已注销公司,总部设在天津市的各类融资租赁公司共 2008 家,

比上年末的 1574 家增加 434 家。其中，金融租赁没有增加新的企业。内资租赁新批准 33 家企业开展融资租赁业务试点。截至 2018 年 12 月末，内资租赁公司数量增长到 112 家，占全国总数的 28.2%。外资租赁公司增加到 1885 家，较上年末增加 401 家。

同时，天津市融资租赁总部企业注册资金达到 8666 亿元，比上年末的 6759 亿元增加了 1907 亿元，增幅为 28.2%。其中，金融租赁由于工银租赁增资 70 亿元，使天津市金融租赁注册资金增加到 476 亿元，增幅为 17.2%；内资租赁额为 870 亿元，较上年增加 101 亿元，增幅为 13.1%；外资租赁达到 7320 亿元，较上年增加 1736 亿元，增幅为 31.1%。2018 年天津市各类租赁企业未发生重大违规事件，总体运转正常。

2. 融资租赁业不断拓展新空间

在经历前几年高速增长后，2018 年全国融资租赁业进入了增速放缓期，这也是转折的关键节点。2018 年，在国内政策利好的背景下，天津市滨海新区融资租赁业稳步推进，不断拓展新空间。

首先，多项有利政策落地滨海新区，包括创新融资租赁企业外债融资渠道、简化进口租赁飞机通关手续、停止增值税重复征收等优惠政策的落地，推动天津融资租赁业发展。以往特殊项目公司进行境外融资时，外债额度小不足以开展飞机租赁业务，而母公司外债额度大。因此，2018 年新政策落地，天津成为全国首个开展外资融资租赁公司外债便利化试点地区，允许注册地在天津的特殊项目公司共享母公司外债额度，此项新政为融资租赁公司开辟了新的外债融资渠道，创新天津融资租赁模式。

其次，融资租赁新业态与新模式不断集聚。例如，在通用航空领域不仅有 LCI、Falko、Milestone、Waypoint 等一批在东疆落户的大型世界级通用航空租赁企业，还有一些知名企业选择在东疆建设租赁平台，如中瑞通航以及上海金汇通航，这使得东疆的通用航空租赁业务在规模扩大的同时更加国际化与专业化。截至 2018 年末，已经有接近 300 架通用航空飞机在东疆实现成功交付，这也带动了全国通用航空租赁市场的发展。

除此之外，现如今汽车、医疗器械、轨道交通甚至文化产业都已成为区内融资租赁的标的物,这也达成了全领域覆盖的目标。截至2018年末,法人租赁公司一共有1980家设在天津,而且绝大多数是在滨海新区注册的,共拥有8397亿元的注册资金,还有多于1.3万亿元的国内与国外的租赁资产,这在国内是位列第一的。

2019年,天津市进一步推进租赁政策制度创新,加快推动《进一步深化中国(天津)自由贸易试验区改革开放方案》的128项改革创新任务落地实施,形成与国际对标的租赁业发展环境。

(三)京津冀协同发展加快推进

2018年,京津冀地区GDP为85139.9亿元,与2014年相比,年均增长6.6%。其中,北京地区GDP为30320.0亿元,年均增长6.7%;天津地区GDP为18809.6亿元,年均增长6.4%;河北地区GDP为36010.3亿元,年均增长6.7%。自从京津冀三地落实协同发展,打造互利共赢、优势互补的合作局面,大大提高了区域的整体性与综合实力,在保护生态环境、交通一体化、产业转型升级等方面均有了不小的突破。

滨海—中关村科技园始终立足于非首都功能的分散与疏解工作,共有941家企业注册,加快建设京津产业新城(武清)、京津中关村科技城(宝坻)以及京津合作示范区等平台负责承接,开始着力于国家会展中心项目,签约了中国核工业大学、中交建京津冀区域总部等许多项目。天津与河北还加紧落实了八个方面的合作以推动雄安新区发展建设。2018年,来自北京与河北的企业在天津进行投资的总额为1233.88亿元,这一数字已经占到了天津实际利用内资总额的46.4%。

2018年,天津服务非首都功能疏解和雄安新区建设成效明显,一些重点领域得到了成功突破。基础设施日益协同发展,国家规划中也出现了津雄城际。此外,京唐、京滨铁路也得到了快速发展,天津到北京的新机场联络线也正在积极推动前期工作进程,津石高速在天津的东段已经着手动工,环渤海内支线(曹妃甸和天津港)、京秦高速的津冀连接线已经成功开通。针对从北京来的小型、微型客车已经开启同城化的限行管理,京津冀三地的

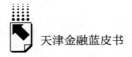
"一卡通"更是覆盖了整个地区包括地铁和公交在内的公共交通。

2019年，天津市认真学习贯彻习近平总书记视察天津时的重要指示和在京津冀协同发展座谈会上的重要讲话精神，进一步抢抓京津冀协同发展重大机遇，依托自贸区、自主创新示范区、国家级开发区等改革开放平台，有效发挥区位优势、历史优势，加快经济结构优化升级。同时，天津将积极对接中央政策部署，带动京津冀城市群整体的发展，高效推动重点领域协同发展，主动服务雄安新区建设，更加积极主动地推进京津冀协同发展。

B.5
2018年天津金融产品与创新发展报告

李向前 杨洁*

摘　要： 中国经过40多年的改革开放，目前正处于要素驱动向创新驱动转型的关键时期。天津的金融建设、经济发展也正处于攻坚阶段，其成败与否、速度快慢很大程度上取决于金融市场的创新能力。本报告梳理并介绍了2018年天津市银行产品与业务、证券产品与业务、保险产品与业务的发展状况，进而展望未来天津金融产品与业务创新的方向与路径，包括发展互联网金融产品与业务，丰富绿色金融产品与业务，探索供应链金融产品与业务。

关键词： 金融产品　金融创新　证券产品　银行产品　保险产品

一　天津市银行产品与业务创新

1.天津各银行坚持创新"三农"产品

2018年以来，天津市银行业坚持贯彻落实党中央、国务院关于大力支持"三农"发展的精神，立足实际、面向"三农"，服务企业、服务城乡，以实际行动践行社会责任。

农行天津分行积极创新"三农"产品，不断探索金融服务新模式。例

---

* 李向前，中国滨海金融协同创新中心副主任，教授，研究方向为货币政策、区域金融；杨洁，天津财经大学硕士研究生，研究方向为国际金融。

如，通过政府增信模式发放多笔扶贫贷款，通过特色产业发展带动模式带动大批农户脱贫致富。2018年农行天津分行推出了专门针对农家院的"三农"贷款产品，不仅手续简便快捷，而且利率较基准利率下浮5%～10%。国家一直大力支持涉农金融的发展，农行天津分行在困难村帮扶、中小园区建设、小站稻振兴、农业"走出去"项目、高标准农田建设和改善人居环境等方面加大支持力度，做优服务、创新产品，在天津市"三农"工作发展中做出更大贡献。

2018年以来，天津农商银行坚持服务"三农"、社区和中小企业的发展定位，着力构建便民惠民增值服务体系，不断提升城乡金融服务水平。针对天津市部分农村地区金融服务相对匮乏的情况，天津农商银行通过设立银行服务网点、金融服务站点与便民点，发行特色产品、提供便捷服务。截至2018年8月，天津农商银行已建成1100多家金融服务站点、1400多家金融服务便民点、2500多个便民服务站点、440家物理网点、5600多台ATM和POS机，构成了"多层次、立体化、全方位"的金融服务网络，累计服务4800余万人次，交易金额近400亿元，基本实现农村金融服务"全功能"和"全覆盖"。

2. 天津各银行积极开展"单一窗口"服务

2018年，天津市各银行不断增强单一窗口服务功能，深入对接国家单一窗口标准版，服务京冀企业异地申报，推动实施京津冀协同发展国家战略。

2018年8月，中国民生银行天津分行与天津市人民政府市口岸服务办公室（简称"天津市口岸办"）共同签署战略合作协议，双方将在中国（天津）国际贸易"单一窗口"与中国民生银行金融领域展开合作，发挥各自优势，建立长期、稳定的合作关系，共同深化中国（天津）国际贸易"单一窗口"的升级建设和发展。

9月11日，天津滨海农商银行与天津市口岸办共同签署国际贸易"单一窗口"战略合作协议，这是天津市首家与市口岸办开展"单一窗口"战略合作的地方法人银行。借助"单一窗口"平台，天津滨海农商银行能够为外贸企业提供货物申报、舱单申报、出口退税、税费支付等"一站式"窗口服务，同时提供跨境电子商务、平行进口汽车等具有天津特色的金融服务。

天津各银行通过开展"单一窗口"服务，使金融功能更加丰富完善，为优化港口营商环境、提升跨境贸易便利化水平提供有力支撑，为推进天津开放型经济和口岸高质量发展做出新贡献。

3. 天津各银行推出多款"互联网金融产品"

随着互联网、大数据、云计算等信息技术的发展，越来越多的银行业金融机构积极实施金融科技战略，通过金融科技来提高营销获客能力、提高贷款投放效率等。天津各银行不断强化金融科技融合，推出多款"互联网金融产品"。

天津银行依靠创新科技及数据引领，充分发挥传统金融与互联网金融的优势，开创金融行业与前沿信息技术深度融合发展的新局面。

2018年6月，天津银行与蚂蚁金服签署战略合作协议，双方在银行数字化转型方面达成战略合作，特别是在移动智惠银行、互联网金融平台、互联网金融核心系统、大数据平台、异地多活架构与智能运维体系、分布式架构与技术的建设等领域展开紧密合作，共同探索从核心系统到互联网业务能力的金融科技创新路径。

随后，天津银行推出"新网联合贷""蚂蚁借呗""蚂蚁花呗"等8款联合贷款产品，运用互联网思维重塑场景消费金融普惠发展，增强金融服务实体经济能力。截至2018年8月，天津银行个人线上合作贷款累计发放2458.8万笔，金额142.7亿元，覆盖220余万人次；贷款余额104.5亿元，较年初增长91.6亿元。

2018年8月，天津银行与新网银行合作发行小微线上金融产品"新网e经营贷"，实现了7×24小时客户申请，满足其"金额小、期限短、用款急、借款频"的融资需求。

4. 天津银行业首次推出NRA账户远期结汇业务

境外机构境内外汇账户（即NRA账户）是指境外机构在具有离岸银行业务经营资格的境内银行所开立的离岸业务账户。NRA账户远期结汇是银行为客户提供一揽子综合金融服务方案不可或缺的组成部分，具有离岸银行

业务经营资格的境内银行为境外机构办理 NRA 账户结汇业务提供便利，既能降低企业财务成本又能适当规避汇率风险，为境外金融机构提供稳定服务的同时扩大银行的业务范围。

2018 年 1 月 2 日，国家外汇管理局天津市分局推出允许注册且营业场所在天津自贸区内的银行为境外机构办理其境内外汇账户（外汇 NRA 账户）结汇业务的新政策。3 月 19 日，浦发银行天津自贸分行成功为开立 NRA 外汇账户的某境外企业办理了一笔远期结汇业务，金额为 606.49 万美元，用于降低出口贸易汇率风险，节约了汇兑成本，促进了境外贸易平台的经营发展。

二　天津证券产品与业务创新

1. 天津市首笔陆港互认基金人民币跨境业务落地

作为近年来我国资本市场开放创新的一项重要举措，陆港互认基金人民币跨境业务有助于推动国内与国外资本市场之间的双向流动，从而淘汰掉落后的资管行业。

天弘基金是陆港互认基金的内地代理人之一，引进一只由东亚联丰投资管理有限公司发行的东亚联丰亚洲债券及货币基金，并于 2018 年 3 月 28 日成功在内地发售。2018 年 5 月，中国银行天津市分行成功办理了天津市首笔陆港互认基金——东亚联丰亚洲债券及货币基金在境内的代理清算业务。

内地和香港的金融合作不断升华，推出陆港互认基金有一定意义：一是丰富内地与香港两地居民的投资选择，拓宽投资渠道，共享相关金融产品和服务；二是引入香港基金会促进内地基金业转型升级，进一步提升内地优秀基金管理公司的发展潜力；三是为内地基金销往海外、吸引外资提供窗口机遇。

天津市首笔陆港互认基金人民币跨境业务的落地，不仅为境内投资者提供了更加多元化的投资产品和更为丰富的资产配置方式，而且对于进一步拓宽人民币跨境流通渠道、助推人民币国际化具有重要意义。天津自贸区金融工作协调推进小组将继续加快推进自贸区各项金融改革创新工作，服务天津市经济高质量发展。

2. 天津市债券产品创新不断

2018 年 6 月，在上海证券交易所成功发行天津市红桥区棚户区改造专项债券，标志着全国首单棚户区改造专项债券正式落地。期限 5 年、预计融资规模 108 亿元的棚户区改造专项债券的发行，为天津市棚户区改造"三年清零计划"提供了充足的资金支持。同时，通过引入专业的会计师事务所、律师事务所等第三方机构，对棚户区改造专项债券的发行提供专业意见。通过各方共同努力，天津市红桥区棚户区改造专项债券的发行为全国棚户区改造专项债券发行提供了"天津模式"。

2018 年，天津城投集团获批发行 300 亿元公司债券。公司债券融资优化监管是证监会、上交所为进一步促进整体实力强、市场形象好、债券发行活跃的发行人发行公司债券的创新举措，全国获得首批资格的企业只有 92 家。城投集团是天津市首家获得公司债券融资资格的企业，并于 11 月中旬获批发行 300 亿元债券，创造了天津市企业单次获批债券规模之最。2018 年 12 月，天津城投集团 2018 年度第六期公司债券暨公司债券融资优化监管框架下的首期债券成功上市，发行规模 20 亿元，募集资金主要用于重大基础设施项目建设、补充企业流动资金。

三　天津保险产品与业务创新

2018 年，天津市保险业围绕中心、服务大局，扎实推进供给侧结构性改革，持续提升服务实体经济能力和水平，为天津经济发展和社会治理提供服务，不断强化社会责任意识和履责意识。

天津空港经济区在 2016 年成功建立了保险产业园，包括汇新保险销售、中升保险、渤海人寿销售、华明保险代理、新奥保险经纪在内的多家法人机构被吸引过来，此外还有包括来自人保财险、平安财险、国寿财险在内的多家大型保险企业的下属分支机构被引入，最终入驻保险公司总数超过 40 家。

产业园内包括了总部、专业服务机构、保险科技公司等多种类型的机构，保险产业在空港经济区内已经初具规模。

2018 年 11 月 17 日，天津保险产业园科技服务中心正式成立，同时中科自保、中国太平洋、仲盛集团、中融人寿、昆仑保险经纪、国寿财险、中航安盟、华贵人寿等 8 家机构签约落户。作为特色产业，保险产业园将充分利用空港的区位优势、财政支持和海河英才等政策优势，以专业的服务推动三地在金融保险领域的共同进步，促进海内外的各类保险公司在此进驻，积极开展创新，特别是在保险科技方面，加强风险治理，发挥好示范作用。

金融科技的发展为资产管理机构带来了新的机遇，天津市保险资管机构也结合自身发展需求，在金融科技领域开展多项实践。在保险业与互联网的结合成为一种新趋势的情况下，各保险机构纷纷通过移动互联网端开发创新模式，

2018 年，富德生命人寿在天津的分支机构升级了其线上服务，运用互联网形成了保险理赔领域的业务创新，完善了互联网保险行业整体业务流程。此外，还通过对 App、微信、官网的交叉运用，提供了包括会员管理、卡单激活、续期缴费、积分服务、投保、电子信函、保全、查询在内的各类服务。富德生命人寿通过与互联网结合为客户提供丰富多彩的服务活动，同时进行产品创新。借助科技力量，在投保售后回访、理赔等多方面重塑服务流程，再造服务形式，极大地提升了客户的服务体验。

四 其他金融类产品服务创新

（一）天津市融资租赁业务创新不断

2018 年，天津市融资租赁业继续稳步发展。天津市融资租赁总部企业注册资金达到 8666 亿元，比上年底的 6759 亿元增加了 1907 亿元，增幅为 28.2%。其中，金融租赁由于工银租赁增资 70 亿元，使天津市金融租赁注册增加到 476 亿元，增幅为 17.2%；内资租赁为 870 亿元，增加了 101 亿元，增幅为 13.1%；外资租赁达到 7320 亿元，增加了 1736 亿元，增幅为 31.1%。

1. 仓单融资业务创新，开启"企业信用＋动产质押"的新型模式

2018 年，天津凭借创新达成了我国飞机融资租赁第一单、船舶离岸租赁第一单，实施了租赁物权属的登记公示、售后回租项外币支付货款、外资融资租赁公司外债便利化等一系列重大政策创新。十几种租赁创新形成了可复制的产品和服务模式，并向全国推广。

2018 年 9 月，天津市首笔"东疆仓单"融资业务启动，中国银行天津市分行、中国工商银行天津市分行、浦发银行天津分行、天津滨海农商银行、金城银行等银行机构积极参与，借款方通过仓单质押顺利取得银行贷款。

仓单融资业务既结合天津市北方国际航运核心区定位优势，利用东疆位于天津自贸区和海关特殊监管区等诸多特点，又以金融机构、仓储物流、交通运输等类型企业为主体，联手开展仓单融资的创新工作。

具体来看，仓单融资业务有两大创新点：一是交易方除了传统的企业借款方、仓储管理方和金融机构外，还新增引入了负责后期处置的第四方，缓解了抵押品管理和后期处置风险，更重要的是打破了传统的以"企业信用"为主的金融机构授信模式，改为"企业信用＋动产质押"的新型模式，搭建了服务仓储融资的金融平台；二是探索基于"全国电子仓单系统"的模式，运用"动产融资登记公示平台"在全国办理首单非保税货物质押融资业务。

2. 外债便利化业务创新，跨境融资外汇管理大幅便利

2017 年 12 月，经国家外汇管理局批准，融资租赁企业外债便利化试点政策落地天津，允许在天津设立的融资租赁母公司下设在津 SPV 共享其外债额度。2018 年 3 月 22 日，全国首笔融资租赁企业外债便利化试点业务在天津完成，中飞租融资租赁有限公司下设 SPV 中飞中和（天津）融资租赁有限公司通过试点政策成功借入 4000 万美元外债资金，用于融资租赁项目引进飞机设备。

融资租赁公司外债便利化试点政策实现了 SPV 对母公司外债额度的共享，解决了 SPV 可融资规模不足问题，同时，也保证了融资租赁企业整体跨境融资规模的合理性，并为跨境融资外汇管理的改革提供了创新案例和试点经验，同时加强了天津地区的政策优势，为天津自贸区建设贡献了力量。

（二）天津市资产证券化业务持续创新

李克强总理多次在政府会议上提出，要落实金融支持经济结构调整和转型升级的具体措施，优化金融资产配置、盘活存量资金。利用资产证券化融资工具进行融资是解决天津目前融资问题的有益探索，也是天津金融改革创新工作的又一突破。

为深入贯彻市委、市政府的决策部署，充分运用资产证券化工具盘活企业存量资产、拓宽企业融资渠道、优化企业债务结构、缓解企业债务负担，2018年11月16日，天津市金融局、天津市国资委、中国人民银行天津分行、天津证监局四部门联合发布《关于推广资产证券化工具盘活存量资产扩大直接融资的工作方案》，将资产证券化作为天津市金融改革创新的一个突破口，为实体经济拓宽融资渠道。

目前，天津自贸区首单以保理融资债权为基础资产的资产证券化项目（方正保理一期资产支持专项计划）已完成资金募集，这一产品有两大创新点：一是融资方式创新，本产品是天津自贸区保付代理企业进行的首单资产证券化业务，流程清晰、操作规范，树立了商业保理公司开展资产证券化业务的典范；二是担保方式创新，本产品是以商业保理企业的债权为基础资产，通过优先级、次级分层结构设计为企业增信来发行的资产支持专项计划，大大解决了企业融资过程中普遍面临的担保品不足、融资难等问题，也为今后商业保理业务的开展提供了良好的基础。

五　金融产品与业务创新展望

（一）金融产品与业务创新现存问题

1. 金融产品与业务创新缺乏独立性

目前大多数银行在进行产品与业务创新时，由于开发过程相对被动，造成各银行间产品相互模仿，存在同质化现象。相比国外银行进行精细化定位，从客户特点出发来确定金融产品，国内银行往往缺乏对市场的深入了解，不能真正了解客户和市场的具体需求，从而使银行的创新金融产品销量和质量受到影响。

2. 金融产品与业务创新管理不足

目前大多数银行都缺少专门的产品创新部门或管理产品研发的组织机构，无法对金融产品创新研发部门进行职责性监管。另外，创新产品与业务的研发要通过总行批准授权，经过一系列复杂的程序，使产品研发周期延长，大大降低了研发效率与积极性。

（二）天津金融产品与业务创新方向

1. 发展互联网金融产品与业务

随着互联网技术的发展，传统金融机构利用互联网技术开展金融投资、融资与信息咨询业务，金融业务的新型金融模式——互联网金融也开始发展，并逐渐成为促进经济增长的新因素。

2018 年，中国互联网金融协会入驻天津滨海新区，同时在滨海新区中心商务区设立国家互联网金融监测中心、互联网金融大数据中心、互联网金融标准检测认证中心"三大中心"。天津市积极探索互联网金融的发展模式，使互联网产业与金融产业深度融合，激发天津金融市场活力，在京津冀协同发展的重大战略机遇期，推动金融产业发展为天津经济支柱产业。

未来，天津市各银行将加大金融科技投入，发展"互联网＋"服务。一是提升服务质效，利用互联网技术推动网上银行、手机银行等渠道技术与服务升级，为中小企业和广大客户搭建互联网金融服务平台；二是优化金融产品结构、引导金融产品创新，利用互联网、大数据、云计算等先进技术和理念，升级创新银行产品体系。

2. 丰富绿色金融产品与业务

天津未来应该健全绿色金融体系，以绿色信贷为核心，在完善绿色信贷管理体系的基础上进一步发展绿色债券、绿色保险等业务，不断推动绿色金融产品与业务创新，支持绿色经济发展。

首先，完善绿色信贷管理体系，建立银行内部绿色信贷业务监测、评价机制，通过跟踪国家节能重点工程、水污染治理、废弃物资源化再利用等国家重点环保项目，紧跟绿色信贷市场动态，积极开展产品创新，摸索建立绿色信贷长效发展机制。

其次，推进绿色投资业务发展，在严格遵守国家相关政策法规的前提下，为符合条件的机构提供绿色债券发行服务来降低企业融资成本、拓宽企业融资渠道。同时，银行可研发绿色债券指数、绿色股票指数以及相关产品，为投资者提供多种可选择的投资产品。

最后，发挥保险机构风险管理优势，鼓励保险机构创新绿色保险产品和服务。鼓励保险机构研发环境污染责任保险、安全生产环境污染责任险、环保技术装备保险等产品，通过"保险＋服务"的模式推动环境风险管理落地。

3. 探索供应链金融产品与业务

中小企业长期以来都存在融资难的问题，并且融资难比融资贵更加普遍，而供应链金融可以很好地解决中小企业的痛点。以往供应链金融的资金提供方主要是银行，由于银行无法全面掌握中小企业在供应链各环节中的信息，因此，往往在资金的提供上较为保守，资金运行效率不高。未来天津将探索更多供应链金融模式来解决中小企业的问题，在目前应收账款产品模式、融资租赁产品模式、P2P网贷平台产品模式等多种模式的基础上继续创新面向中小企业的供应链金融产品。

（三）天津金融发展创新思路

天津金融发展创新的总体思路是以自贸区为创新载体，以服务实体经济和京津冀协同发展为主要目标，积极推动金融制度、金融产品与服务、金融工具创新，努力建成金融市场活跃、金融机构丰富、金融人才聚集、金融服务完备、引领作用明显、辐射功能突出的金融创新运营示范区。

1. 深化金融协同创新与合作

2015年12月，中国人民银行正式出台《中国人民银行关于金融支持中国（天津）自由贸易试验区建设的指导意见》，天津自贸区金融创新取得了一定的积极成效。未来要着力加强跨区域金融合作，指导推动金融机构围绕京津冀协同发展重点领域，加强项目对接、产品创新和信贷投放，进一步拓宽企业融资渠道，加快金融基础设施建设，努力将天津自贸区打造为服务京津冀协同发展的高水平对外开放平台。

2. 提高金融服务实体经济能力

天津市各银行应运用多元化金融手段，为国有企业提供全方位的金融产品和服务，有效配合市属国有企业整体发展战略及规划，助力区域经济转型发展。一是通过金融创新、资本运作等手段，提高国有资产使用效率，为实体经济注入更多活力，实现互利共赢；二是为市属国有企业及国有资本投资运营平台提供综合授信和融资、财务顾问和投资银行、现金管理、特色金融等多元化金融产品和服务；三是协助引入战投并提供配套金融服务，提供融资结构调整、并购资金管理、并购顾问及融资等服务。

B.6
2018年天津金融人才发展报告

石振宇　田　原*

摘　要： 金融人才是金融发展的主要推动力。2018年，天津地区经济增速减缓，金融专业人才数量增长缓慢。本报告分析了天津金融人才的基本概况、发展障碍，并提出具体的政策建议。天津应继续完善金融人才体系的制度建设，不断寻求金融人才引进与培养模式等方面的逐步创新，出台大力引进培养高层次金融专业人才的相关举措，在加大外部人才引进力度的同时提供更好的人才培养与个人发展平台，积极营造开放、包容的金融人才环境，助力天津经济金融的快速发展。

关键词： 金融人才　金融创新　金融科技人才

近年来，天津市的金融业发展迅速。天津滨海新区作为金融创新与改革的重要试点被国务院批准为全国综合配套改革试验区，旨在建立与天津作为北方经济重镇相匹配的现代化金融发展与运营体系，并引领周边地区金融业快速发展。相比"长三角"的上海以及"珠三角"的深圳，环渤海经济带的中心城市天津经济金融发展水平略显落后。目前国家为天津的金融相关行业提供了政策支持，这对天津金融行业发展而言是重要的历史发展机遇。而金融业的改革创新与健康发展不仅需要顶层的政策支持，还需要大量的金融

---

* 石振宇，天津财经大学博士研究生，研究方向为金融周期；田原，天津财经大学硕士研究生，研究方向为货币政策与宏观经济。

专业人才，因此亟须提高天津高层次金融人才的集聚能力，利用人才集聚优势，吸引更多金融资源，促进天津金融健康快速发展。

一　天津金融人才基本概况

《京津冀协同发展规划纲要》作为大力推进北京、天津和河北三个地区发展的重要部署，同时也是国家重大发展战略实施的重要参照计划，其进一步明确了京津冀三个地区各自的功能及定位。《天津市国民经济和社会发展第十三个五年规划纲要》指出要大力促进现代化服务业健康发展，从而建设相应的金融创新运营示范区，争取在 2020 年实现金融行业的健康快速发展。天津要紧紧抓住历史机遇，并积极应对各种可能面临的挑战。当前与金融有关的专业人才是金融快速发展的关键资源，因此金融人才对天津金融发展水平的迅速提高具有关键作用，这就要求天津市加强金融人才引进顶层设计，提高金融人才系统的计划能力，积极推进体制机制的创新与改革。

2018 年，天津市加大了在金融专业人才培养等方面的支持力度，同时针对金融人才引进综合效率相对较低的问题正式实施"一张绿卡管引才"等积极有效的方案，这在很大程度上提高了人才引进的服务效率。2018 年 5 月起，天津正式实施"海河计划"，颁布《天津市人才引进落户实施办法》，力争从相应的政策优惠等方面积极吸引金融相关领域优秀的大学生以及研究生等人才留在天津。天津目前正在对相关领域的外地人才引进管理办法进行更加明确的规范。

就市场方面而言，天津市有关落户的一些政策的主要效果基本集中于天津市周边的一些地区；河北省等天津周边的一些省区市的劳动力大体呈现流向经济发展水平较高城市（如天津等）的大趋势。此外，在北京市工作的部分非北京市户籍的劳动力也表现出向天津等周边城市迁移的趋势。当前，得到北京市户口的限制条件过高，并且呈现供不应求的态势，对劳动力流入北京构成一定程度的障碍。相对而言，天津市与北京市之间的距离较近，同时天津市作为四个直辖市之一，其经济发展水平较高，并且存在高考录取率

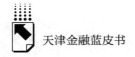

比较高的一些明显优势；此外，天津市的房地产价格明显要比北京市的房地产价格低，在天津市购房的经济负担相对较轻，并且交通的便利使得落户天津不会对在北京市的工作和学习产生较大影响。因此，天津市的一些落户政策的陆续实施可能将对北京房地产市场供求价格产生一定的影响，并对京津冀三地经济的协同健康发展起到一定程度的拉动效果。就当前而言，由于天津市在金融相关专业领域的人才吸引措施等方面的政策力度要大于北京市，并且在交通、医疗和教育等方面存在一定的吸引力，天津市具备对北京市金融相关领域专业人才的"虹吸效应"。

（一）天津金融人才总量提升

截至 2018 年末，天津市现有的银行业、信托业以及租赁领域的金融机构营业网点有 3129 个，相较于 2017 年末的 3174 个营业网点呈现小幅减少趋势，从业人员规模也相应小幅缩减。2018 年末，银行业金融机构以及信托和租赁等机构的从业人员为 64606 人，相比 2017 年减少了 253 人。

（二）天津金融人才需求特征

天津金融的快速发展需要更多具备货币市场、资本市场等多层次金融市场知识以及相关行业技能的人才。具体而言，天津金融发展所需的人才特征有以下几点。

1. 高水平金融专业人才

天津金融市场运行环境中存在大量机构交错的联系，这使得银行业需要一些相应领域的高水平客户经理以及审计和风控等专业领域的人才，并且在转型的快速发展过程中也需要网络金融以及金融交易和证券保险等领域的相关专业人才。因此，高等院校要在教学讲授、实习实训和专业设置等方面及环节培育人才、发现人才并且引导人才，从而营造相关专业领域人才健康的发展环境。

2. 精通现代科技

当前，金融科技正在影响和改变着传统金融，在此过程中就伴随着原来的相关金融机构相应的业务转型，这对于相关从业人员而言既是发展机遇也是综合能力的挑战。金融科技具有五个方面的专业技术，即云计算、大数据、区块链、物联网和AI。其应用已经遍及日常生活，并且其交易成本低及运行效率相对较高等优点已经受到了广大居民的认可，就现有发展而言，在将来的发展过程中金融科技将占据主要地位并可能产生更大的影响力。

3. 开发创新性思维

就当前来看，中国的金融相关领域已经进入快速发展时代，因此金融相关领域的从业者也要具有一些全新的理念，以便适应未来金融相关领域改革创新与快速发展的要求。通过普惠、开放等发展理念进一步推进金融领域发展改革，加快金融产品以及服务工具的创新，大力支持民间资本依法并且合规地参与到金融领域的快速发展中来，加快探索并积极发展供应链金融以及产业金融等，推动金融领域的相关服务提高质量、增加效益，以支持实体经济的相关发展要求。

4. 复合型人才

不久的将来，金融领域的新模式以及新产品将逐渐被开发，因此金融领域的选择也将更加丰富。随着专业理财机构数量的逐渐增多，相应的金融监管也将更为严格。这就要求高等院校要积极顺应形势的快速发展，培养一些精通金融相关理论以及国际会计和计算机等方面相关知识的复合型金融人才。

（三）金融人才国内城市分布情况

2017年中国金融中心指数的评价范围基本上包括中国的31个金融中心城市，其中包含3个全国性的金融中心以及6个经济区域内的28个区域性金融中心。在一些综合性竞争力有关指标的排名上，上海、北京、深圳、广州分列前4名，天津、成都、杭州、重庆、南京、苏州则处于第5~10名的位置。天津是排在第5名的城市，天津在2016年排在第7名。

2017年深圳、北京和上海等全国性的综合金融中心带领了包含多层次资本市场以及全国自由贸易账户等若干个金融领域的发展和创新。北京、深圳和上海3个全国性的金融中心位于第一层次。由相应的数据观察发现，3

个金融中心综合竞争力的指标远超过其他地区，在全国范围内的金融市场上呈现相对较强的影响力以及辐射力，北京、深圳和上海的金融功能存在一定的不同，北京是中国金融的决策和监管中心以及银行业的中心，上海和深圳是中国金融市场的中心。北京、深圳和上海3个城市不仅综合性竞争力等方面靠前，其经济和金融的发展速度也超过其他城市，呈现明显的快速发展趋势，从而拉大了与各个区域金融中心之间的距离。

就金融生态环境的排名而言，北京、上海、深圳、广州是全国前4名，天津排在第5名的位置，杭州、南京、重庆、武汉和成都排第6~10名。这一竞争力指标排名与相应的城市社会和经济的发展水平关系密切，北京、深圳、广州和上海在这一指标的排名上始终处于相对领先的位置，而天津、南京和杭州等城市金融中心则依赖于其在行政地位以及经济总量等方面的优势，保有较强的竞争力，对城市金融中心的评估结果具有重要影响，但天津市在该指标的排名较城市金融中心的有关排名呈现下降趋势。

就全国31个金融中心性城市综合而言，在综合性竞争能力的相关指标方面排第3名的是深圳，其中，产业绩效、金融生态环境和金融机构实力的排名次序相同，但是排在第二位的是金融市场规模，深圳的全国金融中心地位较为稳定。值得注意的是，深圳的综合性竞争能力得分只上涨了1.87分，上涨幅度为1.84%，上涨幅度与2016年相比有所下降，其中金融相关专业领域人才环境以及金融市场规模的有关排名以及得分都呈现下降的态势。

2017年的数据统计显示，全国31个金融中心性城市与金融相关的增加值基本上占金融产值总增加值的52%，而且在全国的资产公司以及保险等金融机构总资产中所占比重分别为96%、96%和89%，此外，法人商业银行有关的总资产占81%，全国31个金融中心性城市包含资本市场的相应份额，已经逐渐成为经济和金融进步的重要力量。

二　天津金融人才发展障碍

虽然近几年天津市陆续出台了引进金融相关领域精英人才的数项政策，

然而金融专业领域人才增速较低依然是天津市金融发展进程中面临的主要问题。目前，城镇化进程明显放慢，劳动力主要流向一、二线城市，而金融专业高层次人才就更是集聚一线城市，加之全国各地竞相出台人才引进政策，人才抢夺激烈，天津相对有限的财富增长空间对金融专业人才的集聚作用略显不足。

（一）"双十条"政策推动企业走出人才困境

以天津市的某公司为例，这家企业是金融创新型企业，近年来受到国家相关政策的大力扶持，逐步创新和改革。然而随着企业规模的扩大，这家公司相关专业人才缺失的问题越来越明显，已经逐渐成为阻碍企业进一步发展的障碍。虽然公司招聘了很多金融相关领域的员工，但由于很大一部分从业人员都没有天津户口，人员的流动率相对较高，对公司的正常经营造成了较大冲击。公司每年都在春节过后发布相应的招聘信息招聘一部分员工，对新员工进行相关专业的培训，新员工熟悉岗位工作需要的一些时间，这些都产生了较大的时间成本，严重时会加重公司的经营负担。在党的十九大过后，天津市就陆续颁布了"天津八条"和"双十条"，落户政策为创新型企业引入了大量人才，创新型企业可以与政府的相关部门进行很好的对接，从而获得相应的政策红利，最终促进公司进步，从而实现稳定快速的发展。

天津经过相关机构专业人员的深入探讨和不断的论证，并且在社会上征求有益意见，制定出在一定程度上可行性较强、有效性也比较高的"双十条"政策。市委、市政府做出了关于推动经济社会发展等的战略部署，并且将人民群众对美好生活的向往作为各项基本工作的落脚点和出发点，认认真真地为公司解难、为人民群众排忧。对信息的公开发布以及相应的信息获取严格遵守公开以及透明的原则，使得一切的行为和责任都有法可依；坚持利民惠民以及服务人民的服务方针，秉持相关数据开放、共享的原则，认真考虑民生诉求和民意关切，积极采用"互联网＋"的相关思维，并且通过服务发展的全链条有关渠道，大力推动公安"放管服"工作改革，对相应

的公务办理程序逐一进行简化，逐步创新以及深化社会治理手段，大力建设"五个现代化天津"，使得生态环境更加适宜。

（二）缓解金融科技人才的紧缺

普华永道发布的《2017 年全球金融高科技调查中国概要》指出，中国大约有 71% 的金融机构受访者发现在招聘专业领域人才方面存在较大困难。全球招聘的顾问公司 Michael Page 发布的《2017 年中国薪资和就业报告》具体提出，当前的国内金融科技相关专业领域的人才总缺口基本上是 150 万人。相当大的缺口使得一些中小型的银行比较难以实现相应的升级以及转型。相关的中小型银行都难以招聘或者培养相应的复合型金融科技相关专业领域的优秀人才。国内金融科技相关专业领域的人才基本上集聚在一些发达的城市，而相关的技术专家主要来自研究院、高校等。严重的专业人才需求与供给不平衡就将使得金融科技领域专业人才的薪资水平很高。因此，在欠发达城市以及薪酬体系相对而言传统的中小型银行，不能吸引相应的金融科技领域专业人才加入，也无法在内部进行培养，更难以留住现有人才。天津金融人才的发展面临同样的困境。

（三）践行教育供给侧，破解金融"人才困局"

互联网金融的迅猛发展使得相关行业的规模基本上突破了万亿元，相应地，从业机构数量也随之超过了万家，而行业内部仍存在较多的风险行为。原因在于，除了某些相关平台负责人的逐利行为，金融相关领域专业人才的缺乏也是行业内部健康发展的重要障碍。以天津为例，天津的一些名牌大学，如南开大学的金融人才大多流向北京、上海和广州等一线城市，导致天津本地金融人才匮乏。如何解决金融专业领域的人才缺口问题，要从金融人才培养以及教育供给侧改革等方面进行广泛探讨，尝试改革高校办学培养人才的模式，优化相应的教育资源从而促进成果转化，最终为天津乃至中国金融的发展培养人才。

（四）加速完善天津金融体系建设

深入贯彻国有相关企业、科研院所等相应的企业、事业单位以及社会组织的用人自主权。要积极向用人主体下放"四权"，即用人单位的招录自主权，对岗位、级别和职务聘任自主权，分配标准与形式自主权以及聘用对象解除和终止聘用关系自主权。要激发相关工作人员的集体归属感，提高相关工作人员的工作积极性，并且对相关公益属性的企业采取备案制的管理机制，针对一些不同属性的企业以及单位使用差异化的经营模式，从而更加高效地建设完善相关金融制度。天津要通过下放权力、提高用人单位自主权，培养金融人才的认同感和归属感，健全相关金融制度，完善金融体系建设。

（五）面向海内外招聘金融人才

相关领域的金融人才培养招聘工作要从先进理念着手，在相应的政策制定以及实施工作上下功夫。相关领域的金融人才招聘工作要以更大的格局努力吸引各个领域的专业人才以及综合性专业金融人才，并且制定更加具备吸引力的人才引进政策，给专业领域的金融人才更多的包容、尊重以及支持。要努力实施更加开放、积极、有效的专业人才引进政策，以更大的力度继续实施相关专业金融人才的招聘计划。

就招聘海外相关专业人才而言，大力支持滨海新区建立相应的海外专业领域人才离岸创业以及创新的相关基地，并且加快海外创新成果孵化中心以及留学回国专业领域人员创业园的相关配套设施的建设进度，创新丰富海外招聘以及网络招聘等多种招聘形式，从而对接招聘高层次的海外相应专业领域的人才。要为海外相关专业领域人才提供生活、工作、医疗、教育等方面的便利。允许外籍高层次相关专业领域人才通过招聘后能够迅速申请签证，一般而言能够申请两年至五年的有效期，并且申请条件也不受专业人才的年龄限制，能够同时申请相关的居留许可证以及工作签证。大学生人才申请相应的签证，国家也会给予一定程度的政策优惠，如在天津市高校以及国外高等院校获得本科学历以上的，并且在天津市进行创业的专业人才，能够直接

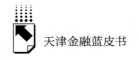

申请相应的工作签证或居留签证。

除此之外，还要大力借助北京市的高端专业领域人才资源，加速天津滨海新区等地的金融人才建设工作，大力支持企业技术中心以及相关用人单位的建设工作，进而为吸引集聚各类高层次相关领域的专业人才创造积极有利的生态环境。

三 天津金融人才发展政策建议

天津市在 2017 年陆续颁布了多个金融人才引进发展的相关政策文件，新政策分为八个部分，包括优化服务、平台建设、人才引进以及激励奖励等不同方面，并且有五个创新之处。一是相关领域专业人才引进，要充分展现"竞争性"，强调对创业英才、领军人物和顶尖大师等相关专业领域的高层次人才给予相应的政策支持。二是专业领域人才培养，要充分体现"协调性"，运用精准的措施培养相应的创新型专业人才。三是相关平台建设，要充分体现"专业性"，重视作为载体的相关平台建设，加大对专业人才积极进步的支持力度。四是加强激励，要充分体现"精准性"，给专业人才提供更多的资助奖励以及税收优惠政策，进一步鼓励专业领域人才加强创造相关领域的新智力成果。五是优化相关服务，要充分体现"配套性"，进一步建立相应的党委联系专家制度，完善市场服务，加强生活配套。

2020 年前后，天津市要在专业领域人才进步的相关体制机制改革的重要领域以及重要的环节上进一步取得突破性进展，基本实现"一基地三区"的战略定位，建成具备国际影响力的创新基地，积极创建规划科学、包容性强、运行高效的专业领域相关人才科学发展体系，提高天津市在全国乃至国际上的相对人才竞争力，从而吸引更多的优秀专业人才进入天津市，最终建成专业人才集聚的优秀城市，促进天津市经济金融进一步快速发展。

发展促进专业领域人才进步的综合实力，培养和引进专业人才的相关工作已经逐渐成为相关组织部门工作的重要板块。引进和培养人才的有关工作已经逐渐扩展到经济社会的各个方面，要求各职能部门协调配合、积极参与，并且要求人才以及企业支持与认同，形成专业人才的合力以及凝聚力，规范相关领域专业人才的组织领导工作。

（一）创建高素质金融人才梯队

高素质的专业领域人才队伍建设是保持经济竞争力的重要手段，要求专业领域人才无断层，逐渐形成相应的人才磁场。对相关企业以及金融机构而言，优秀的人才对一个公司的进步具有重要影响，这就要求建设一个适合公司有效运营的专业人才的梯队，从构建适宜的专业人才进步渠道着手，明确公司要求的相关专业人才的种类，通过公司的人事部门在社会上展开相应的人才招聘，经过相关专业的多重筛选以及面试，最终选拔可以为公司带来丰厚收益的高水平专业人才。进入公司后也可以通过专业培训提高人才对公司业务的掌握程度，人事部门还可以在进一步的工作中明确这些人才进步的通道以及目标，逐步提高其自身的业务水平，提供明确有效的升职机会，认真安排相关人才职位的轮岗，确保专业人才可以在实践中提高其决断力，积累专业实践经验。

（二）完善机构内部的金融人才激励机制

要实施目标任务的管理以及考核：第一，根据对各个金融机构考核的具体标准，对各相关机构的创新工作、目标任务以及基础管理等做出综合的考察；第二，规范相应的内部管理，制定并实施金融人才工作业绩以及考勤信息等相关管理制度，从而为进一步完善人才团队构建，提高工作有效性提供一定的制度保障；第三，清晰找出工作中面临的问题以及相应的差距，并且通过激励机制以及外部交流学习等方式促进专业人才成长，努力构建完备的专业人才队伍。

（三）营造金融人才发展的优良环境

适宜的人才环境可以提高人员努力进步的积极性，如在生活中尽量给予相关专业人才必要的照顾，涉及教育、住房、交通和医疗等相关方面，提供

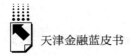

某些优惠的政策，一般而言与生活贴近的优惠政策能比较好地吸引优秀人才。工作环境中，完善休假以及补贴等相关的优惠政策。可考虑从以下三个方面着手。首先，建立公平、民主、诚信、良好的工作环境。建立公平公正的工作环境是对人才的重视以及对成本的节约。其次，建立人才进步空间相对较大的工作环境，从而使得专业人才能够感知到自己得到了公司的重视，让人才知道公司能够给予其更广阔的进步空间，帮助相关专业人才在不同的工作领域发挥各自的长处。针对一些不同种类的专业人才构建具有针对性的一些创新性质的平台，从而实现人才之间利益上的共享以及优势上的互补。最后，构建相对和谐以及务实的良好环境。良好的环境是专业人才高效工作的保障，还要努力为相关人才处理好住房、医疗保障和子女教育等问题。

B.7

2018年天津金融生态环境发展报告

王学龙　赵　越*

摘　要：　良好的金融生态环境是金融业稳健快速发展的重要前提，通过提高金融业运行效率，降低金融风险，最终促进金融业更好地服务于实体经济的发展。天津金融业的发展还需进一步加强金融生态环境建设，从而使金融业更有效地拉动天津市经济增长。本报告通过数据及政策来解读2018年天津金融基础设施、金融科技、金融服务以及融资结构等的发展状况，并进一步展望金融生态环境的未来发展方向，天津市在未来还需通过大力挖掘区位价值、优化产业结构、把握政策资源优势、加大对民营企业及中小企业的政策支持力度来提高经济发展水平，通过优化配置金融资源、加强金融监管、促进金融法治建设、完善金融制度体系、发挥金融科技作用、引进和培养人才等来不断完善金融生态环境，促进金融行业稳定持续发展。

关键词：　金融生态环境　金融基础设施　金融科技　金融服务　融资结构

---

* 王学龙，天津财经大学金融学院副院长，教授，研究方向为国际结算、金融教育；赵越，天津财经大学硕士研究生，研究方向为国际金融。

一 天津金融生态环境现状

金融生态环境指金融业运行过程中所面临的外部环境，主要包括与金融业发展相互影响、相互作用的一系列因素，广义上包括政治、经济、文化、人口等因素，而狭义上包括法律、政府管理制度、行业准则、会计准则、银企关系等因素。良好的金融生态环境能够降低金融风险、促进金融业的健康发展，而金融作为经济的核心对整体经济运行状况有着重要的促进作用，因此地方政府应高度重视建立良好金融生态环境的重要性，从而更好地促进金融以及经济的发展。

天津金融生态环境建设不断推进，金融生态环境也在不断完善，从而促进天津金融业的快速健康发展。天津金融生态环境建设的稳步前进主要表现在以下几方面。

第一，地区整体发展稳中有升，去产能、去杠杆、降成本稳步推进。地区经济和产业的良好发展给金融业提供了良好的外部环境，是金融业稳健运行的基础，增强了金融业抵御风险的能力。2018 年天津市地区 GDP 为18809.64 亿元，较上年增加了 3.6%，第一产业、第二产业和第三产业的增加值分别为 172.71 亿元、7609.81 亿元和 11027.12 亿元，分别较上年增加了 0.1%、1.0% 和 5.9%。在去产能方面，天津市全面落实了供给侧结构性改革的年度任务。2018 年第四季度规模以上工业的产能利用率为 78.5%，同比增加了 1.4 个百分点，生铁产量降低了 0.5%，粗钢产量增加了 6.4%，增长率同比降低了 13.4 个百分点。在去杠杆方面，天津市 2018 年末规模以上工业资产负债率为 57.9%，同比减少 1.9 个百分点，是自 2013 年以来的最小值。在降成本方面，天津市新出台了一批政策措施，企业运营成本正在逐步降低，已经出台的降成本政策使企业成本在 2018 年降低了约 600 亿元，天津市规模以上工业企业 2018 年每获得百元主营业务收入所耗费的成本为84.01 元，较上年减少了 0.91 元。

第二，金融业稳步发展。2018 年天津市金融业增加值为 1966.89 亿元，较上年增加了 7.2% 。具体来看，存贷款余额继续增加，到 2018 年末，天津市金融机构（含外资）的本外币贷款余额为 34084.90 亿元，较上年末增加了 7.9% ；存款余额为 30983.17 亿元，较上年末增加了 0.1% 。在证券市场发展方面，2018 年天津市证券市场发展平稳，年末证券账户为 516.78 万户，较上年末增加了 8.2% ；境内外上市和新三板挂牌企业增加了 18 家，累计为 259 家；各类证券交易额为 37183.74 亿元，较上年降低了 14.6% ，股票交易额、债券交易额、基金交易额以及期货市场成交额分别为 17661.73 亿元、16930.48 亿元、2526 亿元和 66614.89 亿元，分别较上年降低了 20.8% 、13.5% 和增加了 58.1% 、10.2% 。在保险市场发展方面，2018 年天津市保险市场继续保持稳定发展，共获得原保险保费收入 559.98 亿元，较上年减少了 0.9% ，人身险和财产险的保费收入分别为 415.54 亿元和 144.44 亿元，分别较上年降低了 1.9% 和增加了 2.0% ；赔付额为 164.14 亿元，较上年增加了 5.7% ，人身险和财产险的赔付额分别为 83.75 亿元和 80.39 亿元，分别较上年增加了 3.1% 和 8.5% ；截至 2018 年末全市保险机构有 3936 家，共有保险从业人员 9.86 万人。在融资租赁和商业保理方面，天津融资租赁和商业保理业务也不断做大做强，截至 2018 年末，天津市融资租赁企业为 2008 家，在全国居第三位；在按注册资金排序的全国融资租赁企业 50 强的资金总额中天津所占比重排在第二位，其中排在第一位的是天津渤海租赁有限公司，其注册资金为 221.01 亿元，工银租赁有限公司居第二位，其注册资金为 180 亿元，长江租赁有限公司为第七位，注册资金为 107.9 亿元。

第三，对外开放水平提升。对外开放水平的进一步提高能够扩大金融业的服务范围，为天津市金融业的进一步发展提供新机遇。2018 年天津市新批外商投资企业 1088 家，较上年增加了 14.4% ，实际直接利用外资 48.51 亿美元。通过加强与"一带一路"沿线国家和地区的合作，如推进双向产业合作基地、中埃苏伊士经贸合作区扩展区以及中欧先进制造产业园建设，天津市对外开放水平进一步提高。2018 年新设境外企业机构 132 家，新签对外承包工程合同金额为 44.5 亿美元；2018 年天津市外贸进出口总额为

8077.01 亿元，较上年增加了 5.6%，进口 4869.85 亿元，较上年增加了3.8%，出口 3207.16 亿元，较上年增加了 8.6%；对俄罗斯的出口较上年增加了 60.5%，对东盟的出口较上年增加了 23.0%，对美国的出口较上年增加了 7.2%，对欧盟的出口较上年增加了 2.0%。

第四，服务于疏解北京非首都功能和雄安新区建设成效明显。京津冀协同发展战略作为天津金融业运行的重要政策环境，在为天津金融业提出协同发展要求的同时也带来了发展机遇。2018 年，天津市积极助力北京疏解非首都功能。具体来看，滨海—中关村科技园注册企业累计达 941 家；提高了京津合作示范区、武清京津产业新城以及宝坻京津中关村科技城等非首都功能承接平台的建设速度；签约了中国核工业大学、中交建京津冀区域总部等一批项目；启动了国家会展中心项目建设。此外，天津市积极助力雄安新区建设，加快落实津冀合作协议八方面事项；得益于京津冀协同发展战略，2018 年来天津投资的京冀企业到位资金为 1233.88 亿元，在天津市实际利用内资金额中的占比为 46.4%。

第五，创新驱动战略深入实施。为促进改革创新的进一步推进，天津市致力于不断推动建设中国新一代人工智能发展战略研究院以及中国工程科技发展战略研究院等高端智库，大力推动先进制造业产业技术研究院建设，从而建设高标准的国家自主创新示范区。在创新驱动发展环境下，天津金融业应为创新活动提供金融支持，并将技术创新与金融业务相结合，促进金融科技的发展，不断提高金融服务效率。截至 2018 年末，天津市的国家高新技术企业达 5038 家，科技领军企业达 55 家。2018 年，天津市技术创新中心启动建设，共有 8 家市级新认定科技企业孵化器，24 家市级新认定工程技术研究中心，25 家市级新备案众创空间；专利申请共受理 9.90 万件，授权专利共 5.47 万件，到 2018 年末有效专利共 16.89 万件；到 2018 年末共有61 家国家企业技术中心，12 个国家级工程（技术）研究中心，13 个国家级重点实验室；签订 11315 项技术合同，成交额为 725 亿元，较上年增加了10.2%，技术交易额为 553 亿元，较上年增加了 11.3%。

随着营商环境的不断优化，天津市创业氛围也日益浓厚，民营经济保持活跃。2018 年新登记民营市场主体 21.88 万户，在全市新登记主体中占 98.9%；民营经济增加值为 8551.76 亿元，占全市经济的 45.5%，较上年增加了 1.5%；规模以上民营工业企业的工业总产值和工业增加值较上年分别增加了 8.3% 和 2.5%，增长率分别提高了 6.6 个百分点和 6.7 个百分点；民间投资较上年增加了 4.4%，比全市投资增长率快 10 个百分点；民营企业出口额增加了 42.0%，比全市出口额增长率快 33.4% 个百分点。

天津市在现有金融生态环境发展的基础上，应通过金融改革创新来不断对其进行完善，促进金融业的健康稳定发展，从而更好地服务于实体经济的发展。

二　天津金融生态环境完善进度

2018 年，天津金融生态环境不断完善。金融法治体系、社会信用体系、支付服务体系以及金融监管等金融基础设施不断完善，金融科技、金融服务等方面不断发展，社会融资结构也不断优化，金融生态环境的不断完善优化促使天津金融市场继续健康发展。

（一）金融基础设施不断完善

1. 金融法治体系不断完善

为了保障金融交易的顺利进行，使金融更好地服务实体经济，并且在深化金融改革的过程中更好地防控金融风险，应充分发挥金融法治体系对金融业稳健运行的保障作用，不断完善金融法治体系。

为充分发挥金融审判在促进经济和金融健康发展、支持和保障金融创新、防范和化解金融风险以及维护金融安全等方面的作用，天津市高级人民法院以《最高人民法院关于进一步加强金融审判工作的若干意见》为依据，并结合法院审判的实际情况，出台了《关于充分发挥金融审判职能作用促进金融健康发展的实施意见》（简称《实施意见》）。为充分发挥金融审判在金融业运行过程中的规范以及指引作用，《实施意见》要求树立正确的商事审判理念，统一裁判尺度，加强对金融审判的指导；为在丰富和拓展中小微企业融资担保方式的同时提供更好的司法保障，要求对新类型担保合同的效力进行依法认定；为对融资租赁合同纠纷问题进行依法审理，要求进一步明确与保理合同审理相关的问题，从而促进融资租赁及商业保理行业的健康发展。具体来讲，天津市高院针对金融审判工作提出五个要求。

第一，加强金融商事审判，防范和化解金融风险，确保金融创新和金融业的稳健发展。始终将服务于实体经济发展作为金融业的最终目的，妥善审理各种类型的金融案件，依法保护合法合规的金融交易模式，依法准确认定合同效力以及实际法律关系，对高息融资以及高利贷等活动进行严格限制，对交易场所的交易行为进一步规范，保障投资者的合法权益和财产安全。

第二，打击金融领域的犯罪行为。对经济犯罪与经济纠纷进行严格区分，依法打击金融犯罪行为，尤其是民间融资中存在的犯罪行为，依法严惩与证券相关的犯罪行为，通过规范金融秩序来促进金融市场健康发展，保障金融安全与稳定。

第三，加大强制执行力度，保障金融债权的实现。对于金融机构的财产保全申请进行依法支持，加大执行公证债权文书的力度，加强保全实施和保全裁定之间的相互衔接，促进金融债权实现成本的降低，通过创新执行方式来提高金融债权案件的执结率，对财产处置参考价进行科学合理地确定，对当事人以及利害关系人的合法权益进行有效的保护。

第四，推进金融审判队伍建设和专业化水平提升。建立专业化金融审判机构和团队，不断完善和创新金融审判工作机制，对金融审判文件进行标准化，加大对金融审判的指导力度。

第五，构建金融纠纷多元化解机制。通过金融监管机构、行业组织以及社会调解组织之间的良好合作和优势互补，以及加强金融监管与金融审判之间的协调与合作，建立完善金融纠纷多元化解机制，大力推进金融风险防范化解体系的构建，此外，为了不断提升金融审判的社会影响力，也要加强司法建议和法治宣传工作。

此外，2018 年天津市发布了一系列金融相关政策来促进和保障金融业的健康发展，主要集中在金融机构、金融人才、产业结构升级、中小企业发展、优化金融信贷营商环境以及供给侧结构性改革等方面（见表1）。

表1　2018年天津重要金融政策指示

发布时间	文件名称	发布机构
2018年12月28日	《关于支持金融机构和金融人才在津发展的政策措施》	天津市人民政府办公厅
2018年12月14日	《天津市优化工业用地管理促进产业结构调整升级实施办法》	天津市人民政府办公厅
2018年10月24日	《关于进一步扩大进口的若干意见》	天津市人民政府办公厅
2018年10月23日	《天津市人民政府办公厅关于成立天津市促进中小企业发展工作领导小组的通知》	天津市人民政府办公厅
2018年9月20日	《天津市深化服务贸易创新发展试点实施方案》	天津市人民政府办公厅
2018年7月17日	《关于进一步提升优化金融信贷营商环境的意见》	天津市金融工作局、中国人民银行天津分行、天津银监局
2018年5月16日	《天津市进一步推进供给侧结构性改革降低实体经济企业成本政策措施》	天津市人民政府办公厅
2018年4月23日	《天津市法人银行服务实体经济考核实施细则》	天津市人民政府办公厅
2018年4月23日	《关于深化"互联网＋先进制造业"发展工业互联网的实施意见》	天津市人民政府
2018年4月5日	《关于深入推进供应链创新与应用的实施意见》	天津市人民政府办公厅

2. 推进社会信用体系建设

天津市为不断推进社会信用体系建设，采取了一系列措施。

第一，开展民营中小微企业信用体系建设工作。为改善社会信用环境和增强企业融资能力以及推动信用信息深度共享并更好地服务于民营中小企业，天津市积极开展工作完善民营中小企业、滨海高新区小微企业等信用体系，建立了失信联合惩戒和守信联合激励机制，开发了中小微企业信用信息数据库。截至2018年上半年，天津市中小微企业信用信息数据库中已有2000多户农民专业合作社和中小微企业录入了其信用信息。

第二，促进信用数据规范化以及深度共享。为打破信用信息壁垒，实现

信息的深度共享，天津市制定了统一的信用数据目录、标准以及格式规范，推进报送公用事业缴费信息、非银行信贷机构信息等进入金融信用信息基础数据库的工作，建立完善应收账款登记公示制度，面向金融机构、商业保理公司等应收账款融资主体，开展便利的登记和查询服务。

第三，继续推进信用制度、信用平台等信用体系建设工作。2018 年天津市上线运行升级版信用平台，该平台接入政务大厅实施信用核查；不断完善信用制度和信用联席会议机制；有序开展对于失信被执行人的跨部门联合奖惩；启动京津冀全国守信联合激励试点，力图集中治理诚信缺失这一突出问题，加快推行"一制三化"信用承诺改革，不断完善行业信用以及各区信用建设。

第四，征信基础设施建设持续加强，征信服务不断深化。截至 2018 年末，征信系统共收录天津市 23.7 万户企业和其他经济组织、993.4 万自然人的相关信息，受理个人和企业信用报告的查询业务分别达 67.1 万笔和9093 笔。天津市 28 个网点共布置了 40 台征信自助查询机，覆盖了全部区县；进一步推进了应收账款融资服务平台建设，全年成交金额 263.9 亿元，较上年增加了 24.7%；"和谐劳动关系企业信用体系建设"以及"民营中小企业信用体系建设"助力企业获取信贷支持 2844.3 亿元。

3. 优化支付服务体系

天津市支付服务体系稳健发展，服务范围也不断延伸扩大。2018 年，天津市支付系统处理人民币业务共 10 亿笔，金额共计 132.5 万亿元，分别较上年增加了 4.8% 和 7.8%。具体来看，天津市深入推进移动支付便民示范工程建设，完成了天津地铁、市内及滨海公交受理终端的移动支付改造工作；全面推进建设示范商圈和示范街区，已建成 23 个移动支付示范商圈和32 个移动支付示范街区；为方便中小企业融资，天津市与中国印钞造币总公司中钞信用卡产业发展有限公司联合开发了以区块链、智能合约、电子签名、可信时间戳等技术为基础的创新支付工具。

4. 提升金融监管效率

金融监管机构是管控金融风险、促进金融业健康运行的重要保障，近年来随着互联网技术的快速发展，互联网金融产业也在飞速发展，但在其高速发展的同时，也产生了一些问题和风险隐患，产生了各种类型的利用高利息、高回报来诱惑客户从而进行非法集资的案件，这给金融监管带来了更多的挑战。与此同时，近年来大数据、云计算、区块链等技术的发展与运用，也给金融监管带来了机遇，使监管科技成为可能。2018年7月16日，蚂蚁金服与天津市金融工作局达成合作协议，蚂蚁金服在大数据、区块链、云计算、AI等科技的基础之上，结合风险模型算法技术以及多年来打击非法金融活动所形成的经验，打造了蚂蚁风险大脑科技监管平台，通过该平台能够大幅度提高识别传销、非法集资等风险的准确性。蚂蚁风险大脑科技监管平台将有助于提升金融监管效率和促进科技创新，并强化系统性防范金融风险的能力。建立合作关系之后，双方将一同研究地方金融风险的新模式和新特点，通过蚂蚁风险大脑科技监管平台，实现对风险的实时识别预警和证据链溯源，从而及时发现和预警潜在的金融风险并进行相应的处置。

此外，为更好地进行金融监管，天津市通过整合各监管部门的职责，组建了天津市地方金融监督管理局，于2018年11月26日正式挂牌，天津市地方金融监督管理局以《天津市机构改革方案》为依据，通过整合天津市金融工作局的职责以及天津市商务委员会的商业保理公司监督管理、融资租赁以及典当等职责组建而成。

（二）推动金融科技发展

近年来，金融科技的快速发展促进金融业运行效率迅速提升，为此天津市大力推动金融科技发展，具体包括以下几个方面的内容。

第一，引培大数据机构。为提高数据与信息的关联度，天津市大力吸引全国领先、科创应用能力强且具有较强社会公信力的大数据机构来天津发展，通过利用大数据等技术对庞杂的数据进行高效的分析与处理，深度挖掘数据中隐含的信息，提升对数据的利用效率。通过对数据信息的充分利用，也能够促进监管机构规范互联网金融、金融科技等新领域的发展，保证金融运行安全。

第二，供应链金融综合服务平台上线。为解决小微企业现存的融资难与融资贵问题，中国建设银行天津分行在 2018 年 5 月初启动了供应链金融综合服务平台建设，在 6 月底成功上线并投入试运营。该平台的研发是在互联网思维基础之上进行的，运用物联网、大数据、区块链等新兴技术，利用真实交易背景下的交易信息及交易信用等数据信息增加对客户信用的评价效率，经营方式为批量化、自动化、平台化，为供应链之上的大、中、小、微企业和个体工商户、商户以及农户等交易客户提供在线融资服务。

第三，银行数字化转型。2018 年 6 月 12 日，天津银行与蚂蚁金服签署了战略合作协议，双方将开展在互联网金融平台、大数据平台、分布式架构与技术的建设以及移动智惠银行等银行数字化转型领域的紧密合作。随着金融科技以及互联网金融的快速发展，天津银行利用大数据、分布式计算以及 AI 等新兴技术对系统的处理效率和扩展性进行提升，通过移动互联科技促使金融服务范围扩大和效率提升，使用大数据技术提高精准营销和风险防控能力，同时也能够为客户提供更加便捷、高效和低成本的金融服务。蚂蚁金服把在金融行业已经成熟运用的技术和解决方案与天津银行全面共享，共同探索运用金融科技实现从核心系统到业务能力全面提升的创新路径，共同推动天津市银行业金融科技水平的提升。

（三）优化金融服务

为进一步优化金融服务，天津市采取了一系列措施。

第一，推进金融组织体系建设。为扩大小微企业金融服务的范围及提高效率，天津市加快中小金融组织体系建设，通过推动商业银行加强普惠金融事业部、社区支行以及小微支行等的建设，以及推进机构改造、强化服务网点功能和人员配备，加大对小微企业的金融支持力度。

第二，开展"三缩短三支持"工作。为使金融服务更加便捷高效，中国人民银行天津分行通过缩短单位账户办理时间、支付业务办理时间以及企业资金在途时间，支持银行机构减费降利、支付业务创新以及支付工具电子化发展，推动银行对企业的服务效率以及银行自身的资金周转效率的提高，大力推广和应用非现金支付工具，小微企业"金额小、频率高"的这一信贷需求特征也由此得到了更高程度的满足。

第三，建立日常工作保障机制。中国人民银行天津分行、天津金融局、天津银监局三方建立了联动工作机制，通过及时充分的信息沟通和交流、对企业信贷需求开展联合调研以及适时召开专题会议，对金融信贷服务现状及问题进行分析，及时研究制定相应的政策措施。此外，天津市还强化了金融科技在监管中的应用，从而提高监管效率、降低信贷风险；并推动构建银行服务实体经济的检查评价指标体系，从而促使金融机构更好地支持和服务于实体经济发展。

第四，提高信贷人员专业服务水平。中国人民银行天津分行支持天津银行业协会等第三方组织机构不定期组织包含行业专家和金融律师的信贷咨询小组，针对客户营销、授信方案、行业分析等问题向从事信贷审批的专业人员提供咨询辅导服务，从而促进信贷审批效率的提高。

第五，推行创新信贷服务平台。天津市推动双创园区、科技园区等园区加快建立和完善科技融资服务平台，并进一步加强融资信息的对接、融资工具的使用培训以及融资业务的政策辅导等工作，从而使科技企业提升其获得信贷的能力。此外，天津市还支持各园区针对各自企业特点建立信用评价模型和信息管理系统，加强企业与金融机构之间的信息互通，从而支持创新信贷服务，最终提高信贷服务效率。

（四）优化社会融资结构

天津市始终坚守金融发展的实体路线，不断优化社会融资结构，致力于解决民营、中小、科技企业融资难、融资贵的问题，主要包括以下几个方面。

第一，银行业获取资金能力稳步提高。2018 年，天津市银行间同业拆借市场的交易金额为 29026.5 亿元，较上年增加了 126%，净融入资金为 8276.7 亿元，同比增加 6%。从期限上看，仍然以短期为主，隔夜和七天拆借金额占比为 92%。从价格上看，利率水平呈下降态势，拆入和拆出加权平均利率较上年分别下降了 22 个和 29 个基点。债券回购交易量也继续增

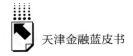

加，交易金额为316912.5亿元，较上年增加了48.9%。在以银行间接融资为主的融资体系下，银行业自身获取资金能力的提高以及获取资金成本的下降能够提高其对融资业务的服务能力，并为进一步优化社会融资结构打下坚实的基础。

第二，加大窗口指导力度。中国人民银行天津分行出台了《2018年金融支持天津实体经济和高质量发展的指导意见》（简称《指导意见》）以及支持制造业转型升级、支持房地产市场平稳健康发展、支持重大项目重点领域发展、支持国有企业混合所有制改革、支持京津冀协同发展、支持民生改善发展、支持生态文明建设、促进信贷总量稳健增长8个专项行动计划。其中，"金融支持民生改善发展"这一行动计划的主要目标是实现小微企业贷款的"扩面增量"，为响应全国深化小微企业金融服务的政策要求，中国人民银行天津分行专门成立了支持小微企业金融服务工作小组，加强小微企业金融服务的组织领导和部署推动，通过工作方案的确定、具体落实措施的细化以及《指导意见》的出台，保证各项政策能够落地。此外，中国人民银行天津分行还组织中国工商银行、中国农业银行、中国建设银行、兴业银行、浦发银行等重点金融机构的天津分行召开专题会议，对天津市的110家企业、22家金融机构进行了摸底调研活动，促使金融机构采取有效的措施来落实尽职免责要求、建立容错纠错机制、提高风险容忍度以及加大考核激励力度，从而向小微企业等弱势群体及重点领域提供更多的资金支持。

第三，加大再贴现资金支持力度。针对民营及小微企业的融资问题，2018年11月，中国人民银行天津分行等四部门发布《关于进一步深化民营和小微企业金融服务的实施意见》，提出要加大对民营和小微企业的再贴现资金支持力度，安排不少于50亿元的再贴现资金。截至2018年12月20日，天津市17家商业银行办理了再贴现业务，2018年中国人民银行天津分行再贴现累计金额为51.03亿元，同比多增33.33亿元；再贴现余额为29.72亿元，比年初增加25.71亿元，可见实施意见中的有关措施已得到有效落实。贴现票据加权平均利率也在稳步下降，截至2018年12月20日，贴现票据加权平均利率为4.4%，低于上年近50个基点，小微企业贴现加权平均利率为 4.36%，低于上年 54 个基点，利率水平在逐渐降低，通过再贴现政策的引导作用，使得小微企业的票据融资成本有效降低。天津市发放的 51.03 亿元再贴现中票据数量共 2789 张，其中民营和小微企业票据为2779 张；再贴现余额中，小微企业票据占比达 98%，可见再贴现政策通过引导商业银行，有效促进了民营、小微企业的票据融资。

第四，加大票据融资对企业的支持力度。当票据持有人资金不足时，可通过票据融资业务获取资金，从而加快企业资金周转，其现已成为资金融通过程中必不可少的工具。票据融资不按照企业资产规模放款而是依据市场情况即销售合同放款，这一特点为面临融资难问题的民营、中小以及科技企业提供了融资的便利。2018 年，天津市银行承兑汇票余额较上年所有增加，票据贴现加权平均利率较上年有所下降，电票覆盖率持续提高。截至 2018年末，天津市银行承兑汇票余额为 3645.5 亿元，较年初增加 502.1 亿元，同比增长 16%；票据贴现加权平均利率为 4.78%，较上年下降 30 个基点；电子商业汇票承兑业务共办理 18.7 万笔，金额为 6237.7 亿元，在全部商业汇票业务中的占比分别为 76.1% 和 97%，分别较上年提高 40.9% 和11.7%。票据融资规模的扩大、成本的降低在一定程度上缓解了民营、中小以及科技企业的融资难、融资贵问题。而电子商业汇票不但能通过保证唯一性、完整性、安全性、规避假票和克隆票风险来降低票据融资中的风险，其足不出户就可交易的特点也为企业融资带来了便利，提高了票据融资业务的服务效率。

第五，降低企业融资成本。天津市采取了一系列措施来降低企业融资成本：一是为有效利用农村存量资产，扩大涉农企业的抵押物范围，中国人民银行天津分行开展了"两权"抵押贷款试点；二是加大财政贴息资金对创新创业企业的支持力度，推动创业担保贷款业务的发展，从而使创新创业企业的融资成本降低；三是支持科技支行等金融机构加大对民营企业以及科技型中小企业的资金支持，并努力降低其融资成本；四是有效利用市场利率定价自律机制，促使各银行提高自身的差异化定价能力，对存贷款利率水平进行合理的确定；五是鼓励金融机构按照瞪羚企业、独角兽企业以及潜在独角

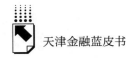

兽企业的特征进行个性化的信贷产品创新，并提供信贷政策上的优惠；六是对于小微企业单户授信总额在 1000 万元以下的流动资金贷款，各银行可以在保证风险可控的情况下使用自主支付方式，强化对小微企业的续贷支持。

第六，拓宽企业融资渠道。天津市为满足企业融资需求，积极拓宽企业融资渠道，具体包括以下方面。一是为强化债券承销能力，积极吸引区域外的资金支持天津企业发展，中国人民银行天津分行发布了《关于进一步加强非金融企业债务融资工具承销业务监测报告的通知》和《关于进一步做好非金融企业债务融资工具发行服务工作的指导意见》等文件。二是为强化合作交流和组织协调，加大民间资金对企业发展的支持力度，天津市建立了非金融企业债务融资工具主承销商例会制度，2018 年上半年，天津市银行间债券市场上非金融企业发行债务融资工具的累计金额为 807 亿元，较上年同期增加了 124%，比全国增速高约 80 个百分点，净融入金额为 140 亿元。三是为加大对小微企业的信贷支持力度，拓宽小微企业的信贷融资渠道，天津市扩大了"两权"抵押贷款试点的覆盖范围，推动投贷联动业务的发展，改进了贷款支付方式。

第七，加大对智能科技产业的信贷支持力度。具体措施包括：强化智能科技产业的信息披露，使得金融机构更好地了解企业真实信用情况，解决信息不对称问题，从而加强对科技产业的信贷支持；鼓励金融机构设立快速通道来服务于智能科技产业的信贷业务授信审批，从而提高对智能科技产业的信贷服务效率；制定专门的信贷政策来服务于智能科技产业发展，丰富信贷产品，促进向智能科技产业的信贷资金流入。

三　天津金融生态环境未来发展方向

金融生态环境是金融业高效运行并推动经济增长的基础，良好的金融生态环境能够提高金融资产配置效率，促使金融业稳定健康发展，并最终促进本区域经济社会发展。天津市应继续完善金融生态环境，为区域内金融业的发展提供良好的外部环境，提高金融市场的运行效率，并在金融改革创新层出不穷的情况下控制金融风险，使得金融业更好地服务于实体经济，更好地促进天津经济发展。

（一）提高经济发展水平

1. 大力挖掘区位价值

应把握好京津冀协同发展的契机，强化金融服务于京津冀协同发展的能力。加大力度开展京津冀金融基础设施互联互通建设，积极进行跨省市金融机构业务联动以及有关京津冀协同发展的金融产品和服务创新。同时，充分发挥天津在区位、制度以及资源上的优势，将天津的港口、产业以及生态等优势延伸到京冀，推动跨区域的分工合作与协同发展。此外，还应充分利用京津冀产业协同发展投资基金，促进京津冀金融市场的发展，从而提高对京津冀基础设施建设以及产业升级等重点领域的股权、债权融资等金融服务的效率。

2. 优化产业结构

为促进天津市经济发展水平的进一步提高，就要进一步优化产业结构。天津市招商引资产业定位提出将推动金融服务、智能科技、现代商贸、高端商务、设计服务、健康服务等九大高端服务业加快发展，具体出台了12条政策来支持其发展，其中与金融相关的内容主要包括以下几个方面。

第一，发展特色航运服务。将天津航运产业建设为拥有航运总部、航运金融保险、航运物流以及航运信息与咨询等要素的高端特色产业链；大力吸引国际知名的航运运营结算中心、船舶评级机构、国际船代货代公司以及邮轮公司等航运相关机构和公司在天津落户；引进国外成熟的航运保险产品，探索设立内外资航运保险和再保险公司；鼓励航运机构与金融机构之间积极开展合作，发展供应链金融、结算及辅助金融等与航运相关的金融业务；积极开展航运论坛，促进高校、科研院所以及行业协会等与航运企业进行合作，通过产学研相融合为航运业输送更多具有专业技能的人才。

第二，促进金融服务产业集群。天津市应继续推进法人金融机构和银行、保险、证券、期货、基金以及信托等金融服务机构的发展，并促进动产融资、金融咨询、征信及信用评级等机构的进一步发展，提高天津金融服务效率；推进产业投资、创业投资以及私募股权投资等投资基金的发展，支持有较高知名度或较大影响力的私募股权基金管理人设立私募基金产品；促进汽车金融以及消费金融等创新金融产品的开发；通过复制自贸区经验，支持融资租赁、商业保理在天津市内开展创新业务，从而大力推进金融创新运营示范区建设，加大金融对实体经济发展的支持力度。

3. 把握好政策资源优势

天津有自贸区和国家级新区两大改革开放先行区，应充分利用其在政策上的优势，积极先行先试。目前得益于政策上的优惠，天津金融租赁业正在快速发展，已成为天津经济新的增长极。未来，天津应积极拥抱市场，针对市场的新特征以及产生的新需求，充分把握现有的政策优势，积极开展改革创新，做改革创新的引领者，不断优化金融生态环境，保证金融业的健康快速发展。

4. 加大对民营企业及中小企业的政策支持力度

民营及中小企业是经济增长的重要力量，要加大对民营及中小企业的政策支持力度，更好地促进其对经济发展做出贡献。

第一，提高民营经济占比。经验表明，民营经济在促进就业和经济发展方面的优势明显。目前，天津民营经济占比不高，在 A 股上市的天津企业中，民营企业占比仅为 40% 左右，远低于全国平均水平。未来，天津应进一步加大对民营企业的政策支持力度，充分发挥民营经济对整体经济发展的推动作用。

第二，完善促进中小企业发展的相关政策。天津市应降低各领域中小企业的准入门槛，并对行业准入、退出机制不断完善；促进主导产业中的中小企业继续做大做强，从而进一步推动主导产业的发展；推动新兴企业加快发展；高科技产业也应充分把握中小企业的发展红利，改造地区科技含量较低、产业附加值较低的传统产业，实现信息化带动工业化，加速新型工业化发展。

（二）促进金融行业稳定持续发展

1. 优化配置金融资源，解决中小企业融资难问题

中小企业对经济增长有着较高的贡献度，但面临较高的融资约束，天津市应进一步优化金融资源配置，解决民营及中小企业融资难问题。

第一，改善信贷政策，加强银企合作。由于中小企业处于弱势地位，很容易受到信息不对称所造成的信贷配给不足，所以应调整信贷政策，改善信贷结构，使信用状况良好的中小企业的贷款需求能够得到更有效的满足；金融机构在适当加大中小企业资金支持力度的同时也应提升自身的风险监控和应对能力，更好地防范信贷风险。此外，应积极推动银行与中小企业开展合作，促进双方进行及时有效的沟通，从而提高中小企业获得资金的能力并降低其融资成本。

第二，完善资本市场，拓宽直接融资渠道。中小企业发展中的资金需求目前主要来自内源融资和银行信贷，企业扩张的资金需求仅靠内源融资并不能得到满足，所以往往需要从外部获取资金，主要是从银行获得贷款，银行信贷的成本高和信贷配给低等问题，也导致中小企业往往无法充分满足其发展中的资金需求。鉴于此，天津市应进一步促进风险投资的发展，使经济效益较好、偿债能力较强的中小企业能够获得更多的风险投资资金来支持其发展。此外，还应不断完善资本市场，大力支持企业债券市场的发展，使中小企业能够通过发行企业债来进行直接融资，从而使其能够从直接融资渠道获得更多的资金。

第三，加大对中小金融机构发展的支持力度。目前中小型金融机构在建立、管理以及监管等方面得到的重视不够，然而在支持中小企业融资需求方面，中小型金融机构能够更加灵活地制定经营战略，而且在搜集企业信息方面也有着较为突出的优势，民间资本对于进一步满足中小企业的融资需求也有着重要意义。所以天津市应支持中小金融机构的建立和发展，建立中小型商业银行，吸引民间资本，加大对中小企业信贷服务的支持力度。

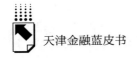

2. 加强金融监管，促进金融法治建设

法律环境是金融生态环境的重要组成部分，良好的法律环境是金融稳健运行及企业良好发展的重要保障，所以应进一步完善金融法治体系。通过完善立法及出台政策，确保金融业运行中的各个环节均有法可依，提高金融审判的效率，依法对金融纠纷进行调解，对金融犯罪行为进行依法惩处，维护金融业的安全稳定；完善企业在金融市场交易中应遵守的相关法律规则，使企业能够更好地通过金融来支持其发展；降低企业进入金融市场的准入门槛，通过出台政策以及完善法律来加大对民营、中小微企业的金融支持力度。

随着金融科技及金融创新的发展，金融监管面临更高的挑战。为应对金融创新所带来的金融风险，监管部门应进行相应的监管创新，提升金融风险监控能力和对金融风险的应对能力。互联网金融的快速发展过程中，互联网金融企业倒闭、跑路、挤兑等事件的发生大大提高了金融风险，天津在推动互联网金融发展过程中，应建立完善互联网金融相关的法律法规，尤其是要不断完善风险管理和监管创新方面的法律法规及规章制度，并对互联网金融企业开展宣传教育，鼓励互联网金融企业加强行业自律，进一步规范互联网金融发展的市场环境。

3. 完善金融制度体系

金融制度因素主要是指地方政府的政策限制，金融制度方面的不完善导致了外资金融机构的进驻难问题。近年来，经济进入下行期，逆全球化和贸易保护趋势不断增强，国际资本流动也出现新的特点，全球经济总体呈现下降趋势，这对我国吸引外资产生了不利影响。与此同时，我国经济发展进入新常态，经济增速放缓，利用外资增幅下降，在这种形势下，天津市吸引外资的困难加大。为进一步拓展利用外资的发展空间，加强外资金融机构对金融业发展的促进作用，天津市应充分发挥深改优势，通过减少对外资金融机构的政策限制，鼓励市场有效竞争，推进金融改革，降低外资金融机构设立的限制条件，简化外资金融机构设立及变更的相关材料和程序，支持外国银行在天津同时设立分行和支行，放宽外资金融服务公司开展信用评级等服务的限制，吸引外资金融机构进驻，进一步完善金融制度体系。

4. 发挥金融科技的促进作用

近年来，众多新技术的出现及金融科技的迅速发展，给金融业带来了机遇也带来了挑战，应充分利用新技术并将其与金融相结合来发展金融创新和监管科技，在提高金融业服务效率的同时促进金融业的稳健发展，具体来看包括以下几个方面。

第一，发展金融科技来促进金融业的稳健运行。充分利用大数据、云计算、区块链、人工智能及互联网等技术更好地服务于金融业的发展、提高金融监管效率，这样能够提升天津金融业的效率，培育天津经济新的增长点。此外，科技与金融的结合突破了传统金融产业的地理和空间界限，提高了天津金融服务于京津冀协同发展战略的能力，也给天津金融业带来了新的发展机遇。

第二，利用金融科技进行金融业务创新来缓解中小微企业的融资压力。目前政府主导以及以间接融资为主的融资制度，导致中小微企业的融资渠道单一。中小微企业普遍规模较小、注册资金较少，内源融资无法充分满足企业的运行和发展需求，导致了其依靠负债经营的特点，但中小微企业大多没有专门的资金管理部门，而且其经营管理能力较差，往往存在较大的潜在风险，从而出现了较多无法及时还款的情况，再加上其缺乏足够的抵押物，导致资金供给者向其放款时面对较高的信用风险。中小微型企业的贷款需求具有时间紧、频率高、金额少以及风险高的特点，信息不对称使得资金供给者很难确定中小微企业的生产经营状况及其发展前景，而互联网金融、大数据、区块链等金融科技的运用在一定程度上解决了信息不对称问题，通过大数据技术对中小微企业的信息数据进行高效的处理和分析，能够大大提高资金供给者对中小微企业的信用评价能力，并向中小微企业提供个性化的定制服务和多样化的金融产品，降低向中小微企业放款时资金供给者面临的风险，最终缓解中小微企业的融资压力。

5. 引进和培养人才

专业人才是金融创新和金融产业集群发展的重要支撑，天津市应继续加强金融专业人才的引进和培养，具体来说包括以下几个方面。

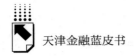
第一，大力引进高端金融人才。随着科技与金融的不断融合发展，金融科技成为金融业提高效率的重要手段，所以金融业对掌握大数据、云计算和物联网等技术的复合型金融人才的需求日益提高。天津市应进一步深化人才引进的配套激励措施，制定完善吸引高端金融人才的政策措施，并支持有能力的金融机构和科研院所建立博士后工作站，专门开展金融业务的研究，还应加大对金融创新项目的支持和奖励力度，吸引高端人才为金融创新做出贡献。

第二，完善人才管理的相关制度。通过完善高端人才流入的相关制度和薪酬回报机制，加大对有突出贡献人员的奖励和扶持力度，不断吸引高端人才流入。户籍管理、人事管理、社会保险等制度的不完善是阻碍高端人才流入的制度性障碍，特别是高端人才在跨区域流动过程中存在证书不能互相认定、培训不能共享以及存在居住、子女上学、社会保障等方面的问题，这成为制约高端人才流动的重要因素。为培养和引进更多的高端人才，政府应继续完善人才体制机制，强化人才引进管理和服务以及人才激励机制，同时还应更多地发挥市场在人才流动中的作用，发挥人才市场配置功能。

第三，充分利用高校资源加大人才培养力度。天津市金融机构可与高校开展定向委培合作，金融机构通过提出培养要求，重点培养学生的专业技能，从而为金融机构输送更多拥有金融专业技能并熟练掌握金融理论的高级人才。天津市有很多高校开设金融相关专业，可以向金融机构提供足够的金融专业人才，但仍需要有针对性地加强学生金融专业技能的培养，为天津金融机构提供拥有专项技术的高素质金融人才。

第四，加强培训现有从业人员。天津市政府应支持和鼓励金融监管部门和金融机构充分利用高校以及科研院所的资源，制订科学的培训计划，采用线下培训和线上培训相结合的方式，针对从业人员的不同工作内容进行提高其自身业务能力的培训，并及时开展关于最新的金融相关政策、金融创新以及金融科技运用方面的培训，提高现有从业人员的专业素质，从而为天津金融业提供更强大的智力支撑。

B.8

2018年天津金融改革创新发展报告

王 韩 李宏爽*

摘　要：　为更好地发挥金融业对实体经济的促进作用，推动经济结构
调整及优化升级，近年来天津金融业不断推进改革创新，进
一步促进了天津经济的发展。本报告阐述2018年天津金融改
革创新的总体成就和银行、证券、保险、融资租赁等方面的
成就，并对天津改革创新的未来发展前景进行了展望。未来
发展的具体措施包括：加大金融服务运营创新力度、加快国
家租赁创新示范区建设、增强金融主体生机活力、激发资本
市场活力、深化金融协同创新与合作、扩大金融开放、加强
国际金融交流合作、吸引和集聚高端金融人才。

关键词：　金融政策　金融产品创新　金融服务创新　人才引进政策创新

一　天津金融改革创新总体成就

金融是现代经济的核心和血脉，在国民经济以及社会发展过程中起着越
来越重要的作用。全国金融工作会议上提出金融的进一步发展要围绕三项任
务，即服务实体经济、防控金融风险以及深化金融改革，从而促进金融以及
经济的健康良好发展。天津市聚焦于这些任务进行了一系列的金融改革创新。

---

* 王韩，天津财经大学金融学院博士研究生，研究方向为货币政策、区域金融；李宏爽，天津
财经大学金融学院硕士研究生，研究方向为金融创新。

（一）完善金融机构政策体系

天津市不断完善支持金融机构发展的政策体系，通过增加对金融机构落户的一系列补助，大力吸引金融机构落户发展。天津市在综合兄弟省市经验和自身实际情况的基础上，充分体现政策上的优先性，力争比兄弟省市同一档次补助的准入门槛更低，同样情况下补助力度更大，具体措施如下。第一，为支持金融机构落户，天津市对落户的法人金融机构给予实收资本一定比例的补助。实收资本较多的法人金融机构得到的补助金额大于其他省区市提供的定额补助，如对于实收资本为10亿元的法人金融机构，天津提供的补助金额为2400万元，而深圳、重庆、北京提供的补助金额分别为2000万元、1000万元和1000万元。第二，为支持金融机构的落户及其后续发展，天津市也提供了其他的一系列补助：为新设立或迁入的法人金融机构提供落户补助、新购或者新建和租赁自用办公用房补助；为增资扩股的法人金融机构提供一定的补助；为新设立或迁入的金融机构一级分支机构提供一次性补助以及落户补助、新购或者新建和租赁自用办公用房补助；社保基金、企业年金以及法人金融机构等为发起人在天津新设立且备案的股权投资企业和股权投资管理企业也按金融机构一级分支机构的落户、新购或新建和租赁自用办公用房政策享受补助。

（二）金融产品创新

为更好地服务民营及中小企业，中国人民银行天津分行以及天津市金融机构始终积极进行产品创新，主要包括以下几个方面的内容。

第一，由中信银行和中国建设银行担任主承销商的全国首单民企中长期债券融资支持工具落地天津。2018年12月13日，在天津市注册的民营企业天士力医药集团股份有限公司发行"18天士力医MTN002"中期票据的各项程序均已完成。这是天津首单民营企业债券融资支持工具，也是国内支持企业中长期债券融资的首单民营企业债券融资支持工具。该民营企业债券融资支持工具自推出以来，在市场信心提振、政策信号传导以及缓解民营企业融资难等方面有显著成效，受到民营企业、投资者以及承销商等市场参与者的普遍认可，也为中小银行对民营企业债券的投资提供了新的渠道。

第二，中信银行为"18天士力医MTN002"这一民企中长期债券融资支持工具创设了名为"18中信银行CRMW002"的信用风险缓释凭证。这一信用风险缓释凭证通过稳定中长期债券投资者的信心而提高了市场投资者对这一债券的认可度。

第三，中国人民银行天津分行为提高小微服务水平，持续做好重点领域小微企业金融服务，不断推进金融产品创新，具体包括以下几个方面。一是为促进科创类小微企业发展，投贷联动、科技和金融结合试点以及应收账款融资专项行动等工作陆续开展，出台政策后再根据实际情况及时对政策的实施进行相应调整。二是新型信贷产品包括知识产权质押、供应链融资等受到大力推广，并印发了《天津市版权质押贷款实施指导意见》和《关于天津市专利权质押贷款有关情况的通报》等文件，轻资产、创新型小微企业的融资难问题在一定程度上得到了解决。三是出现了一系列利用大数据、互联网等技术实现的金融产品和服务创新，如"小微快贷""银税互动""税e融"等，这些金融创新有利于提高信贷服务效率和降低融资的准入门槛，从而使得小微企业以"频率高、额度小、期限短、用款急"为特点的资金需求在一定程度上得到满足。

（三）金融服务创新

为保证金融业的稳健发展，天津市始终不断提高自身金融服务水平，具体包括以下几个方面的内容。

第一，支持平台载体环境建设。为向金融机构以及金融人才及时提供政策兑现、资源对接和信息互通等全方位的服务，以线下与线上相结合的思路，打造金融服务平台。为新设立或迁入的全国性金融基础设施提供一次性补助2000万元，为新设立或迁入的全国性金融领域行业组织提供一次性补助200万元。

第二，提升监管部门服务水平。为充分体现政策的开放性，进一步提高

监管服务水平，天津市重点引进或重点扶持的金融项目和机构可享受"一事一议"的特殊服务。

第三，支持金融服务创新示范。天津市会不定期发布一些已形成一定规模的金融服务创新案例，对于金融机构在支持重点项目建设、促进智能科技产业发展、服务民营及小微企业、拓宽融资渠道、降低融资成本等方面较好的经验做法进行宣传和推广，并适当给予一定的补助，天津市政府为提供金融服务实体经济创新案例的团队给予最高金额为 200 万元的一次性研发补助；经天津市政府批准的对本市金融实践具有指导作用的重大课题研究，每项课题可获取最高不超过 30 万元的补助，每年提供的课题补助总额不超过 300 万元。

（四）金融人才引进政策改革创新

近年来，天津市人才引进步伐明显加快。"海河英才"行动计划共引进 13.3 万人才，其中技能型、资格型人才 4.7 万人，天津已会聚了一批顶尖领军人才和高层次人才。截至 2018 年末，天津有院士 37 人，博士后流动站、工作站 339 个，2018 年新建博士后工作站 10 个，新进站博士后 394 人。

聚焦金融人才，天津市明确了引进和集聚金融人才的措施。为与实际工作相结合，围绕金融创新运营示范区功能定位，加大对金融从业人员的吸引力，新政策明确做出以下要求。第一，在天津市注册的金融机构引进的金融领军人才经天津市人社局认定后，纳入海河英才"绿卡"A 卡发放范围；引进的金融高端人才经天津市人社局认定后，纳入海河英才"绿卡"B 卡发放范围。第二，对于在天津市新设立或迁入的法人金融机构、金融机构一级分支机构以及企业年金、社保基金和法人金融机构等作为发起人新设立并备案的股权投资企业和股权投资管理企业，可向引进的金融领军人才和金融高端人才提供奖励，奖励所用资金可从落户补助中列支。第三，为充分体现政策的实效性，创新补助改为直接奖励到创新团队，避免出现金融机构得到奖励后难以使用等问题。

（五）创新招商引资方法

2018 年，天津市金融局继续深入贯彻落实党的十九大精神，深入落实天津市政府关于招商引资工作的指示精神和全市相关工作部署，围绕天津市"一基地三区"的功能定位，以金融机构、金融服务业和金融基础设施为着力点，不断健全招商引资工作机制，创新招商方式方法，出台招商引资奖励政策，广泛搜集项目信息，积极主动开展招商引资工作。先后引进了天津中关村科技融资担保有限公司、中信梧桐港供应链管理有限公司、美亿达保险经纪有限公司、中电电子信息产业投资基金（天津）合伙企业（有限合伙）、中国能源建设集团北方建设投资有限公司等金融类项目。同时还推动津融资产管理公司、中铁建金融租赁有限公司、工银金融租赁有限公司、兴业金融租赁有限责任公司等金融类项目完成增资，招商引资工作取得积极进展。

（六）开展金融创新支持京津冀一体化建设

近年来，天津市金融机构主动配合京津冀协同发展战略，支持天津"一基地三区"建设，积极服务于北京非首都功能疏解和雄安新区建设，并不断加强三地在产业、交通和生态等重点领域的金融合作。中国人民银行天津分行与北京营业管理部、石家庄中心支行自共同制定《京津冀协同发展人民银行三地协调机制》以来，加强协调配合、信息共享和业务合作，在推动金融统计信息共享、社会信用体系建设、金融监管协调合作等多方面取得积极进展，将金融支持京津冀协同发展与推动天津金融改革创新进行了有机结合。具体包括以下几个方面。

第一，加大与京津冀相关的信贷投放、金融产品创新等金融服务力度。中国人民银行天津分行推动天津市金融机构加大对京津冀协同发展战略中重点项目的信贷投放，支持金融产品创新、加快金融基础设施建设、不断拓展融资渠道，加强了跨区域的金融协同创新与合作，力图把天津自贸区打造成服务于京津冀协同发展战略的高水平对外开放平台。

第二，京津冀签署《京津冀三地金融局（办）合作框架协议》。2018 年 5

月，天津市金融工作局与北京市金融工作局、河北省金融工作办公室在河北省石家庄市举行金融合作交流座谈会并签署《京津冀三地金融局（办）合作框架协议》。根据这一协议，京津冀将在多个方面展开深入合作，结合京津冀整体功能定位以及三地各自的功能定位，三地进一步加强统筹协同、信息共享和人才交流；推进金融市场改革，推动多层次资本市场建设；推进科技金融发展，完善科技创新投融资体系；落实银行间市场助推京津冀协同发展合作协议，提高京津冀企业直接融资能力；利用天津自贸区的制度优势，积极推进与京津冀协同发展相关的金融改革创新；强化京津冀三地之间的金融监管协调合作，在积极开展金融创新来支持京津冀协同发展的情况下共同保证金融的安全与稳定。这一协议的签署标志着京津冀三地金融合作与协同发展又迈上了新的台阶。

第三，为进一步服务于京津冀协同发展，天津市与民生银行签署战略合作协议。2018 年 9 月，天津市与民生银行签署了战略合作协议，共同推进京津冀协同发展战略的深入实施，加大金融对实体经济发展的支持力度，双方将发挥在财政、金融以及产业政策等方面的协同效应，通过银行服务于地方经济和地方带动银行发展来构建良好的银政合作关系。在支持天津落实京津冀协同发展重大国家战略方面，民生银行加大了对交通、能源、信息等重大基础设施互联互通项目的资金支持力度，助力京津冀现代化交通网络的建设；大力支持现代综合交通运输体系建设，其中以铁路货运通道建设和天津港及天津机场建设为重点；为疏解北京非首都功能对产业转移、生态环保等方面提供资金支持。

（七）金融改革创新支持"一带一路"建设

为推动"一带一路"建设发展，天津金融业针对其发展过程中产生的金融服务需求，积极开展跨境金融产品和服务创新，不断完善工作机制和政策制度，持续加大对"一带一路"建设的金融支持力度。在一系列的改革创新下，2018 年天津市金融业支持"一带一路"建设的力度继续加大，18 家银行共为 212 个"一带一路"项目提供金融服务，较上年增加了 49 个，增长 30.1%；放款金额为 398.7 亿元，较上年增加了 61.8 亿元，增长

18.3%；"一带一路"沿线国家和地区的跨境融资在天津市办理的182.1亿元人民币跨境融资中占39.6%，金额为72.1亿元；天津市人民币跨境结算总额中与"一带一路"沿线47个国家和地区的人民币跨境结算占18.2%，金额为351.1亿元；服务"一带一路"建设项目相关企业196个，较上年增加了48个，增长32.4%。

天津市各银行进一步完善了"一带一路"相关的政策措施和工作机制。中国工商银行天津分行为"一带一路"建设设立了专门的融资项目库，收集了10多项重大项目，为这些重大项目投入了约65亿美元的资金；中国农业银行天津分行为"走出去"设立了专项资金，采用灵活的自主定价机制，在世界范围内进行授信和专项信贷资金的匹配；光大银行天津分行出台了差别化信贷政策等专门服务于"一带一路"建设的一系列政策。

此外，天津市大力推动与"一带一路"建设相关的金融产品和服务创新。利用自由贸易分账核算单元，天津银行创新性地推出了跨境银团贷款业务，到2018年末跨境银团贷款投放金额为3.8亿元；北京银行天津分行的"丝路汇通"新品牌包含了境外投融资、内外贸结算融资以及全球支付等多项金融产品和服务；由于中国出口信用保险公司（简称"中信保"）在国别风险调查方面拥有的优势，中国工商银行天津分行与中信保开展合作，为企业"走出去"提供咨询等增值服务；中国建设银行天津分行开设国外保函业务咨询热线，2018年为"一带一路"沿线国家电站和道路建设开立了金额为1239万美元的非融资性保函；为降低金融支持"一带一路"建设过程中面临的商业和国别风险，渤海银行投保了中信保的出口买方信贷保险。

二 天津金融改革创新分项成果

（一）银行业改革创新情况

1.坚定改革创新思路，优化城市功能、支持实体经济发展

金融业发展的本质目标就是要服务于实体经济发展并最终促进本区域经

济发展，天津银行业应大力支持实体经济发展，并力争为京津冀协同发展做出重要贡献。物质财富由实体经济创造，所以实体经济是社会生产力发展情况的集中体现，实体经济的良好稳健发展，能够保证足够的就业岗位、保证人民生活稳定，从而最终实现经济的持续发展以及社会稳定。实体经济的进一步发展离不开金融的支持，经济要想实现高质量发展，也需要高质量金融服务的支持。为精准有效地支持实体经济，天津银行业应做到了解企业、服务企业、帮助企业，针对不同企业的特点有效破解企业融资难题，为天津市经济发展营造良好环境。此外，为推动京津冀协同发展国家战略，天津银行业应充分发挥资金支持作用，加大对重大基础设施互联互通等项目的融资支持力度。2018年，天津银行业为优化城市功能即充分发挥对京津冀协同发展的促进作用以及加大金融支持实体经济力度，继续加大力度进行改革创新。

2018年9月天津市与民生银行签署了战略合作协议，协议主要包括以下几个方面的内容。第一，创新金融产品和业务模式。为向天津市提供全方位的金融服务，在"贷、债、投、租"等方面开发创新型金融产品和业务模式。第二，支持产业转型升级。为重大支柱产业建设项目、先进制造研发基地和现代物流中心建设提供资金支持，并向信息技术、生物医药与健康、航空航天、新能源、新材料、高端装备、节能环保等高端产业，以及电子商务、现代科技、现代物流、养老和健康服务等服务业提供创新金融服务。第三，推进新型城镇化建设。对地下综合管廊、城市轨道交通、老旧居民小区改造、节能环保等项目建设，以及排水防涝、市政路桥、生活污水和垃圾处理等市政公用设施建设等方面提供重点资金支持，并加大对危旧房改造以及保障性住房建设资金的支持力度。第四，支持企业"引进来"和"走出去"。为提高"引进来"能力，向天津市外来投资企业及其项目提供综合化、国际化的金融服务；为促进企业"走出去"，向跨境贸易、跨境并购、境外投资设厂以及境外工程项目承包等企业项目提供包括"商行＋投行"在内的投贷一体化金融服务；为提供高效快捷的人民币支付结算服务，大力推动跨境电子商务发展。此外，作为民营银行的民生银行还利用其体制优势，支持天津国企混合所有制改革和民营经济发展。

2. 促进业务创新，提高融资能力

目前，融资活动仍是以间接金融为主，而融资功能作为银行业的基本功能，为企业提供了重要的资金来源。资金供给合理充裕，能够为经济平稳健康发展提供适宜的货币金融环境，所以应提高银行开展融资业务的能力，解决银行服务还不够到位的问题，加大对企业的资金支持力度，不断提高金融服务能力。为提高融资能力，天津银行业积极开展业务创新，主要包括以下内容。

第一，通过境内外机构间联动，中信银行天津分行帮助天津某大型企业发行了境外美元信用债券，此外，还为天津市某企业发行了首单绿色短期融资券，这也是全国首单火电行业循环经济绿色债券。第二，为解决跨国企业集团的跨境资金调配问题，提高资金使用效率，浦发银行天津分行与民生金融租赁股份有限公司合作开展了跨国公司外汇资金集中运营管理业务，通过国内资金主账户以及国际资金主账户之间的通道，利用能够集中调配的对外放款额度，向境外企业提供外币资金融资服务，这一业务能够满足在全球布局发展的大型企业集团的大规模跨境资金流动需求。此外，浦发银行天津分行发布的"NRA 账户远期结汇业务"也提高了对跨境金融参与者的金融服务效率。第三，天津滨海农商银行创造性地将"自主循环贷"拓展至跨境采购中，为某集团平行进口汽车电商平台打造了境内分销秒贷项目，在一定程度上解决了下游中小企业的融资难、融资贵问题。第四，东疆管委会针对非保税货物的"企业信用 + 动产质押"融资模式促进了物流金融的发展，这种融资模式以金融机构、仓储物流以及交通运输等类型的企业为主体，创新仓单融资业务。

3. 加强民营和小微企业金融服务

党中央对于金融支持民营和小微企业发展高度重视。民营经济对整体经济发展具有重要贡献，其在经济发展中占有重要的地位，应不断优化民营企业发展所面临的营商环境，从而充分发挥民营经济对整体经济的支持作用，国务院常务会议也曾多次开展专题研究，力图解决民营和小微企业面临的融资服务问题。

天津银保监局通过多项措施加强对民营和小微企业的金融服务。第一，

强化银行及保险机构对提高面向民营和小微企业金融服务能力的重视程度，从而在源头上改善政策传导过程中存在的"上热下冷"问题。第二，加大对民营和小微企业的资金支持力度，尤其要增加小微企业的普惠型贷款投放量并扩大投放范围，从而促进贷款户数和余额的同时增加。第三，为降低小微企业融资成本，督促银行业加强成本管理，贯彻落实服务收费减免的相关政策。第四，将小微企业贷款利息收入免征增值税的政策执行标准进一步细化，促进银行业充分落实和利用财税、货币政策。

为响应加强民营和小微企业金融服务的政策要求，中国人民银行天津分行也积极引导金融机构尤其是银行业进行改革创新。为引导金融机构进一步提升民营和小微企业金融服务水平，2018年11月12日，中国人民银行天津分行与天津银保监局筹备组、天津证监局以及天津市金融工作局共同发布了《关于进一步深化民营和小微企业金融服务的实施意见》（简称《实施意见》）。《实施意见》中提出了加大货币政策支持力度、完善金融宏观政策环境、发挥金融机构主体作用、建立服务保障工作机制四个方面的措施。第一，在货币政策方面，为加大对民营和小微企业的金融支持，中国人民银行天津分行将进一步扩张再贷款资金规模，安排不少于50亿元的资金用于再贷款，专门支持金融机构加大对民营和普惠口径小微企业的资金支持力度；进一步扩张再贴现资金规模，安排不少于50亿元的资金用于再贴现，专门用来支持商业银行对民营和小微企业的票据融资业务；进一步扩张常备借贷便利资金规模，安排不少于100亿元的常备借贷便利资金，专门用来帮助金融机构为民营和小微企业提供流动性支持。第二，在完善金融宏观政策环境方面，支持发展小微企业续贷业务，支持民营和小微企业用好外汇管理和自贸区的相关金融政策并进行上市挂牌融资，支持民营企业在交易所债券市场融资、发行资产证券化产品以及利用私募股权基金，从而在一定程度上缓解民营及小微企业的融资难问题。第三，在发挥金融机构主体作用和建立服务保障工作机制方面，要求天津各金融机构将民营和小微企业金融服务作为今后发展的重点，加大对普惠金融领域的支持，实施差别化信贷政策，对符合国家产业政策导向的民营和小微企业进行重点支持。《实施意见》还强调建立服务保障工作机制，通过经常性的监测、考核与评估，确保各项政策措施能够真正地实现其效力。

目前我国经济正处在新旧动能转换的关键时期，银行业要始终坚定支持民营和小微企业发展的决心，通过完善对民营和小微企业金融支持方面的调查研究、决策和部署，建立健全服务于民营及小微企业的配套政策措施，进一步提升金融服务于民营和小微企业的效率，推动金融更好地服务于实体经济发展。

（二）证券业改革创新情况

1. 天津股权交易所与天津滨海柜台交易所整合

资本市场中的区域股权市场主要为中小微企业提供直接融资服务，也被称为四板市场。区域股权市场满足了大量中小微企业的融资需求，但在监管及顶层设计方面仍存在一些问题。跨区域经营以及区域内重复设立交易所，导致了交易所之间的盲目竞争，不利于资源有效配置且容易引发风险。2017年，全国开始全面整顿区域股权市场，明确了一个行政区域内仅可拥有一家交易所运营机构。

依据《区域性股权市场监督管理试行办法》《国务院办公厅关于规范发展区域性股权市场的通知》等文件，各行政区域若已拥有两家及以上区域性股权市场运营机构，则当地省级人民政府要将其整合为一家并要保证整合过程中的稳妥推动。为此，天津股权交易所（简称"天交所"）与天津滨海柜台交易市场股份公司（简称"天津OTC"）基于上述规定及政策按要求进行了整合。

2018年4月28日，天交所和天津OTC发布联合公告，天交所停止区域性股权市场新增业务的开展，现有存量业务由天津OTC通过有序整合进行妥善处理，此后天津OTC成为天津唯一的区域股权市场。

2019年1月底，天津OTC和天交所完成了整合后的工商变更，这表明天津市正式完成了区域性股权市场的整合。之后，天津OTC成为天津市唯一一家在中国证监会备案的区域性股权市场运营机构。这一整合提升了天津市区域性股权市场的发展水平，解决了两家区域股权市场运营机构下存在的盲目竞争问题，促进了资源有效配置，进一步完善了市场功能，直接融资市

场的进一步发展也拓宽了天津市中小微企业的融资渠道，促进了多层次资本市场建设的进一步发展。

2. 天津证券期货市场

2018 年天津市证券期货市场稳步发展，具体情况如表 1 所示。截至 2018 年 12 月 31 日，天津辖区内有上市公司 50 家，新三板挂牌公司 194 家，上市公司总股本 644.68 亿股，总市值 3853.01 亿元；证券公司 1 家，证券分公司 33 家，基金管理公司 1 家，证券营业部 151 家，已登记注册私募基金管理人 476 家，证券投资咨询公司 1 家，证券信用评级公司 1 家，证券投资咨询分公司 5 家，独立基金销售机构 8 家，证券营业部总资产 138.5 亿元，净资产 13.32 亿元，净利润 –0.28 亿元，指定与托管市值 3044.48 亿元；期货公司 6 家，期货营业部 32 家，期货交割库 52 家，期货公司代理交易额 4683.85 亿元，代理交易量 825.3 万手，期货营业部代理交易额 1804.75 亿元，代理交易量 304.16 万手。

表 1 天津辖区内证券期货市场概况

类别	指标名称	单位	2018 年	2017 年
上市挂牌公司指标	上市公司	家	50	49
	其中:A 股公司	家	45	44
	AB 股公司	家	1	1
	AH 股公司	家	3	3
	AS 股公司	家	1	1
	上交所上市公司	家	26	25
	深交所主板上市公司	家	7	7
	中小板上市公司	家	9	9
	创业板上市公司	家	8	8
	新三板挂牌公司	家	194	205
	天津滨海柜台交易市场(区域性股权市场)挂牌公司	家	1077	——
	拟上市公司	家	20	24
	证券信用评级公司	家	1	1
	上市公司总股本	亿股	644.68	620.34
	上市公司总市值	亿元	3853.01	5245.12

续表

类别		指标名称	单位	2018年	2017年
证券经营 机构指标	基本 情况	证券公司	家	1	1
		证券分公司	家	33	25
		证券营业部	家	151	154
		基金管理公司	家	1	1
		基金管理公司分公司	家	1	0
		私募基金管理人(已登记)	家	476	447
		私募基金产品(已备案)	只	1597	1524
		证券投资咨询公司	家	1	1
		证券投资咨询分公司	家	5	3
		独立基金销售机构	家	8	4
	证券 营业部	总资产	亿元	138.50	163.56
		净资产	亿元	13.32	15.14
		净利润	亿元	-0.28	-0.11
		客户交易结算资金余额	亿元	114.71	137.89
		指定与托管市值	亿元	3044.48	4026.38
		资金账户	万户	328.59	305.88
		A股证券账户	万户	513.03	473.98
		B股证券账户	万户	3.75	3.76
	基金 公司	管理基金	只	45	55
		基金份额	亿份	13452.94	17884.87
		基金净值	亿元	13420.65	17892.95
期货公司、期货 营业部指标	基本 情况	期货公司	家	6	6
		期货分公司	家	3	2
		期货营业部	家	32	30
		期货交割库	家	52	52
	期货 公司	总资产	亿元	93.98	76.66
		净资产	亿元	22.68	22.11
		净利润	万元	731.12	819.96
		代理交易额	亿元	4683.85	2636.58
		代理交易量	万手	825.30	433.79
	期货 营业部	净利润	万元	-341.08	-174.11
		代理交易额	亿元	1804.75	1987.83
		代理交易量	万手	304.16	290.41

资料来源:天津证监局。

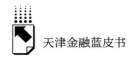

（三）保险业改革创新情况

1. 推动大病保险制度发展，加大短期医疗险监管力度

天津保监局继续推动大病保险制度平稳健康发展，具体包括以下几个方面的内容。第一，加强监管。为及时掌握大病保险的运行情况，自 2015 年起，天津保监局每年都会进行大病保险专项检查和调研，目的在于通过严格监管来引导保险公司提升其合规意识和服务水平。第二，做好协调沟通工作。天津保监局引导相关保险机构主动向监管部门汇报大病保险的运行情况以及存在的问题，建立与天津市人社局、财政局等相关监管部门的协调沟通机制，对于大病保险制度运行过程中存在的提高大病保险筹资标准以及完善盈亏调节机制等问题提出书面建议。第三，完善相关政策。推动市政府相关部门对《天津市城乡居民大病保险办法》进行了修订，对监管部门政策制定、大病保险风险调节机制、保险公司参与医疗费用审核等内容进行了补充和完善。

此外，天津保监局对"百万医疗"类短期医疗险提出了监管要求，具体包括以下几方面内容。第一，在销售环节说明产品属性。必须在销售环节中向潜在投保人说明其产品的本质是保险期为 1 年的短期医疗险，明确区分"连续投保"和"保证续保"，对不可抗辩条款适用的规则进行提示；此外，必须向潜在投保人告知该产品存在停售或升级换代等风险，从而使得全部或发生过赔付的投保人不能连续投保。第二，在核赔环节明确核赔细则。在核赔环节必须通过对内涵进行描述以及列举等方式，全面具体地界定开展理赔所依据的"近因原则"，减少人工核议，增加制度式的规则，最大限度减少理赔过程中存在的灰色地带。第三，在理赔环节提高专业能力。在理赔环节进一步提高服务能力，并配足所需要的各方面专业人员，进行全面且精准的勘查，做到应调尽调、应赔尽赔，但也要做到杜绝滥赔，既要维护被保险人的合法权利，又要避免骗保骗赔事件的发生。

2. 发挥保险保障功能，助力北方国际航运核心区建设

天津保险业积极发挥其保险保障作用，助力完善航运服务体系，增强航

运金融创新服务能力，从而支持天津北方国际航运核心区建设，主要措施包括以下内容。第一，推动航运保险发展。"十三五"规划实施以来，天津航运业受益于与航运业密切相关的船舶保险和货运保险提供的风险保障，所以应进一步推动航运保险发展，为天津北方国际航运核心区建设提供更好的保障。第二，积极完善飞机保险以及海上工程保险等相关保险服务。"十三五"规划实施以来，飞机保险以及中海油、中石油等多个海上项目的海工建造险为天津航运业提供了风险保障，未来也应进一步完善相关保险服务，更好地促进天津北方国际航运核心区发展。

3. 为"一带一路"建设提供风险保障服务

为服务于"一带一路"建设，天津市保险机构为"一带一路"沿线大型项目提供相应保险以及风险咨询管理服务，具体包括以下内容。第一，服务领域较宽。天津市保险业对于企业"一带一路"相关重大工程建设项目、投融资项目进行了主动对接，为高速公路、轨道交通、基建设施、能源水利等各领域的建设项目提供了保险服务。第二，地域覆盖较广。保险服务项目覆盖了哈萨克斯坦、白俄罗斯、阿尔及利亚、缅甸以及马来西亚等"一带一路"沿线的多个国家和地区。第三，人身保障较全。人身保险除了综合性境外意外伤害保险之外，还为死亡伤残、医疗费用、流行性疾病、突发急性病、恐怖主义、绑架勒索等可能威胁人身安全的事件提供了保障。

4. 推进保险公司跨京津冀区域经营备案

为进一步落实京津冀一体化发展战略，天津银保监局依照相关法律法规，认真仔细地进行保险公司跨京津冀区域经营备案工作，具体包括以下内容。第一，对拟备案保险公司的资质、风险状况、发展规划、跨区域经营可行性等方面进行严格审核。第二，优化审批流程，提高审核效率，支持符合条件的保险公司在天津进行备案并设立分支机构。第三，加强对完成备案公司的窗口指导，通过对高管进行约谈等方式促进公司的合规经营和有序竞争。

（四）融资租赁业改革创新情况

1. 天津租赁市场飞速发展

近年来，天津租赁市场迅速发展，天津自贸区已经推出了保税租赁、出口租赁、联合租赁等 40 多种租赁交易模式，还建立了"专家 + 管家"式的服务体系，经营范围已覆盖了船舶、飞机、电力设备、轨道交通、无形资产等领域。截至 2018 年 11 月，天津自贸区内各类融资租赁公司超过 3300 家，租赁船舶 145 艘、飞机近 1200 架、海上石油钻井平台 13 座，都超过了全国的 80%。天津东疆被誉为全球第二大飞机租赁集聚地，在国际航空及租赁市场上具有较强的影响力，是国际租赁市场上的新兴力量。天津自贸区租赁产业进一步发挥其集聚效应和对天津市其他区域的辐射作用，从而促进了天津国家租赁创新示范区建设。

2. 租赁创新政策效果逐步显现

中国人民银行天津分行不断加大创新力度，在租赁方面实现了多个全国"首单"和"第一"，主要包括：允许融资租赁中的租金以及售后回租项下的货款支付使用外币，帮助企业降低在汇兑中产生的损失；中国人民银行天津分行推动天津自贸区租赁公司开展了首单外债意愿结汇业务，推动银行设立了第一个租赁公司外币现金管理平台，推动银行与两家融资租赁公司创新办理了首笔联合租赁业务，这些创新促进了天津融资租赁业的进一步发展以及天津国家租赁创新示范区建设。

此外，为进一步简化通关手续、提高通关效率，促进我国进口租赁飞机这一新业态的发展，天津海关的隶属部门东疆海关和北京、上海、广州等 11 个海关签署了合作备忘录，从而实现对进口租赁飞机业务的跨海关联动监管；国家海关总署和国家税务总局发布的《关于进口租赁飞机有关增值税问题的公告》指出，从 2018 年 6 月 1 日起，对于租赁飞机申报进口监管方式为租赁征税、租赁贸易、租赁不满一年的，停止海关对进口环节增值税的代征，彻底解决了行业中存在已久的重复征税问题。

3. 加速聚集租赁新业态

租赁业目前存在着资产质量低以及同质化竞争等问题，鉴于此天津市继续探索租赁新业态，不断进行业务领域细分，力图与国际市场接轨。2018 年以来，滨海新区集聚了一系列新的租赁业态和租赁模式：在东疆，落户了 LCI、Falko、Milestone、Waypoint 等国际大型通航租赁公司，中瑞通航和上海金汇通航等公司也搭建了租赁平台，使其通航租赁业务的规模不断扩大，租赁业务能力也不断加强，并促使东疆的通航租赁业向着国际化、专业化和多元化不断发展。

此外，滨海新区已将轨道交通、新材料、新能源、无形资产、医疗器械以及汽车等新领域纳入了融资租赁标的范围，大体上覆盖了租赁的主要业务领域。截至 2018 年第三季度末，天津市有 1980 家总部法人租赁公司，其在境内外的总租赁资产已超过 1.3 万亿元，在全国范围内处于第一位。

4. 服务"一带一路"建设

"一带一路"建设的推进，也为租赁行业在"一带一路"沿线国家开展租赁业务及合作提供了新的机遇。在这一国家发展的新战略下，天津租赁业也大力发展"一带一路"建设相关服务。

2018 年以来，东疆的船舶海工租赁产业快速发展，推动国内的船舶、海工平台等高端装备制造进一步走向世界，为"一带一路"沿线国家和地区的发展提供助力；东疆的飞机租赁公司与印度尼西亚、巴基斯坦、格鲁吉亚、尼泊尔、柬埔寨、马来西亚等多国航空公司进行了离岸飞机租赁业务的合作。此外，为促进"一带一路"建设和中国装备制造进一步"走出去"，国有四大发电集团、中国中车、中国中铁、中国铁建、中海油、中远海运、神华集团、中节能、中国铝业等国有企业已在滨海新区设立了融资租赁总部，大力开展融资租赁业务来促进高端装备的出口，从而更好地服务于"一带一路"沿线国家和地区及其相关项目的建设。

（五）外汇市场改革创新情况

1. 金融租赁产业配套外汇制度创新

为使外汇市场更好地服务于金融租赁产业，推动租赁产业做大做强，全力

支持京津冀协同发展，天津市进行了一系列金融租赁产业配套外汇制度创新。天津成为国内首个获批进行外资融资租赁公司外债便利化试点的区域，进一步提高了满足市场主体的实际融资需求的能力，截至 2018 年 11 月，已有 3 家租赁企业获得试点资格，2 家 SPV 通过利用试点政策共享母公司外债额度从而顺利开展了跨境融资业务；东疆获批成为国内首个进行经营性租赁业务时允许以外币来获取租金的地区；支持服务于京津冀协同发展的租赁项目进行跨境融资，引进境外合格投资者进行投资交易，推进境外人民币债券等产品的发行。天津租赁产业的集聚效应正在不断显现，促进了天津国家租赁创新示范区建设，这些金融租赁产业外汇制度的创新将推动天津金融市场的进一步双向开放，为天津进一步提升经济开放水平以及经济的高质量发展提供重要的推动力。

2. 外汇市场改革创新促进资金使用效率提升及跨境投融资便利化

为提高资金使用效率，天津市进行了一系列外汇市场的改革创新。为实现全球不同市场间的资金调拨，天津自贸区开展了跨国公司集团双向人民币资金池业务；通过将 A 类企业贸易收入的待核查管理取消以及实行外商投资企业外债资金、外汇资本金的意愿结汇，将企业的资金周转率提高了近 90%，而且企业也能够更好地管控汇率风险；为发展总部经济和结算中心，天津市放宽了跨国公司外汇资金集中运营管理的准入条件，通过利用国内外两个市场，实现了资源的高效配置，外币资金的集中运营管理能够使跨国公司的平均资金周转率提高超过 50%；通过开展与境外机构的人民币与外汇衍生产品业务，提高了服务于套期保值以及规避汇率风险需求的能力。此外，也通过改革创新来进一步促进跨境投融资便利化。在宏观审慎前提下，天津自贸区内企业和金融机构扩大了境外人民币融资以及在境外发行人民币债券的规模，自贸区内企业的境外母公司也可按规定在境内发行人民币债券，其中募集的资金若用于向集团内设立在自贸区内的全资子公司和集团内成员借款，则不纳入现行外债管理。

（六）天津自贸区改革创新情况

经过多年努力，《中国（天津）自由贸易试验区总体方案》（以下简称

《总体方案》）中的各项金融改革创新任务已经基本完成，为将天津打造成为金融服务完善、金融创新活跃、现代金融集聚的金融创新运营示范区打下了坚实的基础。

2018年3月28日，《进一步深化中国（天津）自贸试验区改革开放方案》（以下简称《深改方案》）审议通过，国务院于5月24日正式批复发布。《深改方案》是天津自贸区进一步深化改革开放的纲领性文件，自贸区管委会将其细化为128项工作任务，其中有22项金融方面的工作任务。《深改方案》是贯彻落实党的十九大、中央经济工作会议以及全国金融工作会议等一系列金融改革发展稳定部署的改革创新试验田，金融改革创新的进一步深化能够提升金融服务于实体经济发展的能力、对金融风险进行有效防控、推动经济金融高质量发展，并为国内其他区域和城市提供更多的"天津经验"。

天津自贸区《总体方案》共有90项改革任务、175项自主创新措施，现已基本落地实施；"金改30条"政策已经全部落地，其中24项措施成效显著，11项措施在全国复制推广，一批改革试点经验和成功案例向全国推广；《深改方案》中的128项任务进展顺利，截至2018年末，已基本完成其中的84项任务，实现了融资租赁特殊目的公司外债便利化以及企业经营许可一址多证等政策上的创新。目前天津自贸区在融资租赁、平行进口汽车业务方面继续保持全国领先水平，截至2018年末天津自贸区累计新登记市场主体达5.1万户，2018年实际直接利用外资15.51亿美元，占全市直接利用外资金额的32%，跨境收支总量占全市的25%，天津自贸区为推动天津市形成全面开放新格局以及实现经济高质量发展发挥了重要的促进作用。

天津自贸区在中国人民银行总行、国家外汇局总局和天津市委、市政府的大力支持下，在金融创新方面的成效显著。

第一，聚焦制度创新，快速发展跨境金融业务。"金改30条"现在已经全部落地实施，市场活力大大提高。2018年自贸区内本外币账户新开立6.1万个，办理跨境收支1692亿美元，占天津市跨境收支总额的25%，跨境人民币结算近3400亿元，结售汇717亿美元，自贸区金融制度创新的不

断推进促进了跨境金融业务的发展。

第二，坚持金融服务实体经济发展，推动贸易投融资服务效率提高。通过"放管服"改革与金融创新的结合，开展了企业开户"绿色通道"、金融集成电路（IC）卡"一卡通"服务以及外汇业务"一站式"综合服务等一系列金融创新，提高了贸易投融资的自由化以及便利化，有效提升了贸易金融投融资效率。自贸区也继续推进简政放权，取消了自贸区内货物贸易 A 类企业贸易收入的待核查管理，银行直接为其办理投资外汇登记，这大大提高了贸易投资的服务效率。自贸区通过允许个人使用经常项下的跨境人民币业务，便利了个人跨境人民币的使用。自贸区内企业开展的全口径跨境融资宏观审慎管理业务，有效拓宽了跨境融资渠道，截至 2018 年 11 月，通过跨境融资，自贸区企业累计获得外债金额 30.4 亿美元，自贸区银行向境外共发放了 178.4 亿元的人民币贷款，这促使涉外企业能够充分利用国内外市场进行融资活动。

第三，基于特色创新政策优势，支持租赁产业做大做强。天津成为国内首个获批外资融资租赁公司外债便利化试点的区域，提高了满足市场主体实际融资需求的能力；天津东疆获批成为国内首个进行经营性租赁业务时允许以外币来获取租金的地区，推出了允许融资租赁中的租金以及售后回租项下的货款支付使用外币等金融创新，使得企业降低了汇兑中产生的成本；创新开展了外汇资金集中运营、联合租赁和外债意愿结汇等政策。这一系列金融创新的实施，进一步推动了天津自贸区租赁产业的发展。

第四，促进京津冀金融协同发展。为将天津自贸区金融改革创新与金融支持京津冀协同发展相结合，中国人民银行京津冀三地分支机构之间深化协调合作，形成工作合力，推动金融机构加大对京津冀协同发展过程中重点领域的金融支持力度，不断完善金融基础设施，促进跨区域的资金投放、产品创新和项目对接，充分发挥天津自贸区在京津冀协同发展中的助力作用。

第五，完善监管制度，有效防范风险。在通过金融创新支持天津自贸区建设过程中，中国人民银行天津分行始终坚持金融创新与防范风险并重，建立完善了统计监管制度，开展定期数据统计和业务监管，加强跨境资金流动监管以及反洗钱等工作，把金融风险防控摆在突出位置，为自贸区金融创新提供了良好的环境。此外，还不断完善银行自律机制，督导银行在开展金融创新业务时要严格遵守相关政策规定，防止利用自贸区创新政策进行违法违规操作；加强跨部门的沟通与合作，自贸区管委会编制的《中国（天津）自由贸易试验区制度创新风险防控措施清单》梳理并提出了金融开放创新的 12 个风险事项和防控措施，通过风险监测预警并及时采取相应措施，稳妥有序地推进金融改革创新发展。

这些金融改革创新政策措施推动了天津金融市场的双向开放，也激发了市场主体活力，为提升天津经济开放水平，有效促进天津经济的高质量可持续地发展做出了重要贡献。

三 天津金融改革创新发展前景展望

近年来，天津市不断推进金融改革创新，已有了许多改革创新成果，未来天津应继续加大金融改革创新力度，促进金融市场效率的提高，并将金融风险控制在可接受范围内，保证金融业的稳定健康发展，充分发挥金融在经济发展中的核心作用，最终推动本区域的经济增长。

（一）加大金融服务运营创新力度

未来天津市将继续进行金融服务改革创新，不断提高金融服务水平。继续提高金融机构的专业服务人员和团队的服务能力，及时收集企业金融方面的需求，与国际高标准投资贸易规则进行对接，继续推进天津市金融开放制度创新；进一步开展金融服务创新，为重点项目提供高效的政策咨询与协调服务，促进外资金融项目办理工商注册和税务登记的便利化；继续开展金融创新来满足民营和小微企业的金融需求，进一步提高金融服务于实体经济发展的能力；积极配合国家发展战略，继续加大与京津冀协同发展及"一带一路"建设相关的金融创新力度。

（二）加快国家租赁创新示范区建设

为建设天津国家租赁创新示范区，促进天津金融租赁产业向国际一流租赁集聚区看齐，天津市制订了促进租赁业进一步发展的升级版方案。继续支持市内优质租赁企业的国际化发展，保持飞机、船舶和海洋工程结构物等领域现有的跨境租赁业务优势地位，推动国际知名租赁公司在天津市设立机构与开展业务，积极开展高铁等高端装备出口租赁业务，提高对融资租赁案件的专业化审判水平，为租赁公司出口租赁业务和离岸租赁业务提供优惠的企业所得税政策支持，增强国际竞争力，不断提高天津金融租赁业在国际上的影响力。

（三）增强金融市场主体生机活力

天津市应把握金融改革创新的历史性窗口期，不断增强金融市场主体的生机活力。聚焦京津冀协同发展、"一带一路"建设、自贸区建设以及国家自主创新示范区建设，在国家发展战略和发展格局中找准位置，不断推进金融产品和服务创新；围绕支持经济高质量发展这一金融发展的根本要求，将更好地服务于实体经济发展作为金融发展的目标，积极开展促进市场发展和经济发展的金融产品及金融业态创新，打造创新驱动发展新引擎；充分利用现有的各项金融创新政策，不断巩固和扩大现有金融创新试点的规模和红利效应，增强金融创新成果的可复制性和可推广性；在金融改革创新过程中也要坚守安全底线，既要深化改革和创新，又要防范随之出现的潜在金融风险、确保金融运行安全。

（四）激发资本市场活力

目前天津市资本市场活力有待进一步提高，存在企业资本市场意识差、参与度低以及市场活跃度不足等问题，资本市场基础设施建设水平以及参与者总体水平仍不高，激发资本市场活力在建设金融创新运营示范区过程中仍需要继续强化。

天津 OTC 与天交所进行整合之后，作为天津市唯一一家区域性股权市场运营机构，进入了快速发展阶段。应继续促进天津区域性股权交易市场的发展，增强社会对于多层次资本市场的认可，激发资本市场活力，为天津资本市场打造良好的生态环境。要加大天津四板市场创新发展的支持力度，首先要完善政策对接兑现机制，将市场与扶持政策环节紧密结合；其次要建立政府与市场的服务合作机制，对上市后备企业实施统筹协调与服务，特别是配合国企混改工作开展国企股改挂牌服务，从而提高国有资产证券化率；最后要继续支持资本市场业务创新，进行业务试点的先行先试，推动京津冀四板市场互联互通，支持企业一地挂牌、三地互通，从而进一步满足企业直接融资需求并激发资本市场活力。

（五）深化金融协同创新与合作

为支持京津冀协同发展，天津市也应不断促进金融协同发展。应利用好中国人民银行京津冀各分支机构之间的协调机制，将天津自贸区金融改革创新与金融支持京津冀协同发展结合起来，加大对京津冀协同发展重点领域的金融支持力度，加强跨区域金融基础设施建设以及金融协调与合作，形成工作合力。天津金融机构在为京津冀重大项目提供资金支持，从而促进京津冀协同发展的同时，京津冀项目也拓宽了天津金融机构的服务领域，为其进一步发展带来了新的机遇，所以应继续推动天津金融与京津冀的协同发展，实现三地共赢发展。

（六）扩大金融开放

天津市应继续扩大金融业高水平双向开放，创造市场化、法治化以及国际化的营商环境，提升金融服务于实体经济发展的能力，推动天津市经济的高质量开放发展。应充分把握"一带一路"建设的国家发展战略，通过加强与"一带一路"沿线国家、地区及相关项目的金融合作与金融创新，进一步扩大金融开放，并继续深化市场化改革，从而推动经济与金融的高质量发展。具体来说，应推进自贸区账户体系建设以及融资租赁等金融业务的创

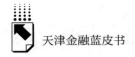
新，进一步推动与国外的金融交流合作以及中资金融机构的国际化发展；支持存量外资金融机构拓宽业务范围，并逐步放宽外资准入限制，引进外资金融机构在天津落户；通过完善金融相关制度与政策体系，优化金融发展环境，提升金融服务水平，吸引国际化金融人才以及各种金融资源在天津集聚，稳步提高金融开放水平，促进天津市金融竞争力和影响力的提高以及金融资源配置能力的进一步提升。

（七）加强国际金融交流合作

未来天津市应继续加强与外资金融机构的深度合作，促进国际金融交流合作。应充分利用渣打、高盛等在天津开展业务的外资金融机构，通过与其总部进行政策等方面的交流，引导其扩展在天津的金融机构规模；对于已在国内开展业务但没有设立机构和已在国内设立总部但没有在天津设立分支机构的外资金融机构，尤其是对于这两类机构曾在天津发展的外资金融机构的境外母公司，组织其来天津交流考察，向其介绍天津拥有的金融开放政策和天津金融营商环境方面的优势，吸引其到天津落户和发展；利用世界智能大会、中国企业国际融资洽谈会暨民企投融资洽谈会、天津与伦敦金融城合作培训工作机制等已有交流平台和机制，通过定期开展活动、派金融专业人员到国外进行交流培训，推动国际金融交流合作。

（八）吸引和集聚高端金融人才

为吸引和集聚高端金融人才，天津市应完善基础建设，建立健全高端金融人才服务管理体系，努力加强外籍人才通行和居住方面的便利，从而提高对国内外高端金融人才的吸引力。天津市应深化外籍高层次人才永久居留机制，为天津市金融机构雇用外籍高端人才提供人才签证的申请便利，并且从高端金融人才的个性化需求出发，创造能够满足国内外高端金融人才生活及事业发展需求的社会环境，如允许符合条件的外籍金融人才在天津购买住房与汽车，并办理相应的产权登记手续。

此外，融资租赁作为天津金融业的特色及优势产业，要进一步引进和培养相关的专业人才，促进天津市融资租赁业的进一步发展。天津市租赁行业协会应加强与高校的合作，通过在高校内设立实践基地，培养产学研相融合的融资租赁专业人才。天津市高校应坚持问题导向和需求导向，与市融资租赁业的发展需求进行对接，为天津融资租赁业培养和输送更多熟练掌握现代融资租赁实践技能的应用型、复合型、创新型融资租赁人才。

专题报告

Special Research Reports

B.9
加强自贸区软实力建设分析

王爱俭*

摘　要： 自贸区作为中国由"经贸开放"向"制度开放"转变的重要
载体，在国家层面探索全新对外开放方式与对外合作模式过
程中起到不可替代作用。本报告首先分析了自贸区发展的硬
实力和软实力，其次重点对软实力的主要内容、软实力建设
的现存难题进行阐述，最后提出了加强软实力建设的对策建
议。自贸区软实力发展应注意公共服务、信息服务、制度完
善、人才吸引、营商环境及文化吸引几个方面。为加强自贸区
软实力建设，应打造综合商务信息平台、强化自贸区行政管理
法制建设、建立专业人才储备体系、优化综合国际营商环境。

---

* 王爱俭，教授，中国滨海金融协同创新中心主任，天津市政府参事，研究方向为国际金融、
汇率定价。

关键词： 自贸区　软实力　对外开放

自贸区作为中国由"经贸开放"向"制度开放"转变的重要载体，在国家层面探索全新对外开放方式与对外合作模式过程中起到不可替代的作用。各自贸区的设立均以对接国家重要战略为依托，以服务区域经济发展为落脚点，以制度创新为突破，以高水平对外开放为目标，为中国经济"走出去"搭建重要的试验平台。

一　自贸区发展的战略选择——硬实力与软实力

自 2013 年 9 月国务院批复成立中国（上海）自由贸易区以来，自贸区如雨后春笋一般在全国迅速铺开，先后成立了包括天津自贸区、广东自贸区等在内的 11 个自贸区。这 11 个自贸区遍布全国主要省区市，其发展对自贸区所在城市乃至整个区域起到了显著的经济带动作用。然而在中国面临经济增速放缓、产业结构调整和全球不确定性因素激增的背景下，以自贸区带动城市经济乃至区域经济发展的动力效果也逐渐弱化。与此同时，自贸区之间同质化竞争日益激烈，存在显著的区域功能定位趋同、产业布局重叠、同质化竞争等一系列问题。尽管各自贸区在设立时提出了明确的定位（见表 1），但从实际建设情况来看，更多强调自身的区域禀赋优势，服务各自所在城市或区域，服务内容质量的提升路径差异性不足。

表 1　全国自贸区的具体定位与产业布局

自贸区名称	具体定位	重点产业
上海自贸区	建设开放和创新融为一体的综合改革试验区、建设开放型经济体系的风险压力测试区、打造提升政府治理能力的先行区、构建为服务国家"一带一路"建设及推动市场主体"走出去"的桥头堡	国际贸易服务、金融服务、专业服务、国际物流服务、国际航运服务、离岸服务、现代商贸、总部经济、航运金融、高端服务业、战略性新兴产业

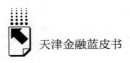
续表

自贸区名称	具体定位	重点产业
广东自贸区	打造开放型经济新体制先行区、高水平对外开放门户枢纽和粤港澳大湾区合作示范区	航运物流、特色金融、国际商贸、高端制造、金融、现代物流、信息服务、科技服务等服务业；旅游休闲健康、商务金融服务、高新技术产业
天津自贸区	以制度创新为核心任务,致力于打造京津冀地区的对外开放高标准窗口和自贸区,在全国范围内先行先试,进行制度创新	航运物流、国际贸易、融资租赁,航空航天、装备制造、新一代信息技术和研发设计,航空物流,以金融创新为主的现代服务业
福建自贸区	营造国际化、市场化、法治化营商环境;在对台的有利地位中持续将两岸交流进行深化;致力于打造21世纪我国海上丝绸之路的关键性区域,继而形成对外开放合作的新窗口	国际贸易、保税加工和保税物流、商贸服务、航运服务、现代物流业、金融服务业、新兴服务业、旅游服务业、高端制造业
浙江自贸区	在制度创新的基础上,努力打造东部区域的关键性开放门户,引领区域对外开放,便捷世界的大宗商品交易,提高全球影响力	发展油品等大宗商品储存、中转、贸易产业、保税燃料油供应服务、保税物流、仓储、制造,发展航运、海水利用、海洋旅游、高新技术现代商贸、水产品贸易、金融服务、信息咨询等
辽宁自贸区	对于中央下达的市场体制改革任务迅速落实到位,加快结构性转型步伐,振兴东北老工业基地,扩大对外开放	港航物流、金融商贸、先进装备制造、高新技术、循环经济、航运服务、汽车及零部件、航空装备、商贸物流、跨境电商、金融、新一代信息技术、高端装备制造业
河南自贸区	推动现代化物流体系和立体交通体系建设,达到东西相连、南北贯通的目的,为"一带一路"的现代化建设在交通方面做好铺垫	智能终端、高端装备及汽车制造、生物医药、国际商贸、跨境电商、现代金融服务、服务外包、医疗旅游、创意设计、商务会展、动漫游戏、文化传媒、文化金融
湖北自贸区	对接中央部署,在中部地区建设高技术新兴产业基地,重点推动产业转移工作,带动中部地区经济发展,服务长江地带经济建设	新一代信息技术、智能制造、国际商贸、金融服务、现代物流、检验检测、信息服务、新能源汽车、大数据、云计算、商贸物流、生物医药、电子信息、总部经济
重庆自贸区	积极发挥战略连接点以及支点的作用,建设成为西部地区的开放门户,继而拉动西部经济发展	高端装备、电子核心部件、云计算、生物医药、总部贸易、服务贸易、电子商务、展示交易、仓储分拨、融资租赁、保税物流中转分拨、国际中转、集拼分拨

自贸区名称	具体定位	重点产业
四川自贸区	同为西部地区的开放门户,肩负助力西部开发的使命,建设开放下的内陆经济高地,同沿海城市群共同发展	现代服务业、高端制造业、高新技术、临空经济、口岸服务、国际商品集散转运、保税物流仓储、国际货代、整车进口、特色金融、信息服务、科技服务、港口贸易、装备制造、现代医药、食品饮料
陕西自贸区	主要以"一带一路"为着手点助力西部大开发,借以推动西部地区的对外开放,落实改革开放具体要求,促进沿线国家的文化交流与经济协作	战略性新兴产业、高新技术产业、高端制造、航空物流、贸易金融国际贸易、现代物流、金融服务、旅游会展、电子商务

造成这种情况的原因主要在于,当前各自贸区的发展更加注重的是"硬实力"而非软实力建设。所谓软实力,指的是在竞争中,建立在文化、环境、公共服务、民众素质等无形因素之上的,体现为该地区文化影响力、政治吸引力、市民凝聚力、环境舒适力、形象亲和力等方面的力量;而硬实力是相对软实力而言的,具体来说是指依托经济、科技和硬件设施等有形资源直接作用于城市发展的支配性力量。上文提到的自贸区利用地理位置服务区域经济发展即硬实力的体现。

然而,由于软实力体现的是一种综合实力,是抽象的,因此政府的短期目标与软实力发展的长期效应形成了矛盾:当前地方政府在发展经济过程中具有一定的"短视性",往往更加注重城市或区域发展能够短期出成果的项目。而软实力对城市发展的作用具有显著的长期效应,这就意味着短期的投入可能不会产生立竿见影的效果,因此软实力建设缺乏显著动力。

实际上,软实力相较于硬实力而言具有显著的优势。首先,软实力能够避免自贸区之间的同质化竞争。由于软实力的抽象性,不同自贸区之间软实力的呈现形式必然不同,这就能够使各自贸区在软实力方面拥有不同的特征,在很大程度上避免同质化竞争带来的资源浪费。其次,软实力能够提升自贸区的长期吸引力。硬实力通过物质性资源为经济增长提供显性动力,但

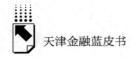

过度依赖这种显性动力容易形成惯性，使自贸区的发展产生结构性问题；而软实力能够通过隐性作用引导实物资源合理配置，提升资源配置效率，最终为自贸区的可持续发展提供动力。

因此，破解当前各自贸区可能存在的竞争趋同问题，应当转变方针，充分发挥各地区在软实力方面的特点与优势，最大限度地挖掘自贸区服务本地乃至所属区域经济的发展与对外开放潜力，使自贸区的服务功能上升至一个新的平台和高度。

二 自贸区软实力的主要内容

软实力源于一个国家、区域乃至城市的文化、制度和价值观，表现为对他人的吸引力、认同感和同化力。软实力一般来说主要包括四个重要内涵：①软实力隶属于竞争力，并是其重要的组成部分；②软实力来源于非物质要素，是一种综合素质的体现；③软实力是积极向上的力量，其发挥作用的目的是服务于区域经济和社会的可持续发展；④软实力可调动硬实力资源，发挥典型的杠杆效应。

当前已有文献针对城市的软实力及其指标评价体系的构建做出讨论与分析。大部分已有成果认为，区域或城市的软实力主要体现在以下六个层面：区域文化、人力资源素质、政府公共服务、区域形象、区域融通和区域创新。对自贸区而言，城市软实力的定位相对更大，并不是所有内涵都可直接生搬硬套至自贸区的软实力建设当中，因此需要进一步对这六个层面进行筛选甄别，同时演化出新的功能特征，以反映出自贸区的真实软实力。

笔者认为，自贸区软实力的发展应包括以下六个组成部分（见图1）。

第一，公共服务。政府的服务效率与服务覆盖面是决定政府提供公共服务质量的决定性因素。从显性服务方面来看，日常业务的审批层次、公共设施建设情况均能直观地体现出政府公共服务的质量；而从隐性服务方面来看，公众对政府服务的满意程度就成为重要的反馈信息，反映出政府公共服务的质量。

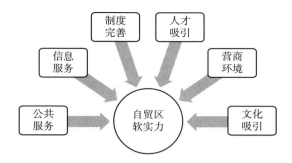

图1　自贸区软实力的主要组成部分

第二，信息服务。在当前大数据时代下，信息成本成为自贸区为外部客户提供服务的重要制约。对于拥有完备信息数据的自贸区，应该拥有全方位、多维度的信息搜集与处理平台为客户提供服务。该数据信息应当既包含基于货物港口贸易的相关内容，也包含以贸易为基础衍生出的多样化数据信息服务。各自贸区可根据自身的服务特征提供具有个性化的数据服务。

第三，制度完善。一个高效的、具有吸引力的自贸区一定是在一个"有规矩"的框架下最大限度保持自身活力的区域。国家赋予自贸区相对自主的制度设计，特别是负面清单设计，这就需要各自贸区充分讨论如何发挥负面清单对提升自贸区服务活力与对外吸引力。不仅如此，还应当充分发挥自贸区改革先行先试的政策优势，深化完善基本体系，突破瓶颈、疏通堵点、激活全盘，加快形成法治化、国际化、便利化的营商环境和公平、统一、高效的市场环境。

第四，人才吸引。自贸区对人才的吸引不仅应当从硬实力出发，而且应当强调软实力的作用。吸引人才在自贸区工作，不应当仅仅依靠薪资收入、发展前景等工作方面的丰厚条件，还应当从人才的衣食住行方面，为其提供全方位保障，形成品牌效应，为不同类型的人才提供个性化服务，提升他们的文化认同感和舒适度，最终对全国乃至全球人才形成长期持续的吸引力。

第五，营商环境。营商环境作为商业活力的决定性因素，直接影响着自

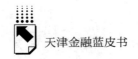

贸区在运营过程中的创新能力和活跃程度。所谓营商环境指的是企业在开设、经营、贸易活动、纳税、关闭及执行合约等方面遵循的政策法规所需的时间和成本等条件。2019 年国务院政府工作报告中明确指出，要激发市场主体活力，着力优化营商环境。自贸区作为多样化业务创新的摇篮，必然需要更好的营商环境作支撑。

第六，文化吸引。文化软实力是文化和意识形态吸引力共同作用下形成的力量，是各国制定文化战略和国家战略的重要参照系。自贸区在建设与发展过程中，同样需要外部对其有"文化认同感"，应当在中国文化战略的基础上，衍生出符合自身港口、所在城市乃至区域的文化特色。中国地域广阔，在文化方面具有极强的包容性，因此各自贸区也应当结合本地特色，打造包括文化产业园区在内的文化品牌，体现地方特色，吸引更多潜在客户和业务，加强文化品牌效应。

三　我国自贸区软实力建设的现存难题

第一，自贸区内各部门信息共享能力不足。从目前情况来看，一些自贸区已经建立起了独立、全方位的自贸区信息化管理平台，实现了各行政部门之间的信息互通，但仍有一些自贸区存在不同部门之间信息数据格式不一致、信息平台覆盖面不广、部门上传相关信息不及时等问题。这将导致自贸区内信息收集与处理效率低下，不利于自贸区内各项业务的开展。

第二，行政管理效率不高。部分自贸区在划片过程中被人为分割成不同区域，而这些区域又隶属于不同的平行行政辖区，这就使得行政部门在监管过程中可能存在多头管理或管理真空的情况。在管理创新意识不够的情况下，容易造成业务开展滞后或业务风险积累的情况。

第三，人才吸引手段相对单一。大部分自贸区吸引人才入驻的主要手段为高薪资、落户及配偶、子女的工作和学习问题，这对于东部沿海自贸区而言是得天独厚的优势，最终可能导致人才分布"东重西轻"的情况。这将不利于全国自贸区整体布局和均衡发展。

四 加强自贸区软实力建设的对策建议

1. 打造综合商务信息平台，实现跨区信息联动

一是要大力推动区内公共信息平台建设。由地方政府或自贸区管委会牵头，成立信息平台建设小组，对共享信息平台建设提供智力支持，并不断扩大共享平台覆盖面，包括海关、检验检疫、海事等单位信息，有条件还应进一步扩大至其他服务类别，包括金融服务、法律服务等。二是要积极引入和培育以营利为目的的信息平台公司，构建具有地方自贸区特色的数字化信息平台。针对自贸区主要服务内容，吸引外部互联网企业或培育本土有潜力的信息平台企业，建立私有化的、付费的个性化信息服务平台，形成地方自贸区信息服务特色，为地方自贸区发展提供更加优质和个性化的服务。三是探索自贸区黑名单制度，对失信企业予以严格监管，动态管理失信企业各方面信息，定期发布黑名单，以信息披露防范经营风险。

2. 强化自贸区行政管理法制建设，优化综合政策与法制环境

一是要加强各部门间的沟通协作，简化行政管理审批流程。自贸区内各部门、自贸区与各省区市以及自贸区与国家相关管理部门之间应建立起完整的沟通协调平台，尽快完善管理协调和监管协调机制，最大限度地提升行政管理及监管效率。二是深化涉外投资管理体制机制改革。持续放宽市场准入，并配备相应的完整政策架构系统，对于准入前的国民待遇加上以负面清单为主的管理模式要继续坚决实施，并适时进行改革创新，特别是在减少投资成本及营运成本、支持总部经济、促进落实重大项目、保障用地等领域，从而吸引高质量的海外投资。三是要强化对中西部自贸区政策支持的强度和持续性。东部沿海自贸区往往在人才竞争方面具有绝对优势，中西部自贸区的人才吸引力相较较弱。政府方面应该立足于西部地区的现状和基础，因地制宜地实施政策，营造合适的政策环境，带动区域发展。

3. 建立专业人才储备体系，建立自贸区"智囊团"

一是要结合本土文化优势与特色，吸引外部人才入驻。定期在自贸区内

举办文化活动，形成符合地方特色的"标签"；设立以本土文化为核心的文化产业园区，与互联网企业联合打造本土文化品牌。二是要强化自贸区与本地高校的结合。本地高校可在自贸区引入代表企业专业人士作为校外专家在本校开展讲座，自贸区企业也可为本地高校优秀毕业生提供招聘政策倾斜，留住本地培养的优秀高级人才。三是要建立校、政、企三地协作关系，充分发挥自贸区特色。结合本地自贸区的产业特色，通过政府政策引导、高校专业培养、企业大力引进的方式，形成"专业人才吸引与培养产业链"，逐步建立自贸区"智囊团"。

4. 优化综合国际营商环境，打造中国综合软实力竞争品牌

一是深化涉外投资管理体制机制改革。持续放宽市场准入，并配备相应的完整政策架构系统，对于准入前的国民待遇加上以负面清单为主的管理模式要继续坚决实施，并适时进行改革创新，特别是在减少投资成本及营运成本、支持总部经济、促进落实重大项目、保障用地等领域，从而吸引高质量的海外投资。二是努力提升营商环境水平。金融创新需围绕人民币国际化来进行，并相应地推动法律与信息服务的创新，加大人才交流力度，提高服务效率，规范管理行为，减少综合成本。三是打造中国文化产业品牌效应。以中国文化产业为依托，以自贸区为输出端口，大力扶持文化产业发展，提升中国文化产业在全球的认同感，形成全球中国文化产业市场，提升中国文化产业输出效率和质量。

中国自贸区的建设，基于自身硬实力发展与升级能够凸显中国在全球经贸竞争中产品与服务的优势，而基于软实力发展强化中国制度开放与交流仍任重道远。因此应当进一步加强软实力建设，提升中国在全球竞争当中的认同感与吸引力，最终在全球贸易、金融交流的新规则、新制度形成中占据更多的话语权与主导权。

B.10
天津自贸区金融发展报告

周胜强　钱静文 *

摘　要：　本报告聚焦于 2018 年天津自贸区的金融发展情况。首先对天津自贸区的发展状况进行了分析，特别是对金融发展状况进行了介绍；其次分析了天津自贸区金融发展优势及现存问题；最后针对进一步助推天津自贸区金融发展提出了对策建议。如今天津自贸区 "金改 30 条" 已全部落地，租赁业形成示范效应，债券业务得到创新发展，跨境金融业务多点开花，逐步形成有天津自贸区特色的产业——金融发展模式。不过天津自贸区在金融发展方面依然存在融资服务手段相对单一、风险控制能力较弱的不足，应提高金融服务创新能力、发展多种金融服务手段、科学建立风险管理机制、积极探索建设自由贸易港。

关键词：　天津自贸区　京津冀协同　金融租赁　东疆模式

2018 年 5 月，国务院印发的《进一步深化中国（天津）自由贸易试验区改革开放方案》明确强调，到 2020 年，天津的营商环境要趋于国际化、法治化、便利化，建成开放型经济下的全新体制，提高国际竞争力，打造服务于京津冀区域协同发展的优秀示范区。京津冀协同发展过程中要有资源的

---

* 周胜强，中国人民银行天津分行营业部，经济师，研究方向为金融监管；钱静文，天津财经大学金融学院硕士研究生，研究方向为金融发展、区域经济。

优化配置、对外开放的优越环境以及广阔有利的平台。建设自由贸易港也可以在很大程度上服务于京津冀协同发展，成为其有效推动力。自由贸易港是自由贸易区建设的升级，对于扩大对外开放、提升贸易便利化、完善口岸服务模式、优化外商投资的准入等方面具有重要的引领和导向作用。自贸区还可以依据区域内的自身发展需求，构建合理的现代化服务业制度体系，促进京津冀协同发展。

一　天津自贸区发展情况

（一）总体发展情况

天津自贸区始终致力于制度创新，借鉴国际可复制经验，推广实施金融、投资、贸易以及政府服务等约 400 项改革举措，将跨境的人民币与外币资金池、债券发放、投融资等转向更加便捷的方式，为天津营造市场化、便利化、法治化、国际化的优质营商环境，为京津冀协同发展服务。

天津自贸区拥有得天独厚的资源优势和优越的地理位置，功能也较为全面，再加上滨海新区和自贸区的叠加效应，吸引了大量国外投资者来此投资。作为金融租赁创新的全国领先示范区，现已有超过 3500 家租赁公司落户，并拥有超过 1 万亿元的租赁资产。目前有德国汉莎、空中客车等世界著名航空公司坐落在天津自贸区，是亚太地区一个主要的航空制造维修基地。平行进口汽车的进出口总量均占到我国总体的七成以上。包括商业保理、生物医药、股权基金、智能制造、数字经济、新材料新科技在内的多个新兴产业得到飞速发展。自贸区成立后的这几年来，共有 5.3 万家公司在此注册，其中有 2453 家外资公司，并拥有 4431 亿元注册资本金，天津市 12% 的地区生产总值来源于此，此外还有 2/3 的对外投资额以及 1/4 的外资实际利用总额和近三成的外贸进出口总额，有效推动了天津经济的高质量发展。

1. 总体改革创新工作达预期目标

挂牌三年多来，天津自贸区改革创新蹄疾步稳，以制度创新为核心，在"放管服"改革、投资贸易便利化、金融开放创新等方面形成了一批在全国有影响力的创新经验，改革开放红利充分释放。2018 年，已基本完成《总体方案》当中的 90 项任务和两批 175 项自主创新措施，《深改方案》中的 128 项任务已完成 77 项，其中 2018 年的 84 项任务已完成 64 项；累计新增市场主体 5.1 万户，是自贸区设立前的 2.3 倍，培育了一批新兴贸易金融业态，具体包括进口商品直营、商业保理、融资租赁、跨境电子商务、汽车平行进口等产业。

2. 投资管理服务效率进一步提升

天津自贸区认真落实 2018 年版负面清单，累计新增加外商投资企业 2353 家，99% 以上的企业已经通过备案设立，注册资本金合计达 4331 亿元。投资管理服务效率进一步提升，境外投资项目（3 亿美元以下）由核准改备案，备案时间只需一天。设立"一站式"服务平台，方便对外投资合作，境外所得税收抵免政策得到进一步贯彻，积极支持企业利用知识产权进行境外股权投资，已经备案的境外企业机构累计达 207 家，中方投资额也超过 200 亿美元。天津自贸区已经分批次推出的贸易便利化举措超过 80 项，率先进行航空维修RFID 物联网、试验用特殊物品准入、出口货物专利纠纷担保等监管服务模式创新。与此同时，进一步完善海关税款担保模式，为企业担保授信难问题提供了解决办法；实施原产地自主声明和原产地预裁定制度。

3. 服务京津冀协同发展趋势明显

天津自贸区积极响应国家京津冀协同发展战略，在支持重点产业项目建设方面，制定相关产业政策，扶持自贸区金融租赁和融资租赁企业向北京、河北等地投放 112.54 亿元以支持两地相关产业发展项目，截至 2018 年底，扶持政策效果良好，区内新增市场主体中，超过半数的企业来自京津冀地区，值得一提的是，报给国务院的 31 个创新实践案例与 127 项试点经验里，京津冀三地分别占了 3 个和 15 项，并积极推广到全国。在服务京津冀整体战略方面，天津建成东疆进口商品直营中心，并成为一种全新的贸易模式。

截至 2018 年末，现已批复设立的共有 16 家直营中心，红利已覆盖京津冀大部分地区居民。

（二）各片区发展情况

1.天津机场片区

（1）航空制造和保税维修产业。截至 2018 年末，相继有包括航空租赁、维修、制造、金融服务在内的 60 多个航空项目在天津入驻。其中有 5 个世界五百强公司项目，15 个龙头项目。

（2）高端制造业。天津机场片区目前汇集了维修、制造、高端研发、培训等相关产业，此外还拥有工程机械、润滑油以及粮油加工等高端的制造业。卡特彼勒作为全球五百强公司斥资 4 亿多美元投资了 6 个项目，此外法国道达尔、韩国 SK 润滑油等知名国际企业都投资在该区。

（3）平行进口汽车产业。截至 2018 年末，已经有 28 家公司、4 个平台在机场片区内试点，另有 22 家仓储作为备案试点。平行进口汽车首先在此开展了保税仓储业务，相关的监管手段也随之出台。在省级汽车平行进口服务机构建立方面，天津也是率先开始，并可同时审批进口车的检测线。如今平行进口汽车已有 2.0 版的全新销售模式，典型例子是滨海汽车城，目前已经实现在保持线下体验等功能的基础上将配送结算、批发零售、境外购买、金融服务等功能移到线上，而摒弃原有传统的线下模式。

（4）跨境电商行业。"一中心、多仓库"的全新模式在此建立，并坐拥海空港查验场站与跨境电商物流中心，引来包括唯品会、菜鸟、京东在内的诸多业内龙头企业落户天津，并获得可观的业务额。截至 2018 年末，区内已有占到全市七成的 1500 余万单的跨境电商单量和近 20 亿元的交易量，仅 2018 年就有 1700 万单之多，其中 1000 万单落在机场片区，15 亿元的交易额随之而来。无论是参与企业数量还是总单量都在天津排第一名。

2.天津港东疆片区

（1）融资租赁业。在租赁行业中"东疆模式"已经名扬在外，在全国占有绝对优势。跨境租赁如飞机、海工、船舶等的比例均在我国总量的八成以上，优势巨大。特别是飞机租赁，作为飞机租赁中心，天津东疆的总体量已达到全世界第二名，随着国内出台第一个保税租赁业务制度，有多个创新项目居国内前几名，包括外债改革的便利化倾向、监管飞机的跨关区、对离岸租赁登记对外债权、收取具有经营性质的租赁获得的外币租金等。整体来说，租赁业在保持国内优势地位的基础上继续平稳发展。

（2）投资便利化。天津自贸区的宗旨是服务企业，来津洽谈的企业因天津东疆片区"放管服"改革而带来的利好而倍感投资的便捷性。2018 年东疆相继出台多个方便投资的政策。例如，创新模式"政务服务 + 互联网"的应用，东疆也发放了国内第一个以手机为载体的电子化营业执照；同时东疆也作为第一个启用单一的表格和窗口的系统以使外商在天津市投资做工商登记和商务备案；也让税库银纳税更加方便。与此同时，《深改方案》得到了很好的落实，特别是里面的"一址多证"对于业务的发展有着重大的现实意义。多个便利化政策的出台也吸引了越来越多的企业前来投资，正发挥着它独有的集聚作用。

（3）国际贸易。上述多个促进投资政策的出台必然会带来政策红利。2018 年进口式消费借助第一届在国内开展的国际进口博览会以及"双 11"购物节的契机得到了难得的提升机会，实现飞速发展，吸引了大量进口保税品通过港口涌入国内。天津自贸区凭此契机也减少了物流花费，提高了通关效率，根据是否保税将商品分成两大类，并据此进行分类监管，收到了良好效果。第一批东疆海丰仓库的集装箱（其中保税的 2 个，不保税的 16 个）在入库后得到了分别的监管。这种监管方式逐渐成为天津自贸区的一大监管特色，也对区内仓储出租率的增加发挥了重要作用，进一步有利于贸易的便捷度。

（三）滨海新区中心商务片区

（1）高端服务业。在自贸区的中心片区内，科技技术、社会服务、现代金融、专业服务、商贸服务等都是受到格外重视的产业。同时区内也不忘金融业的创新，诸如商业保理、科技金融、跨境金融、融资租赁、互联网金融等都显示出勃勃生机。商贸服务业方面，重点发展总部经济、跨境电子商务和国际商品展示交易；科技及信息技术产业方面，重点发展科技服务业和信息技术服务业；专业服务业方面，重点发展法律、会计、商事、知识产权、人力资源及留学中介、旅游等服务业；社会服务业方面，重点发展文化创意、教育、医疗卫生等产业。

（2）央企承载地。中心商务片区始终以京津冀协同发展为战略核心，在贸易便利化、创新发展、产业转移等方面都尽力与其他两地做到协同发展，并尽责将北京的非首都功能渐渐承接过来，缓解压力，如首都的金融机构、企业总部甚至人才技术等。截至 2018 年末，区内已经拥有 400 多家持股平台、贸易公司、供应链金融公司、投资类公司，有着 3000 亿元以上的注册资金，另有 16 家比例在国内半数以上的商业保理企业，且都有央企在其中参股。

（3）产融结合试点区。中心商务片区也在努力打造实体企业与金融机构的沟通桥梁，比如主题研讨会、产融对接会的开展。有意识地引导资金流向，更倾向于医药健康、科创投资、文化创意、智能制造、国企混改等领域，这也是促进脱虚向实的体现。目前中心商务片区已是相关行业在产融结合领域的公认交流平台。

二 天津自贸区金融发展现状

天津市是北方航运中心，作为一个国际化港口城市对于带动经济及京津冀一体化乃至促进整个华北地区的发展方面都有着重要意义。国务院在 2014 年 12 月 12 日将天津设为中国北方首个自贸区，印证了天津的重要地位。天津也是国内少数几个拥有金融业务全牌照的地区，现已大体形成了以信托、银行、证券、保险为核心行业，以消费金融、融资租赁为补充的多层次金融系统。天津自贸区未来还需使新兴金融业态与高新制造业相融合，实现创新高效的产融结合，打造天津特色产业品牌。

（一）租赁业形成示范效应

融资租赁一直以来都是天津金融业的特色支柱，合同余额占全国的三成，有效地将实体经济与金融联系到一起。天津的融资租赁业目前展现出国际化、专业化、精英化的特征。2018 年，天津针对融资租赁公司开展的改革，主要目的是便捷外债，也就是说，租赁公司旗下的 SPV 只要注册地在天津便可拥有其母公司的外债额度，在此之前是行不通的，这更加便于企业的发展。这一政策的出台使得船舶、飞机等租赁公司的融资难题得到有效改善和解决，特别是跨境融资更加方便。

目前，联合、出口、保税等超过 40 种租赁业务都能在天津自贸区找到踪影，以专家和管家相结合的服务系统将业务囊括了海工、船舶、电力设备、飞机、轨道交通甚至是无形资产等行业。截至 2018 年上半年，已有超过 3000 亿元的跨境人民币结算额，1517.4 亿美元的跨境收支总量以及 5.6 万个新的本外币账户。天津自贸区经历了多回试点，大胆尝试，摸索出现在外债便利化的最佳发展方式，不再收缴具有经营性质租赁业务的外币租金，切实为企业考虑，创造更为便捷的融资环境。近年来，自贸区始终坚持制度创新引领改革，围绕实体经济产业进一步推动改革浪潮。

（二）"金改30条"全部落地

融资租赁虽然是天津金融的特色产业，但也只是其创新改革的一部分。自挂牌以来，天津自贸区就进行了多项金融改革。截至 2018 年末，"金改 30 条"已经在天津悉数落地。区内 7 批次 56 项创新案例得到公开。截至 2018 年上半年，天津自贸区内的市场主体已经有大约 5.6 万个本外币账户被建立，同时拥有超过 3000 亿元的跨国人民币结算额和 1517.4 亿美元的跨境收支总量。制度创新与金融进一步开放都促进了自贸区的发展，也对其他公司的入驻带来吸引力。这种绿地森林效应正在自贸区中渐渐形成，参与主体充分享受到了改革红利，对于全市开放格局的进一步打开有着积极作用。

（三）债券业务创新发展

近年来，天津自贸区充分发挥"金改30条"的政策优势，积极探索创新型直接融资手段，尤其在创新债券发行方面，天津自贸区走在了全国前列。

自2017年以来，在天津自贸区注册的中资企业境外债券发行规模及数量同比呈现迅猛增长态势。天津自贸区中某银行凭借与境外机构达成一致进行联合营销的方式，向一个市内大型国企发行债券。这种债券是不需要抵押品的，息票率不变，并能协助企业资金回流，保证境外资金安全回流境内使用。利用NRA账户衍生品业务为客户量身打造汇率风险管理方案，开拓了企业的境外融资渠道，同时降低和锁定融资成本。银行通过帮助企业"走出去"参与境外直接融资，充分利用自贸区政策，提升区内企业融资便利性，用于支持企业发展，切实服务实体经济。

此外，在央行的支持下，2017年某银行天津分行为天津自贸区内的天津国投津能发电有限公司在银行间市场注册了全国首单"绿色短期融资券"并成功发行。发行这种绿色期限较短的融资券可以帮助企业特别是火电行业获得融资，对于火电行业发展尤其是沿海城市非常有利，在试点过后也可以用其中的经验来指导未来京津冀地区的绿色环保发展。

（四）跨境金融业务多点开花

作为"金改30条"的重要一环，天津自贸区在人民币跨境使用方面取得了显著的成效。截至2018年末，天津自贸区已经完全打通了资金跨境投融资的通道，并和多种专业组织开展合作，如信用、咨询、会计、法律、资产评估等，搭建了天津自贸区跨境投融资综合服务平台，使公司能够接触到国际游资，有利于日后海外融资、并购、发债等金融活动的进行。同时，天津自贸区各家商业银行也注重利用政策优势，积极探索开拓跨境金融创新业务，为自贸区企业降低资金使用成本、提升效益。

通过外汇资金集中的运营管理，可以有力地解决跨国企业集团的跨境资金调配，降低企业的交易成本和制度成本，提高资金使用效率，服务实体经济发展。中国人民银行的数据显示，天津自贸区从挂牌起至 2018 年 3 月底，已经新开立超过 5 万个本外币账户，有 1400 亿美元的收支额得到跨国办理，体现出为实体经济服务的水平。当然在自贸区中也有人民币的资金池业务，而且是双向的，有跨国集团或公司实施，使得资金在全球的优化调配成为可能。当然，中国人民银行天津分行也在国内具备许多独树一帜的创新项目，例如，对自贸区中针对外债的第一笔结汇业务，引领租赁公司与商业银行合作进行联合租赁，也是国内的第一单。同时也让商业银行建立全国第一个管理平台用于外币资金，隶属于租赁公司，使得天津自贸区的租赁业不仅限于天津，而且福利惠及更广阔的区域，发挥示范区应有的作用。

三　天津自贸区金融发展优势及现存问题

（一）天津自贸区金融发展优势

1. 融资租赁市场较快成立

天津进入融资租赁领域的时间比较早，经历了较长的发展时间，积累了大量的公司和市场业务，且租赁业务涵盖了交通、住房、工业多个领域。于是天津自贸区也在租赁业的基础上使得金融业发展，并拥有一定的底蕴。2018 年国家批复了天津自贸区第 9 批内资融资的租赁试点，东疆有 15 家新增企业。截至 2018 年底，试点在天津的租赁企业数已经达到 112 家，其中有 85 家在东疆注册。东疆无论是租赁企业的试点数量还是注册资本的规模总量均在国内名列第一，示范作用凸显。其中试点的租赁业务除了有交通运输、飞机船舶等传统业务，还有基建和医疗等新兴领域的涉足，业务模式出新，板块丰富，对于全国租赁示范区作用的发挥有积极的影响。

2. 天津自贸区制度优势明显

天津自贸区自申请就开始关注自身的特长所在，围绕北方经济中心的定

位，建设宜居的世界级港口城市。天津自贸区首先要做的就是明确自身定位和比较优势，据此做发展规划。建设一流的国际化大都市，自贸区更要服务区域经济增长和产业转型升级，带动周边城市发展，响应国家总体战略部署，制定政策时减少不必要的约束，在有规章制度的条件下放任式发展，增强自贸区的自主性，释放政策红利。

3. 金融体系具备一定基础

天津自贸区具备对金融业发展和市场建立的详细规划。天津已形成以离岸金融市场、房地产金融市场以及融资租赁市场等为特点的特色金融体系。在自贸区成立后对金融系统进行了补充和完善，结合一直进行的市场化改革，重新分配金融要素，对于具有优势地位的核心要素加大支持力度以加快发展，同时使金融的涵盖面更加广阔。典型的例子是对于金融领域离岸市场的鼓励发展，人民币项目也由此打通，全市金融业得到有力支撑。

（二）天津自贸区金融发展的现存问题

1. 制度创新不足

首先，天津自贸区依旧需要把金融制度前期所做的创新导致的缺陷弥补起来。目前现有的金融制度不能让滨海新区与自贸区达成统一，对于滨海新区所做的前期创新认识不足，没有发挥其应有的作用和经验优势。其次，天津现今还没有做到某些金融机构的对外开放，比如一些民营银行和外资银行，开放力度远远不够。当前的市场需求是高端金融发展水平满足不了的。最后，天津同样面临着专业人才短缺的困境，自贸区更是如此，高精尖人才稀缺。

2. 融资服务手段相对单一

目前天津金融领域的高端企业大多通过短期借贷来进行融资，由商业银行来提供外部资金，需求很难被真正满足。虽然目前更多的金融债频繁出现，似乎又让企业看到了融资的曙光，但是这种多条款限制约束下的融资方式能够解决企业的难题少之又少。市场有金融服务创新自然很好，但是如果不配套合理的反馈机制，其能发挥的作用也就无从谈起。此外，即便是所谓的高端金融业也仍然仰仗传统模式下的金融业务来提供融资，还是没有实现本质上的升级，这就需要建立专业的服务平台来推动其发展，从而带动整个自贸区。

3. 风险控制能力较弱

风险的管理始终是金融发展中相伴相生的问题，天津自贸区也是如此，特别是高端金融业。天津一直打造的是外向型经济，随着对外开放的深入，以及人民币国际化步伐的加快，风险提高，需要合理的把控手段。这主要体现在两个方面：第一，政府在天津自贸区的风险宏观把握中没有完善的制度作为保障，更不用说风控体系的形成，在这种条件下，高端金融服务想得到快速健康的发展是很困难的；第二，天津自贸区目前缺乏完善的风控措施，之前的控制措施显然已经无法适应新的情况和技术的进步，也就和金融的飞速发展有所脱节。

四　进一步助推天津自贸区金融发展的对策建议

（一）提高金融服务创新能力

1. 关注金融制度创新

首先，天津的改革创新要使自贸区与滨海新区的经济金融和贸易连成统一的整体，共同服务于实体经济，同时在这个过程中也可以充分借鉴滨海新区在制度建设中的先进经验加快自身发展，共同撑起天津金融领域的高端业态。其次，制度创新还需充分考虑到天津的经济结构转型要求，并保证其可行性。最后，自贸区中的银行监管要贴近市场化标准，适应市场化环境，可以将这个特色发展成优势，从而为提高国际竞争力增加砝码。

2. 增强金融服务功能

首先，需要始终明确的是天津自贸区的一大服务主体就是实体经济，无论是融资租赁还是其他的金融服务都不能脱离实体。同时对于外资的态度也要更加开放，应让更多的外资机构或是民营资本有机会来到天津入驻。其

次，自贸区应设立金融平台，可面向国际，这样境外的公司也能有机会到天津进行金融、商品交易。最后，自贸区同样需要商业银行自主创新，特别是业务的更新与转型，提高银行资金的运作效率，活跃市场流动性，满足多元化金融需求。

3. 提高从业人员素质

首先，需要高校参与进来。高端人才需要通过与国内外知名高校的不断合作，实施定向培养，使其更具备实践能力。其次，要建立完善的风控体系同样需要人才来实现，特别是风控、金融工程等对口专业。自贸区内要有相关政策来吸引高端人才，比如减税免税。最后，在高级管理人员招募方面，要挑选复合型人才，要有过硬的专业储备，带头形成专业团队，提高工作效率。

（二）发展多种金融服务手段

1. 革新金融服务范式

首先，将天津自贸区打造成吸引人才的金字招牌，特别是创新创业型人才。鼓励创新创业，并对质量较高的外资和产业资本进行积极引入，重视相关匹配人才的引进。其次，通过财政政策的引导，尝试用创新型金融服务与产品解决小微企业的融资难题，也可以让国外的高资质基金团队来助力，需要有第三方的专业评估。最后，考虑到天津自贸区的角色定位以及天津本身的发展优势与基础，要将高新制造与优势金融产业相结合，打造天津服务的品牌特色。

2. 建立科学反馈机制

首先，自贸区内的公司本身就有义务去体验区内的金融服务，享受其产品，要积极配合金融机构，并对反馈实时跟踪，成为最终产品报告的重要组成部分，使产品与服务真正贴近需求方。其次，自贸区内金融机构的工作人员需提高自身的服务水平，并合理匹配到客户需求，实时改进。最后，未来自贸区金融服务的整体水平将有所提升，可以为金融机构出具良好的员工培训基地，提高整体服务质量与水平，以高效、高质量地为实体经济提供金融服务。

3. 搭建金融服务平台

首先，天津自贸区的优势金融业就是融资租赁业，理应优先发展。对于租赁业来说，当资金的供求双方被有效联系结合时，租赁资产的流动性便会有所提升，对于租赁业长期低成本的稳定发展具有重要意义。其次，天津自贸区应将重点放在绿色金融与科技金融上。最后，以自贸区为契机积极扩大开放，促进产融结合，利用好国际化平台优势，优化区域功能。加强和战略投资者的沟通与合作，大力引入世界上先进的技术产业和资本，使自贸区营造的金融环境较为宽松。

（三）科学建立风险管理机制

1. 打造风险预警体系

首先，自贸区内的银行需要接轨国际，严格遵守《巴塞尔协议Ⅲ》的要求。其次，天津银保监局作为监督部门要做好检查工作，建立预警系统，监督自贸区内的商业银行按照分工各尽其责，遵守我国对于资产负债比例的规章要求，报告风险的真实情况，建立完善的风控机制以防范化解金融风险。最后，在对风险的宏观把控中，天津银保监局需设置整体的风险预警指标，严防系统性风险的发生，同时构建预警体系时以纵向为基础，涉及微观、中观、宏观等多层次体系。

2. 创新风险管理模式

在天津自贸区开展改革创新的同时，风险管理也应实时跟进，创新多样化管理模式。首先，自贸区内的各家金融机构针对可能出现的欺诈现象应组成联合小组进行专项防范，预防操作风险。其次，在管理过程中要实时对风险实施监测和把控，并由此做出风险评估，出具报告，进行全过程的风险监督管理，突出风险管理的全程性。最后，自贸区内的每个企业都要有内部自评、自主监管，建议督察长的职位在各个企业之间轮转，可以有效避免因内部的利益关系而影响监管结果。

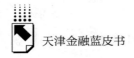

3. 引进国外先进技术

天津自贸区发展金融领域的高端业态时可充分借鉴伦敦的集群经验，发展自己的高端金融业。首先，利用先进的风险识别方法，根据各个金融部门在不同区域不同的资金配置方式，打造合适的中心体系。应明确银行、基金、保险等在区内的核心地位。其次，积极引入目前英国的地理系统 GIS，以精准分析区内金融机构，有利于分析金融业的集聚情况和位置变化；GIS在进行模型选址时主要采用遗传算法与神经网络的技术，之后据此进行风险监控的具体实践。

（四）积极探索建设自由贸易港

2018 年 4 月，习近平总书记在庆祝海南建省 30 周年大会上宣布，支持海南逐步探索、稳步推进有中国特色的自由贸易港建设，侧重于自由贸易港与经济、社会融为一体的发展形态。对于天津而言，首先要对标国际先进自贸区建设标准，完善"一线完全放开、二线高效管住"贸易监管制度，在守住不发生系统性金融风险的前提下进一步减少负面清单中的各项约束。其次，瞄准新一轮产业革命的战略机遇，大力发展大数据、互联网人工智能等现代产业，充分发挥网络信息技术便捷化的优势，努力提升服务效率。最后，始终坚持人才是第一资源的理念，以培养本地人才为根本，以吸引外地人才为重点，在发挥人才集聚效应的同时，更加注重加强高校和科研院所的基地孵化作用，建设高水准的人才培养和人才发挥平台。具体来看包括以下几个方面。

1. 强化区内重点产业发展与要素集聚

加快自贸区内重点产业的集群发展和创新能力，鼓励发展高端制造与战略新兴产业，强化国际航运服务产业的发展和要素集聚，建设以服务实体产业为主的产业金融市场，构建与自由贸易港发展相适应的专业服务产业体系，创新发展货物和服务贸易相协调的高端贸易业态。

2. 促进金融体系配套发展

加快构建适应自由贸易港产业发展的金融体系，依托自由贸易港有管理地开展人民币创新业务，建立推动人民币国际化的结算体系，构建与自由贸易港发展相匹配的离岸账户体系，鼓励金融服务业开放发展并建立风险可控的外汇管理体系。

3. 加快贸易便利化建设

加快京津冀自由贸易港的贸易便利化建设，建造高度开放的自由贸易港进出境货物监管制度，构建安全高效的"二线"货物监管制度，构建海港、陆港、空港高度协同的自由贸易港联动发展体系，创新出入境管理制度。

2020年，天津自贸区要形成法治化、国际化、便利化营商环境，努力构建开放型经济新体制，增强国际竞争新优势，建设京津冀协同发展示范区，京津冀协同发展需要更加广阔的平台、更为开放的对外环境、更加优化的区域资源配置。自天津自贸区确立以来，自贸区内各项产业均得到了快速发展，金融业更是收获巨大，融资租赁业的全面改革发展、各大商业银行的进驻，极大提升了自贸区金融业的地位和发展前景。未来，天津自贸区需充分了解自身优势，结合实际情况，采用试点实验的方式完善金融业发展，开拓高端金融服务，支持实体经济发展。

B.11
天津商业银行参与线上消费信贷分析

刘场　徐佳翔*

摘　要： 目前我国的消费信贷市场凭借巨大的潜力日益发展，并有效增加了消费需求，普惠金融的整体服务水平得到了显著提升，本报告首先介绍了个人线上信贷业务发展现状、趋势、业务模式和特点，以及以线上信贷为代表的互联网金融对商业银行的影响，其次结合天津境内银行参与线上消费信贷案例，对银行参与线上消费信贷对天津经济发展的作用及瓶颈做出分析，最后提出了政策建议。就天津的商业银行而言，从自身出发，应该重点抓好消费场景、风控能力、获客能力和资金端获取能力等方面的建设。

关键词： 线上信贷　消费金融　商业银行　金融银行

2018年中国人均GDP接近1万美元，各地经济已由高速增长阶段向高质量发展阶段转变。国家统计局数据显示，2018年最终消费支出对GDP增长的贡献率为76.2%，资本形成总额的贡献率为32.4%，货物和服务净出口的贡献率为-8.6%。除了一直以来占重要份额的投资，消费已经取代出口变成新引擎以拉动全市经济增长。在新时期，我国的消费信贷市场凭借其巨大的潜力日益发展，并有效增加了消费需求，普惠金融的整体服务水平得

* 刘场，中国滨海金融协同创新中心研究员，天津财经大学金融系讲师，研究方向为货币政策、区域金融；徐佳翔，天津财经大学金融学院金融工程专业本科生。

到了显著提升，经济越发体现出可持续发展态势。借助金融科技飞速发展的巨大优势，以及社会征信体系的日益改进，线上消费信贷业务得到了天津市各大商业银行的广泛青睐，"线上"正发展为消费信贷领域全新的增长极。银行作为传统信贷融资业务主体在受到冲击的同时，也积极投入线上消费信贷阵营中，探索消费信贷新模式。

一 个人线上信贷业务发展现状与趋势

线上信贷业务，主要是指交易主体借助互联网媒介，在线上完成信息发布、信息获取、资料填写、申请提交、自动审核、账户绑定、资金划转、合同签订等全部或者部分业务环节，最终实现资金的融通，该模式区别于传统信贷模式的特点是减少了对物理网点和线下人工的依赖，提高了资金融通的效率，降低了资金融通的成本。

1. 信贷市场规模快速增长

根据中国人民银行发布的数据资料，截至 2018 年 12 月，中国各家金融机构的消费金融贷款总额高达 37.79 万亿元（见图 1），比上一年度同期提高了 19.9%。近年来，中国个人的消费金融贷款总额体现出持续增长的态

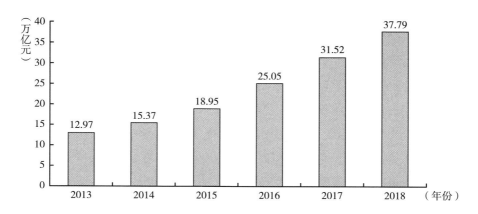

图1 2013～2018 年中国金融机构个人消费贷款总额

资料来源：中国人民银行。

势，然而增速正日益减少。结构方面，从 2013 ~ 2018 年的数据中可以看出，个人短期的消费贷款总量仅有小幅增长，截至 2018 年末累计 8.8 万亿元。相比之下，中长期体现出迅猛的增长速度，截至 2018 年 12 月末已累计 28.99 万亿元之多，占比达到了 76.7%。

在消费升级、政策支持和金融科技发展的共同推动下，个人消费信贷需求强劲，传统金融机构信贷规模的增幅逐年提高。同时，互联网平台虽然发展时间较短，但规模快速增长。2018 年 P2P 网贷行业累计成交量突破 8 万亿元大关，行业集中度越发上升。截至 2018 年末，在整个行业的总成交量中前 100 位平台的成交量之和占到行业总量的 91.69%，已是绝大多数；和上一年度同期的数据相比，提高了 15.37%。

2018 年上千家平台从行业消失，全年停业及问题平台总计为 1279 家，29 个省区市中浙江省最多，为 299 家。2018 年问题平台数量并非历史最高峰，但 2018 年问题平台的影响最大。问题平台在 2018 年所涉及的贷款总额有 1434.1 亿元之多，远超同期，突破千亿元大关。

个人信贷已发展成 P2P 网贷行业的重要支柱。截至 2018 年末，当前个人信贷的贷款余额的占比已经达 84.49% 之多，成为当下 P2P 网贷行业最主要的业务类型；其次是企业贷，贷款余额占比为 10.14%；个人抵押贷占比最低，仅为 5.37%。

2. 一系列监管政策相继出台，监管趋严

2017 年 12 月 1 日，P2P 网络贷款风险专治工作小组办公室和互联网金融风险专治工作小组办公室联合下发《关于规范整顿"现金贷"业务的通知》（简称《通知》），旨在规范当前的现金贷业务，其监管项目主要涵盖借款人的适当性监管、业务监管与资格监管等。《通知》定义的现金贷业务具有零抵押、无限制客群、无定向用途、无场景依托等特点。《通知》对小贷公司融资比例的限制，会变相利好银行。互联网金融公司自身业务规模受限，一方面更多市场空间会让渡给银行，另一方面银行在双方谈判中的地位也有所加强。

中国银监会也相继印发了一系列监管政策，如《关于进一步深化整治银行业市场乱象的通知》《进一步深化整治银行业市场乱象的意见》《2018

年整治银行业市场乱象工作要点》，我国银行业监管逐渐呈现高压态势，特别是进入 2018 年后，严管态势有增无减，大额罚单接踵而至。

根据对银监会及各省级银监局行政处罚情况的统计和研究，可以明显发现银行监管向着力度大、范围广的严管趋势发展。对于银行来说，更好地理解监管政策，规范自身经营行为，显得尤为重要。

3. 个人信贷业务的线上化迁移

随着移动互联、大数据、云计算等技术的成熟和快速发展，互联网金融企业利用其技术优势为客户提供更为便捷、高效的金融服务，不断推出信贷创新产品和工具。在这个过程中客户金融消费的习惯也日益发生变化，不同于传统的金融消费模式，更多的客户群体，特别是年轻客户正逐渐投向互联网金融领域。

运用大数据及互联网技术，通过建立多维数据模型为客户在线发放小额贷款的产品，客户可在线申请，实现全线上自动处理，大大提高了效率和客户体验，较好地满足了客户高频、小额的资金需求。

二 个人线上消费信贷的业务模式与特点

（一）个人线上消费信贷的业务模式

从目前的发展趋势来看，商业银行均对线上信贷业务有所关注，部分活跃的商业银行已经通过试点或者曲线的形式介入个人线上信贷业务，按照行业的实践方式来看，大致可以将相关的业务开展方式划分为以下四类。

1. 自建平台模式

商业银行自建网贷平台，最为典型的例子有：包商银行的"小马 Bank"、招商银行的"小企业 e 家"、民生银行的"民生易贷"以及中信银行的"信 e 付"等。这类平台模式的特点是：充分利用其自身优势整合内外部多种互联网资源，以构建综合性的开放式互联网金融服务平台，以无担保模式为主。这种模式建立周期相对较长，但对业务的开展拥有完全的掌控权。

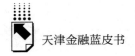
　　各大国有银行同样纷纷参与到自建网贷平台的队伍中。中国工商银行通过包括"融e行"、"融e联"与"融e购"三个直销银行、即时通信、电商平台在内的"e-ICBC"这一线上金融品牌参与其中。还有"工银e缴费""工银e投资""网贷通""逸贷""工银e支付"等线上金融产品在投资理财、融资、支付三条产品线上，满足了线上与线下相结合、融资与支付相配合、渠道与实时相协调的场景多样化应用。中国农业银行的"e购天街"是其自行搭建的移动端电子商城，包括"吃、购、玩、财、行"等模块。2015年，中国农业银行对"e购天街"进行全面推广，着力拓展商圈资源，为客户打造一个K码支付和wap支付的优惠消费场景。中国银行推出的"中银易商e社区"能够在网络智能化的基础上建立综合社区服务网络。这一产品依靠互联网平台将社区的交互模式升级为多接口、多渠道，打造综合性的智能化社区服务网络，集银行、物业、联盟商家、业主等多项功能于一身，将体现真实交易的线下业务和多样性生活的线上业务融为一体，建立智能化社区服务的全新路径，能够将社区一站式服务呈现给广大客户。中国建设银行推出的"善融商务"在对各类商品销售的同时，也对客户提供互联网系统上个人的质押、小额贷款等金融服务。2012年6月28日，该业务正式推出，江苏恒大风机有限公司以及光芒热水器有限公司等在这一平台入驻，中国建设银行靖江市支行就有20余户拓展商户，累计成交额超过1000万元。

　　银行日常有相当数量的客户积累，也拥有丰富的融资理财产品，能够提供给各商户多元化、便利化的供应链融资服务。如恒大风机、光芒热水器等，均是银行的良好合作伙伴。对普通网购用户而言，在其平台可体验实价正品的购物保障，而对持卡用户而言，则可便捷付款，轻松分期。这也是银行商城的一大优势，特别是对于大宗商品来说，从银行商城购物更加方便。银行系电商和传统电商有着很多不同之处，比如后者常通过交易折扣率、商品价差等方式来获取利润，这就要求银行提供更为综合化、全面便捷的服务以迎合客户多元化需求，让客户满意的同时注重对客户潜在价值的进一步挖掘，使得银行业务得到更好的发展。

2. 入股 P2P 平台

通过关联公司投资入股，可以快速实现商业银行对互联网金融的介入。例如，2012 年平安集团成立了"陆金所"，对接借贷双方需求，建立了服务于投资者、机构、个人的信赖度高、更为专业的资产交易服务网络。

陆金所作为平安集团旗下成员于 2011 年 9 月在陆家嘴宣布成立，注册地为上海，注册资金达到了 8.37 亿元。陆金所以较完善的风控系统为依托，大力发展信息化创新，特别注重与金融发展的融合，向各类合格投资者、公司、金融机构出售咨询服务和综合类金融产品。而其旗下的互联网投融资平台也在 2012 年 3 月开始正常运作，这也是被平安集团寄予厚望的全新平台，同样依靠完善的风控系统与金融发展的融合，为客户的低成本融资和高效理财增值助力。从平安集团 2018 年第三季度的财务报告中可以看出，其资管总体规模达到了 3618 亿元以上。截至 2018 年 12 月，陆金所的平台注册用户总人数已超过 4000 万人。

陆金所在保证平台交易的资产规模总量持续处于高位之余，还研发了行业中特有的投资者适当性管理系统，也就是 KYC 2.0 体系。该体系大体涵盖信息披露、投资者评估、投资者教育、投资者与产品风险的适配、产品风险评估五大领域。大数据的广泛应用、通过机器学习实现投资者"精准画像"的新技术手段的投入都是其特点，总的来说就是智能化服务，可以更好地匹配产品风险与对应客户的风险承受水平。

3. 与 P2P 平台合作模式

商业银行通过与互联网金融公司的合作，也可以实现对于互联网金融的快速介入。最大化利用银行的客户资源优势，需要结合合作深度与合作模式。这种模式有利于 P2P 平台，对银行的益处比较有限。

近年来，互联网金融呈爆发式增长，P2P 作为互联网金融的一个代表性行业受到了多方的关注，市场的扩大，风险资本的介入以及监管层面的宽容态度，更是助推了这个行业的高速发展。同时利率市场化的突进，倒逼银行由以前的同质化产品经营模式转向差异化经营，促使银行在力保大型企业融资份额稳定的前提下，更加关注相对有议价能力的中小企业的融资需求，而

该领域正是 P2P 网贷平台专注的市场，也就出现了合作和竞争的可能。

目前银行直接和 P2P 平台进行合作的例子并不多见，典型的例子是中原银行与网交所的战略协议。中原银行为优势互补，在 2015 年 8 月和网交所达成了战略合作意向，以此发展普惠金融。两者签订的协议中主要包括共享客户资源和知识产权、合力开发风控系统、日常业务往来、建设资金转换通道与支付通道等方面的共识。

4. 银行所属集团搭建独立的网络金融平台

由商业银行所在集团设立独立的互联网金融平台，商业银行可以通过集团层面实现对于互联网金融的介入，这种模式最典型的公司代表是"开鑫贷"，该平台是由国家开发银行的全资子公司国开金融有限责任公司和江苏省信用再担保有限公司共同发起设立的互联网金融平台，商业银行则成了"开鑫贷"业务中的资金结算银行。

近年来，国内大型银行致力于解决小微企业融资难问题，并且取得了良好成效。其中包括中小企业专营机构的建立，除此之外还有小额贷款公司的助力。不过仍有多种因素导致实体经济资金需求无法被满足的现实窘境。P2P平台目前已通过互联网的应用有效减少了交易成本，提升了金融服务的效率，得到了飞速发展。此前推出的"开鑫贷"等平台也凭借完善的风控和创新模式更好地为小微企业提供了更为匹配的金融服务，这也是现有唯一由银行进行资金划转与结算的 P2P 平台。处理资金托管问题可以利用和合作银行达成专用的存款账户协议，能够在反洗钱的同时利用资金的有效隔离保证其操作安全性。"开鑫贷"是一个互联网中介平台，需要依照资金需求方的信息完成有效的交易，并对借款项目的相关信息进行公布，最后对和其合作的小贷机构实施监管。在这个过程中，"开鑫贷"充当互联网平台，小贷机构负责风险把控，银行负责资金结算，这样三方各自细化分工合作，提升金融服务效率。

（二）个人线上消费信贷的特点

1. 个人线上消费信贷的优点

第一，个人线上消费贷的业务便捷程度高，客户更易操作。它摆脱了传统物理网点经营的地点与时间的阻力，使客户 24 小时获得信贷服务变成可能。同时，互联网银行为了提升客户体验，简化了网页设计，使其更亲民、便民，而且操作简单，过程安全。

第二，个人线上消费贷的贷款申请程序更简化，加快了授信的处理审批速度。原因在于个人线上消费贷运用的网络信息技术能够使贷款过程的设计更为合理，无形中加快了审批速度。证明资料需要由申请方提前提供，即可借助移动终端来完成。网络银行会在几天之内审批并发放款额，相比传统信贷模式从申请受理至授信的时间都大大缩短。

第三，个人线上消费贷具有广泛的信息涵盖面，在这个过程中数据与信息能很快地传播。互联网在信息传播速度上的特有优势使其能够随时随地对信息更新与传播，并以此建立强大的数据库，排除信用水平不好的借款人。对于广大客户来说，也方便其对各网络公司进行比较从而做出最优选择。

第四，个人线上消费贷拥有比传统模式更少的借贷成本。由于线上消费贷在网上进行，无形中将物力、人力成本节约下来，在小额信贷的发放与审批流程中发挥规模经济效应，这个过程也可以使借款人受益，他们可以以较低的利率满足融资需求，从而达到普惠金融的目的。

2. 个人线上消费信贷暴露的问题

首先，个人线上消费贷所蕴藏的信用风险较高。在以线上信贷的形式进行业务交易时意味着要开通一个信用的虚拟账户，相当于一张信用卡。然而在这个过程中用户填写的信息准确性无法保证，因此网上支付的安全性就受到了威胁。其次，由于整个行业的竞争有所加剧，风险应运而生。互联网银行在看到该行业可观潜力的同时，也为进一步拓展市场、巩固势力而期待和网络商城合作。这种合作常常是徘徊在政策红线边缘的，不确定性也由此产生。最后，互联网商城为了自身利益最大化也不想一直与银行合作，这样的关系就是在合作中又有竞争，这种微妙的关系也在不断变化中。

三　以线上信贷为代表的互联网金融对商业银行的影响

电商平台越来越多的涌入带来了一定程度上的行业竞争和产品转型升级。2015 年新浪在虚拟游戏产品行业出品了金融产品"信用宝",加上此前的京东与阿里巴巴两大户,可以说各家网络平台公司都在积极投入消费金融领域。互联网公司的日益成熟也在一定程度上带领着消费金融行业以更快的速度发展。以银行为首的传统业务领域则遭受不小冲击。如今,线上消费贷主要在以下几方面影响着商业银行。

(一)银行消费金融业务市场受到冲击

根据中国人民银行统计司每年的金融数据调查报告,可以看到 2015 年前后有着明显的变化。2015 年以前,以银行为代表的传统贷款业务主要还是中长期贷款,目标是有住房需求的客户,而少有期限较短的贷款。随着互联网金融的崛起,2015 年之后消费贷的途径和方式有了很大转变,具备多元化特征,因此 2015 年又被认为是互联网金融的开元之年。全新模式的兴起就会给传统的业务模式带来巨大压力。在这种冲击下,商业银行均采取转型措施加以应对,典型的例子就是银行涉足消费金融领域,开始出现期限较短、额度较低的贷款项目,在 2015 年以后跃升为信贷业务的主力,超过此前占据优势的中长期贷款。在互联网兴起的同时,传统信贷行业正遭受着阵痛期,这也逐步削弱了银行在金融领域中的中介作用。

一直以来,小微企业和个人都是资金需求的重要一方,但是并没有受到银行等资金供给方的青睐,原因是在目前的风控体系下,贷款具有严格的评估和监管,小微企业和个人的资质很难达到银行要求的标准,因此被拒绝放款很常见。互联网金融的出现在一定程度上给他们注入了强大的"定心剂",有机会解决自身的融资需求。在这种供需匹配的情况下,线上平台得到了很好的发展土壤,甚至威胁到银行在信贷领域的地位,对其利润造成影响。线上平台的总成本远远比实体经营方式的总成本要低，减少了开支，具有巨大优势，是传统方式下的门店经营所不具备的。

（二）传统消费金融业务流程弊端凸显

传统贷款行业模式下的银行在风险防控上有较高的标准，对贷款申请的审理过程非常复杂，流程步骤也非常多，这对于审批效率有直接影响。整个发放资金的流程是先接收申请人的申请意向，然后进行风险评估等，授信后才加以批款。之所以说风控体系严格，是因为在这个过程中盈利的预期、流动性以及负债率等都要列入考核内容，如果是企业还要再加上尽职调查。相比之下，互联网金融只要依赖于大数据进行相关的测评，整个流程简单省时，灵活性大大增强。

最近几年电商平台得到了飞速发展，传统金融业务所面临的来自互联网金融的冲击更强了。这个冲击在逐渐加强，当平台的交易规模扩张后，交易数据和借贷者信息也日日积累，最终充实了平台的大数据库，对于今后的分析越发有优势。大数据的灵活应用为互联网金融的发展带来了非常好的契机。

（三）消费金融获客渠道和平台发生变化

从获客角度来看，商业银行主要是通过存量客户信息或者人工登记与收集来完成客户信息的获取。这种方式虽然能够得到比较准确的信息，筛选后的客户资质也良好，但同互联网获客相比，其效率还是比较低的。互联网金融通过平台实现获取客户。正如支付宝账号客户信息主要是直接从淘宝网移接过来的，有大量的客源基础，并且成本较低。在风控方面，银行内部有着对贷款的严格审批流程和标准，评估的形式较为单调。相比之下，互联网平台主要依赖的是大数据，辅之以云计算等技术，风险管理灵活度也更高。在风险管理中考虑的不再单一，直接提高了效率。依靠这些技术的支持，平台对于客户的需求与偏好的把握也更加准确，对今后提供更贴近需求的服务打好了坚实的基础，也可适用于不同的消费者。

所以，依托云计算技术和大数据支持的电商平台肯定会对以银行为代表的传统信贷业务带来影响，刚开始的差异化竞争关系已经变成了现在的直接竞争。

四　天津境内银行参与线上消费信贷案例

目前，消费信贷借力金融科技实现高增长，2018 年，银行消费信贷业务可能是增长势头最迅猛的业务之一，正日益成为银行零售转型的重要突破口。随着居民消费的多元化发展、风控征信体系的日趋完善，以及大数据技术的逐渐成熟，天津的商业银行发展线上消费贷具有很好的前景。展望未来，全国的消费贷市场可能不再局限于信用卡模式转而投向产品多元化时期，这样一来线上化很可能成为新趋势。

（一）渤海银行消费金融崭露头角

作为全国性股份制商业银行，渤海银行的高速发展也给其自身带来了更高、更新的挑战，面对千变万化的消费金融市场，零售银行如何转型发展，如何跟上市场发展的步伐是值得思考的问题。用户主题多元化的同时，用户获得信息的渠道也逐渐增多，渤海银行以用户"最佳体验"为先的服务理念，使用户在业务中得到良好体验，从而打造渤海银行个人金融服务中的特色品牌，成为其重要发展战略。消费金融是现下非常活跃的金融业态，对于提升居民总体消费水平，助力供给侧改革有着不可忽视的作用。

渤海银行于 2018 年推出消费金融类新产品——渤银"公信贷"，在天津地区发布不足半年已累计受理申请超过 1 万笔，实现放款 5.95 亿元。这是渤海银行在线上投入的第一批产品，覆盖了全流程。渤银"公信贷"在正常的公积金缴存服务外，最重要的特点是流程的方便快捷，支持资金三分钟抵达账户。而这份高效与便捷，是通过特色风险决策模型与线上化、智能化、自动化的审批发放流程实现的，是银行参与线上消费信贷的典型。可以说，渤银"公信贷"这一创新型产品代表了以科技为支撑的新型互联网消费信贷产品的发展方向。此类产品一旦试点成功，便可快速在全国范围内普及推广。作为一家发源于天津，致力于深耕京津冀的全国性股份制银行，渤海银行在消费金融领域的高成长令人瞩目。除了上述提到的公信贷之外，还有诉讼贷、接力贷、拎包贷等特色服务，围绕用户生活各方面进行精准服务。

2018年渤海银行所拥有的线上信贷用户数已经高于其12年来的总数。渤海银行除了在产品种类上做足功课，也充分利用产品、用户、同业等平台和数据库资料，营造集资金、流量、场景、数据生态于一体的特色服务业态。除此之外，渤海银行也着力在与头部平台进行线上合作方面有所建树。目前京东、阿里巴巴等巨头公司已成为其合作对象，未来可能会进一步拓展合作方的深度与广度。

（二）天津银行牵手互金平台，发力线上消费金融

天津银行财报显示，截至2018年12月31日，天津银行个人贷款余额为1060.1亿元，占该行客户贷款总额的比例为36.7%。2017年末，天津银行个人贷款余额仅为343.79亿元，占该行客户贷款总额的比例仅为13.8%。1年时间，天津银行的个贷余额占该行整体贷款余额的比例提升了22.9个百分点。天津银行正努力由一家传统的主做对公业务的传统商业银行向零售银行转型。个人贷款业务发生上述剧烈变化的直接原因是天津银行加码个人消费贷款。截至2018年末，天津银行个人消费贷款余额达778.96亿元，较2017年末的87.93亿元增加785.9%。

天津银行大规模进军个人消费贷款的起步时间是2018年3月，开始大规模放款是在天津银行上海分行与借呗合作之后，在高峰时期，天津银行通过借呗1天放款7亿元。天津银行仅花几个月时间将个人消费贷款余额做到近800亿元，速度惊人。对比刚起步时的现金贷巨头微众银行的微粒贷，微粒贷是微众银行2015年5月上线的，到2016年5月累计放款400亿元。天津银行1年时间个贷余额达到691亿元。天津银行发力个人

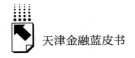

消费贷款，通过核心助贷平台借呗展示出比微众银行微粒贷更为迅猛的发展速度。天津银行目前还与 360 借条、新网联合贷、国美联合贷、微粒贷等展开合作。

此外，2018 年天津银行互联网个贷业务管理系统投产试运行，天津银行北京分行与 360 金融以助贷合作模式成功发放了天津银行首笔全线上操作个人消费贷款，开启了天津银行借助互联网大力发展普惠金融的新篇章。未来天津银行零售信贷业务将围绕居民日常消费、医疗健康、美容健身、教育培训、衣食住行等行业全力拓展各类场景，运用全新思维方式快速稳健发展线上贷款，做大做强个人消费贷款，助力发展普惠金融。

（三）天津滨海农商银行探索金融科技，参与线上金融

天津滨海农商银行于 2019 年初推出了"滨银喵喵贷"产品。据悉，该产品是一款互联网个人贷款产品，满足客户各类资金需求，手机微信扫码即可申请，无须抵押担保，额度高，利率低，全程线上实时审批，操作便捷，一次授信，终生有效。

近年来，互联网金融科技的快速发展正在悄然改变着用户的金融消费习惯，颠覆了银行的传统经营模式，对传统金融行业形成了巨大的冲击。天津滨海农商银行紧抓机遇，运用互联网金融科技手段，适时推出互联网个人贷款产品——"滨银喵喵贷"，打造资产端"拳头"产品，让人人都能享受到基本金融服务，大力发展普惠金融。目前，该产品已具备在京津冀、绍兴、新疆等地区上线推广的条件，未来将成为天津滨海农商银行零售业务转型发展新的增长点。

"滨银喵喵贷"既是天津滨海农商银行零售业务为实现"回归本源、立足本地、专注主业"迈出的重要一步，也是利用互联网金融科技满足个人客户融资需求的新突破。今后，天津滨海农商银行将以"滨银喵喵贷"为抓手，打造综合性个人金融服务平台，创新业务服务模式，延伸金融服务触角，提高金融服务的便利性和可获得性。

五 银行参与线上消费信贷对天津经济发展的作用

2018 年，天津地区 GDP 继续"挤水"，经济增速在全国排末位，仅有 3.6% 的增长速度。从 2017 年起，在地区 GDP 方面，天津就已被重庆超越，且差距约为 1000 亿元，相比重庆已然达到 2 万亿元，天津却在 1.88 万亿元徘徊。天津急需新的动力刺激经济增长。银行参与线上消费信贷可以丰富消费信贷的现有种类，扩大规模，以银行为依托的线上融资极大增强了信贷的可靠性，有效分散了风险，对于消费信贷、消费金融的发展起到了较强的促进作用。从政府层面来看，银行参与线上消费信贷能够拉动消费和投资，提高经济运行效率，促进经济增长；从银行层面来看，开展消费金融业务可成为银行转型的重要支撑点；从个人层面来看，线上消费信贷能够满足不同消费群体多层次、多元化的消费需求，为客户提供了便捷和安全的消费体验。

（一）促进消费，形成拉动经济增长新动力

消费信贷是现今金融服务体系的重要组成部分，能够迎合用户多元化需求。当居民对市场上的产品有了买入的想法，消费需求即产生，居民收入水平往往限制了其消费需求。消费贷的出现恰恰解决了这个难题，让居民可以以高于自身收入的水平匹配需求。众所周知，一直以来，天津经济增长主要还是依靠投资和净出口，消费并不占主要地位。所以在天津经济转型过程中，找到经济增长的新动力就显得尤为重要，消费具有极大的潜力。

对于天津来说，突破现今经济增长困局，需要摒弃以往的出口导向型方式，将着力点放在内需的挖掘上。挖掘内需需要天津重点关注居民消费需求的提升。在经济发展的同时，居民的可支配收入不断增长，消费需求因此有所提高，现期消费不断增强，一定程度上反过来带动了经济增长。如今消费市场需要进一步发展，发展消费贷即一条有效路径，也必然会促进经济总量进一步增长。

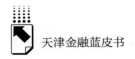

（二）促进投资，进一步影响经济增长

开拓线上消费信贷的广度与深度会促进消费金融市场的整体发展进而带动经济总体增长。可以说，消费信贷业的扩张对于居民消费的提升作用是直接的，增强的是居民的实际购买力。同时消费信贷对于投资的增加也有着间接的促进作用，这是因为消费信贷增加了消费需求，而消费需求的增加又进一步催生了投资需求的涌现。在现代经济生产过程中，消费与投资往往被学者认为是相伴而行的，形象地将其比喻为需求与供给的关系。当居民可支配收入增加后，消费需求继而提升。为了满足日益增长的需求，就需要厂商提供更多的商品，这就促进了消费供给的增加和生产规模的扩大。而在这一过程中，伴随着消费品的丰富，生产要素种类和数量都有所增加，最终的结果就是市场供给的提高。所以消费信贷的发展一定程度上可促进投资的增加，从而带动经济的增长。

投资数量增加的同时，投资结构也趋于完善。也就是说对于天津而言，消费信贷的扩张可以促进投资的结构转型。原有的投资是由政府驱动的，现今结构可能会优化为由市场驱动。同时消费需求的增加也增加了一些行业的供给，比如常见的零售业、汽车制造以及房地产等行业。他们在扩大生产规模的同时也注重了产业内部结构优化。相关的一系列产业之间已经形成有效联系，构成了统一体，这样整体内部就可以更好地合作交流，从而达到结构的优化。

（三）提高经济运行效率，通过乘数效应不断促进经济增长

发展线上消费贷还可在拉动天津经济增长的同时，促进经济效率的提升。消费信贷，是可以花明天的钱买今天的商品，这种跨时期的资金配置如合理运用，可使资源得到最有效配置。此外前文也提到，消费需求的增加可以对某些行业的生产起到促进作用。比如在汽车制造和房地产行业，消费者就利用消费信贷来满足现期需求，缓解生活压力的同时也使得耐用品的产量和销售额有所增长。在销售业绩提升后，无疑是刺

激投资的一个积极的信号，投资的乘数效应显现，就如住房销售量的增加会引发家电、钢材等行业一同繁荣，刺激投资也就使得经济更进一步增长。

（四）促进产业结构转型升级

消费信贷是消费金融的一支，是其发展到某个阶段的必然产物，在拥有消费信贷后，居民消费的信心有所增强，内需提高，也促进了产业转型升级和经济增长。目前天津的经济增速受地区 GDP "挤水" 影响处于 "阵痛期"，需要新的动力来拉动全市经济增长。消费信贷对于消费的促进是直接的，满足居民多元化资金需求是其重要目的。首先，诸如住房、汽车等高档耐用品的需求量因此增加。除此之外，这些耐用品又有很多第二产业和第三产业的联系，这也带动这些行业的生产，并不断优化生产结构，对于结构转型和优化发展具有积极作用。其次，目前天津的个人消费倾向于依赖自身收入水平，较为务实，消费不够繁荣，这样会使消费与厂商生产相脱节，之间联系的链条被打乱，不利于社会经济的发展。而消费贷的出现和壮大可以活跃消费市场，对于经济增长的拉动作用是不言而喻的。有了消费贷的支持，居民消费就不仅仅依赖于自身当前收入，而能在综合考虑未来现金流的合理分配前提下完成资源的优化配置，更好地满足当前和今后的消费需求。因此，消费信贷的发展壮大不仅会对消费需求产生积极作用，而且对于生产的扩张和产业转型升级的作用也是显著的。

从本质来讲，消费信贷的目的是使资金得到最有效配置。消费信贷对于增强居民消费倾向，注入全新消费理念具有重要作用。这样做的目的之一便是能拉动内需，推动相关产业转型升级与经济总量的增加。消费也会反作用于生产，消费结构的转型升级通过市场来将信号传递给厂商，厂商为适应市场需求的变化也相应地将企业生产做出调整，结构得到优化和完善，还有可能会促进新兴产业的诞生和发展升级。

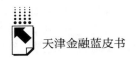

（五）有效促进银行信贷结构调整转型

消费作为天津经济增长新动能以及产业转型升级的关键，已经在商业银行中也得到了广泛认同。天津的各大银行纷纷加入消费信贷的发展队伍中来，认为这将是促进银行转型升级的一大契机。近几年，天津经济跟随全国经济步伐下行压力凸显，还面临着利率市场化继续推进、监管趋严的局面，需要商业银行及时转变经营理念，使资本的发展更加节约化，加快转型步伐，寻找新的利润推动力和业务增长极点，保证商业可持续性。目前天津也有很好的"政策土壤"，稳增长政策的相继出台使经济展现回暖态势。不可否认的是广大企业的中长期贷款总量一直无法得到有效增长，这就需要短期贷款成为其结构调整的一条有效途径。

（六）为客户提供便捷和安全的消费体验

银行参与线上消费信贷，不断丰富消费贷款品种，为消费者提供多样的选择和全新的体验。目前天津的线上个贷产品依托银行个人消费金融平台，通过大数据分析、优化贷款流程，通过良好的客户体验创造出银行服务大众、聚焦消费金融的新领域。促进客户的潜在需求转化为现实需求，而且足不出户即可为客户带来全新便捷的金融服务体验。此外，相对于其他线上消费信贷，银行线上消费信贷风险相对较低，对于客户来说更加安全。

六　天津发展银行线上消费信贷的瓶颈

一是组织架构和机构人员配置跟不上线上信贷业务发展的步伐。线上信贷业务的开展，对银行金融科技应用能力和风险管理的要求日益增强，原来的管理模式和组织架构已不再能满足银行线上信贷业务的开展，银行亟须构建符合线上信贷业务开展的业务团队。

二是信贷产品设计与业务体验较差。商业银行在设计个人线上信贷产品时，对客户消费行为和市场需求等调研的广度和深度有所欠缺，并且在设计时更多考虑的是银行自身利益和风险管控，因此在产品流程和客户体验方面的重视度不够，产品与客户真实需求之间的契合度也亟待提高。

三是传统的系统不再能够满足线上信贷业务的开展。随着线上信贷业务的开展，银行对于系统的业务处理效率、决策质量以及个性化服务的要求越来越高，传统的网贷平台已不再能满足银行信贷业务（尤其是线上信贷业务）的开展，因此，银行迫切需要建立一个符合银行新产品业务流程的网贷平台。

四是传统贷前调查、贷中审批和贷后管理的理念较落后。天津的商业银行需要立足传统的个人信贷规章，充分利用现有的互联网和大数据技术，建立一个新的个人信贷业务流程，使准入制度和业务实操更加简单方便、高效地开展业务。

七　天津发展银行线上消费信贷的对策建议

政策完善的必要条件是行业的优质发展需要有统一的行业监管以及完善的征信系统，多元化的融资途径也是必不可少的。从天津的商业银行自身条件出发，应该重点抓好消费场景、风控能力、获客能力和资金端获取能力等方面的建设。

（一）合理锁定客户群体

国有银行具有的优势是资金和大量客户的沉淀。在天津，国有银行更是拥有雄厚的客户基础。银行目前的首要问题是对消费群体进行深入分析、深度挖掘，确定细分群体和准入标准。定客群是风险管理的基本手段。在客户提交授信申请后，商业银行通过运用内外部大数据，对客户的历史行为、交易行为、信用行为、资产负债、公积金、社保信息等进行数据分析，针对打分把客户确定差别化授信额度、期限、利率等，引入电子渠道营销通知客户。客户线上发起提款申请，银行完成线上身份核实，系统自动审批放款，贷后客户线上自助还款。诸如资金获取路

径、准入制度、销售渠道、产品的期限和额度等金融产品的具体形态一定程度上由各类目标客户来决定。银行也需要在考虑各类潜在因素相互作用的前提下，将更多的目光放在客户群体身上，充分了解其基本需求和偏好，在产品设计上体现出审慎态度，将产品形式不匹配用户需求的可能性降到最低，避免由此带来的相关利润的损失和可能出现的用户群体"逆向抉择"。

（二）积极对接场景

商业银行若想突破发展消费信贷的瓶颈，就需要充分将平台和场景利用起来。天津居民行为已经趋向于碎片化、移动化，服务场景化的趋势越发明显，金融服务也要由此更趋向于场景化、移动化。商业银行要在消费金融领域占有一席之地就要采取"走出去"的策略，可以以教育、旅游、购物等作为目标场景，开启场景化建设。想要掌握客户需求就要充分利用场景与平台，平台可积累大量客户信息，对于商业银行进一步了解掌握客户的需求偏好提供数据支持，以期提供给客户更加匹配的服务与金融产品；再者，金融供给与用户需求的匹配还可以通过将金融产品与服务融合到场景之中，或者移接到平台之上，借以让客户享受到更好的服务体验，同时商业银行还能据此把控资金流向以及交易账户的实时状态，有利于风险把控。

（三）大力推广金融科技的运用

金融科技可以在一定程度上引领消费金融的发展，但如果聚焦其业务的本质，这种趋势是无法扭转的，且还在继续深入。商业银行现今最主要的任务之一就是对人工智能和大数据等金融科技的引入，包括构建信用风险评分模型、反欺诈、账户预警、指纹识别等。现今出现的金融科技促进消费信贷业务领域的创新，其中云计算、大数据、物联网、人工智能等都是典型技术。天津如今也正在使金融与科技相融合，初步布局了天津发展金融科技的有利格局。在系统、数据和模型等的支撑下，商业银行逐步建立了网络化、智能化、数字化的金融服务业态，这和传统业态有着本质区别。此类技术也可以给客户识别领域提供助力。比如在多维度掌握客户信息的基础上，通过精准画像的方法，提高客户评估的准确性，避免信息不对称；而其所助力的风险管理系统更加动态化和系统化，又可以在业务流程方面便捷小额授信，对欺诈风险进行有效识别，建立预警系统，监测流程中的潜在风险。金融科技正在从后台向前台转变，形成对外输出的开放能力。

（四）充分发展供应链金融

天津的商业银行拥有发展大中型核心企业的优势。供应链业务自偿性特征有助于降低授信风险，有助于商业银行快速拓展中小客户群。"B＋C"模式可以作为一个突破口。首先，要升级 B 端的选择与评级标准，提高筛选水准，提高监测的持续性；其次，必须发挥 B 端与 C 端营销的联合优势，加强信息分享和分析，挖掘和拓展消费金融客户群体，对 C 端客户群信用与欺诈的风险管控水平要继续提高，使信用状况良好、迫切需要资金的优质客户得到融资支持。

（五）竞合发展，优势互补

纵览天津金融行业，商业银行拥有大量优质客户群体和较丰富的资金、渠道、技术等资源优势。互联网公司与金融科技企业拥有新技术运用得力、产品创新丰富的特点，这更有利于其精准对接市场用户需求，然后就此进行营销。商业银行通过与互联网银行、消费金融公司等持牌金融机构的合作，开展线上联合贷款业务。合作方主要是发挥在渠道、获客和在线技术方面的优势，商业银行主要是发挥在资金方面的优势，双方取长补短，在线对接，进行批量行外获客。双方各自独立进行风控审批，共同实施贷后管理与催收。如多家银行与微众银行合作的联合贷款"微粒贷"，与新网银行合作的联合贷款"好人贷"等。竞合发展，优势互补，形成互惠共赢的消费信贷方式，应该成为未来发展方向。

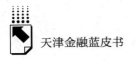

天津金融蓝皮书

（六）充分利用天津自贸区优势

天津自贸区是我国北方第一批自贸区，并且在成立之后始终遵循"先行先试"原则，结合天津本地优势和肥沃的"政策土壤"，服务京津冀协同发展。天津自贸区区别于上海、广东、福建的自贸区，有着自己的特点和优势，包括区位优势、海港空港结合、制度创新与发展实体结合。这些都为天津吸引企业、迅速开展自贸区各项工作奠定基础。天津自贸区自设立以来，也显现出可观的政策红利。需积极利用好自贸区的法人银行平台，使其切实为资金需求方提供融资服务，借助市内政策红利，拓展同业合作交流，减少融资费用，使融资更加亲民便捷，有效缩短贷款周期，并结合互联网信息技术借此机遇发展线上消费金融。

B.12
中国自贸区贸易便利化水平评价与
天津自贸区对策分析

中国滨海金融协同创新中心课题组*

摘　要：　本报告构建了评价中国自由贸易试验区贸易便利化水平的指标体系，采用层次分析法确定各级指标的权重，收集整理上海、天津、广东和福建四个自贸区的基础资料，对2017年和2018年两个年度四个自贸区的贸易便利化水平进行了测度，发现在贸易便利化总体水平上，天津自贸区的贸易便利化水平相对较低。最后对提高天津自贸区贸易便利化提出了针对性的政策建议，主要包括发展建设国际化的港口物流、鼓励促进公司上市和进一步优化政府行政职能与贸易管理流程三个方面。

关键词：　自贸区　贸易便利化　层次分析法

2013年上海自贸区成立，2014年自贸区扩大到天津、广东、福建，2017年党中央、国务院决定在辽宁、浙江、河南、湖北、重庆、四川、陕西新设7个自贸区，2018年设立海南自贸区，自贸区发挥打造全面开放新格局桥头堡的重要作用，推动政府职能转变，深化金融制度创新、推动贸易便利化和投资便利化，进而促进当地经济增长和社会发展。

---

* 课题组成员：陈影、肖颖、任怡、彭祎婷、李玥、Samoliak Oleksandr、Klad Egor，天津财经大学经济学院国际经济与贸易系。

自贸区设立的作用之一是提高贸易便利化水平，降低交易成本，减少贸易摩擦，消除国际贸易流程中的技术性和机制性障碍，使国际贸易得以最大限度地发展，实现贸易的自由与开放，促进本国经济的增长。现在距离第二批自贸区的设立已经过去了六年，自贸区的贸易便利化水平是否有了显著提高，各个自贸区在贸易便利化水平方面存在何种差异，对上述问题进行深入研究具有重要的现实意义，对未来自贸区相关政策的制定起到一定的参考作用。

本报告借鉴已有文献，构建自贸区贸易便利化指标体系，测量并计算贸易便利化指数，评估上海、天津、广东、福建四个自贸区的贸易便利化水平，为天津自贸区政策的制定及改进提出具有现实意义的建议，构建更有活力、更健康的贸易环境，促进贸易的自由化与便利化，进一步促进地区经济增长与可持续发展。

一　自贸区贸易便利化指标体系的构建

本部分按照科学性、完整性、层次性、可比性、可测性的原则，构建了自贸区贸易便利化指标体系，并理解各项细分指标的含义和打分规则。通过打分法和德尔菲法分别对四个自贸区的贸易便利化水平进行评估，并进行比较。

（一）自贸区贸易便利化测评指标体系构建基本原则

本报告依照以下原则构建自贸区贸易便利化测评指标体系。

1. 科学性原则。指标体系必须建立在认识充分、研究方法科学的基础上，同时以科学思想为指导。对于贸易便利化水平测评指标来说，就是要客观真实地反映一个自贸区贸易便利化水平的程度。因此确定每一个指标的名称及定义，要有一定的科学依据，而且每个指标权重的确定及计算都要遵循科学的研究方法。

2. 完整性原则。自贸区贸易便利化水平是各种主客观因素共同作用的结果。为了能够真实反映这种水平，指标体系应当是一个有机的整体，使之能够从不同的角度反映该评价系统的主要特征和状况。

3. 层次性原则。贸易便利化对于促进国际贸易发展来说是必不可少的，因此它涉及能够便利贸易的方方面面，其指标相当庞杂，因此在构建指标体系时，要充分考虑到指标的层次性，由三层指标构成的指标体系，结构清楚，便于使用。

4. 不重复性原则。指标的构建既要完整具体，还应该满足指标间的相互独立，不存在冲突及重叠现象，构建这样的指标体系才具有科学性和严谨性，研究结果才具有说服力。

5. 可比性原则。指标体系的构建并不是越笼统越好，在构建指标体系时要充分考虑该指标量化的难易程度、能否取得可靠的数据等因素。因此，一般情况下指标内容要尽量简单明了，同时必须考虑到指标的可比性。指标数据及资料要尽可能选用国家或国际权威统计出版物，能够符合通用的国际核算方法，便于后续的计算。

6. 可测性原则。构建指标体系是为了便于测度，易于分析，因此在选取指标时，要尽量选取可以获得的统计指标，或可以通过数量方法得到的指标。

（二）自贸区贸易便利化指标体系

按照上述六大原则，同时借鉴已有文献构建自贸区贸易便利化指标体系，共有 5 个一级指标、12 个二级指标以及部分三级指标，基本上涵盖了自贸区贸易便利化所涉及的全部内容，具有完整性和科学性，如表 1 所示。

表 1　自贸区贸易便利化指标体系

一级指标	二级指标	三级指标
口岸效率	进出口通关时间	进口通关时间 出口通关时间
基础设施	水路运输	码头数量 吞吐量 港口设备

一级指标	二级指标	三级指标
基础设施	陆地运输	高速公路密度 公路货物运输量 公路货物周转量 铁路密度
	航空运输	机场数量 航线数量
	信息和通信技术	移动电话 网络
社会基础设施	教育	生师比
	医疗	医院床位数
金融系统	金融对外开放程度	无
	国内金融市场	信贷情况 上市公司情况
政府效率	纳税便利度	单一窗口数量 经营许可证数量 优化许可事项
	商业登记注册	
	行政许可	

在确定了上述指标体系后，通过专家走访，初步确定了各级指标的相对重要程度，然后采用层次分析法，利用 yaahp 软件并通过一致性分析得出各一级、二级指标所占权重，如表 2 所示。

表 2　自贸区贸易便利化指标权重

	指标	权重
一级指标	口岸效率	0.2090
	基础设施	0.3796
	社会基础设施	0.0542
	金融系统	0.1286
	政府效率	0.2286
二级指标	进出口通关时间	0.2090
	水路运输	0.1636

	指标	权重
二级指标	陆地运输	0.0483
	航空运输	0.0295
	信息和通信技术	0.1382
	教育	0.0451
	医疗	0.0090
	金融对外开放程度	0.0643
	国内金融市场	0.0643
	纳税便利度	0.0208
	商业登记注册	0.1039
	行政许可	0.1039

二 自贸区贸易便利化水平的国内比较

根据前面构建的指标体系中 5 个一级指标、12 个二级指标以及部分三级指标，选择其中可量化的 11 个指标（进出口通关时间、水路运输、陆地运输、航空运输、信息和通信技术、教育、医疗、国内金融市场、纳税便利度、商业登记注册、行政许可）。在没有赋予指标体系权重的情况下，通过查询各项指标数据，根据不同指标对自贸区贸易便利化水平的反映情况，分别对四个自贸区各项指标打分。基本方法为：假设每一个二级指标的满分均为 10 分，三级指标的满分根据其个数均分二级指标的分值；体现贸易便利化水平最高的自贸区此项指标为满分，再将其他自贸区指标数据与之相比得出初步分数，根据表 2 中各项指标的权重计算出四个自贸区的总分。本报告对 2017 年和 2018 年两年的指标进行了测算，但由于社会基础设施（教育、医疗）和金融系统方面无法获得 2018 年的数据，在计算总分时仍然采用了 2017 年的数据①。

---

① 由于篇幅的原因，基础数据资料无法附上，需要的读者可向笔者索取。

（一）分项指标打分

1. 口岸效率

随着全球经济一体化和自由贸易化进程的加速发展，口岸管理体制是否顺畅、通关活动是否高效，越来越成为衡量一个自贸区贸易便利化程度的重要指标，口岸效率是通过比较货物进出口通关时间来衡量各自贸区贸易便利化程度。该指标得分越高则反映货物在海关耽搁时间越少。

对海关进口通关时间和出口通关时间分别进行打分，权重各占 0.1045，总分各为 5 分。分别假设进出口通关时间最短的自贸区为满分 5 分，再根据其他自贸区通关时间与最短通关时间的比值来确定其分值（见表 3 和表 4）。

表 3 2017 年四个自贸区进出口通关时间分数

单位：分

自贸区	进口通关时间	出口通关时间	合计
天津	2.33	1.17	3.50
上海	2.06	0.87	2.93
广州	5.00	2.56	7.56
福建	4.55	5.00	9.55

表 4 2018 年四个自贸区进出口通关时间分数

单位：分

自贸区	进口通关时间	出口通关时间	合计
天津	1.29	1.17	2.46
上海	5.00	5.00	10.00
广东	1.14	1.54	2.68
福建	0.71	0.55	1.26

2. 基础设施

基础设施的硬件水平对于国际贸易的货物运输效率起着至关重要的作用，货物在境内外的运输效率对贸易便利的影响很大。因此用基础设施来衡量一国港口、公路、铁路、机场等运输的基础设施建设及工作效率的指标，该指标得分越高则反映货物的运输效率越高。可细分为四个相关的二级指标。

（1）水路运输

水路运输是以船舶为主要运输工具、以港口或港站为运输基地、以水域（包括海洋、河流和湖泊）为运输活动范围的一种运输方式。水运至今仍是世界许多国家最重要的运输方式之一。该指标得分越高则反映货物的运输效率越高。可细分为码头数量、码头效率两个相关的三级指标。

①码头数量

各自贸区拥有的总泊位数相比码头的数量能更准确地衡量水运的基础设施，总泊位数越多相对分数越高，反映货物运输效率越高，贸易便利化水平也越高。

②码头效率

各自贸区港口吞吐量以及港口拥有的设备数量一定程度上体现了货物在港口、码头的装运效率。吞吐量越大，港口设备越多，反映货物装运效率越高，贸易便利化水平也越高。

假设泊位数、吞吐量和港口设备满分均为 3.33 分，其中以最优的自贸区为满分，其他自贸区根据与最优自贸区的比值来确定分值（见表 5 和表 6）。

表 5　2017 年四个自贸区水路运输分数

单位：分

自贸区	泊位数	吞吐量	港口设备	总分
天津	0.29	2.29	3.33	5.91
上海	3.33	3.33	1.665	8.325
广州	1.47	1.05	0.857	3.377
福建	0.4	1.58	0.83	2.81

表 6　2018 年四个自贸区水路运输分数

单位：分

自贸区	泊位数	吞吐量	港口设备	总分
天津	0.49	0.98	3.33	4.8
上海	3.33	1.32	1.665	6.315
广东	2.87	3.33	0.857	7.057
福建	1.16	1.08	0.83	3.07

（2）陆地运输

通过公路和铁路来衡量天津、福建、上海、广东四个自贸区的陆地运输货物贸易水平。将高速公路密度、公路货物运输量、公路货物周转量和铁路密度满分均设为2.5分，其中各自以最优的自贸区为满分，其他自贸区根据与最优自贸区的比值来确定分值（见表7和表8）。

表7　2017年四个自贸区陆地运输分数

单位：分

自贸区	高速公路密度	公路货物运输量	公路货物周转量	铁路密度	总分
天津	0.23	0.30	0.28	2.50	3.31
上海	2.50	0.35	0.21	2.15	5.21
广东	0.65	2.50	2.50	0.65	6.30
福建	0.66	0.83	0.84	0.66	2.99

表8　2018年四个自贸区陆地运输分数

单位：分

自贸区	高速公路密度	公路货物运输量	公路货物周转量	铁路密度	总分
天津	2.03	0.28	0.25	2.50	5.06
上海	2.50	0.32	0.19	1.81	4.82
广东	0.96	2.50	2.50	0.57	6.53
福建	0.83	0.79	0.82	0.65	3.09

（3）航空运输

航空运输是以客机为主要运输工具、以机场或空港为运输基地、以领空为运输活动范围的一种运输方式。航空运输至今仍是世界许多国家最重要的运输方式之一。该指标得分越高则反映货物的运输效率越高，可细分为机场数量、航线数量这两个相关的三级指标。

机场数量和航线数量满分均为5分，其中各自以最优的自贸区为满分，其他自贸区根据与最优自贸区的比值来确定分值（见表9和表10）。

表9　2017年四个自贸区航空运输分数

单位：分

自贸区	机场数量	航线数量	总分
天津	0.715	2.490	3.205
上海	1.430	5.000	6.430
广东	5.000	4.355	9.355
福建	3.570	2.510	6.080

表10　2018年四个自贸区航空运输分数

单位：分

自贸区	机场数量	航线数量	总分
天津	0.50	1.63	2.13
上海	1.00	2.55	3.55
广东	5.00	5.00	10.00
福建	2.50	3.90	6.40

（4）信息和通信技术

随着经济全球化的深入发展和国际贸易与投资活动的增加，便利的信息和通信技术为提高国际贸易的效率起到了难以估量的作用，也是体现贸易便利化水平的重要方面。该指标得分越高则反映货物的运输效率越高，可细分为以下两个相关的三级指标：移动电话，即衡量一个地区每10人中使用移动电话的人数；网络，即衡量一个地区每10人中使用宽带的人数。以移动电话用户和网络用户为研究对象，用每10人中拥有现代通信工具的人数为指标进行衡量。

假设每10人中使用移动电话人数和使用网络人数满分均为5分，其中各自以最优的自贸区为满分，其他自贸区根据与最优自贸区的比值来确定分值（见表11和表12）。

表11　2017年四个自贸区信息和通信技术分数

单位：分

自贸区	移动电话	网络	总分
天津	3.68	3.10	6.78
上海	5.00	3.40	8.40
广东	4.84	4.14	8.98
福建	4.00	5.00	9.00

表12　2018年四个自贸区信息和通信技术分数

单位：分

自贸区	移动电话	网络	总分
天津	3.43	3.10	6.53
上海	5.00	3.40	8.40
广东	4.89	4.14	9.03
福建	3.78	5.00	8.78

3. 社会基础设施

社会基础设施是基础设施的重要组成部分，社会基础设施的水平可通过教育和医疗来衡量，自贸区工作人员的自身文化素质及身体素质可以间接影响国际贸易的货物运输效率，而货物在境内外的运输效率又对贸易便利的影响很大。

（1）教育

教育在社会基础设施中必不可少，在当今社会，人才及知识越来越成为最具竞争力的因素，那么对于自贸区来说也是相当重要的竞争元素，可以通过小学、初中、高中及高校的生师比来衡量。

以生师比最低的上海自贸区为满分10分，其他自贸区根据与上海自贸区的比值来确定分值（见表13）。

表13　2017年四个自贸区教育分数

单位：分

自贸区	分数
天津	9.65
上海	10.00
广州	8.17
福建	8.73

（2）医疗

医疗在社会基础设施中同样十分重要，能否及时就医就会直接影响到员工身体健康及工作效率，进而影响到自贸区贸易便利化水平。本报告通过每万人口医院床位数来衡量。

对各省市的医疗水平进行打分，总分各为 10 分。假设医疗水平最优的上海和福建自贸区均为满分 10 分，再根据其他自贸区每万人口医院床位数与其比值来确定其分值（见表 14）。

表 14　2017 年四个自贸区医疗分数

单位：分

自贸区	分数
天津	9.13
上海	10.00
广州	9.57
福建	10.00

4. 金融系统

金融系统对于开展贸易与投资都是非常重要的，是影响贸易发展程度的关键因素。一个良好的金融系统意味着更大规模的投资和贸易将会在未来出现，同时，也潜移默化地影响着贸易便利化水平。该指标得分越高则反映贸易便利化水平越高，该指标可细分为两个相关的二级指标。

（1）金融对外开放程度

金融对外开放程度包括金融服务的提供能力、金融服务的可用性、获得贷款的难易度、贸易融资的可获得性等方面。金融对外开放程度越高，贸易与投资越便利，贸易便利化水平越高。但是衡量金融对外开放度是我们在研究时所无法解决的问题：一方面因为数据不全，口径不统一；另一方面因为没有找到衡量开放度的指标。鉴于该指标权重较小，我们假设各自贸区均为 0 分。

（2）国内金融市场

国内金融市场的状况对各自贸区的贸易与投资存在很大程度的影响，也影响着贸易便利化水平。该指标得分越高则反映了贸易便利化水平越高，该

指标可细分为两个相关的三级指标，即信贷情况和上市公司情况。

①信贷情况

以2017年各地区中外资金融机构本外币贷款情况为四个地区信贷情况进行打分，总分各为10分。假设贷款余额最少的地区为满分10分，再根据其他地区本外币贷款余额数与其比值来确定各地区分值。

②上市公司情况

以各地区A股上市公司市值为四个地区上市公司情况进行打分，总分各为10分。假设A股上市公司市值最多的地区为满分10分，再根据其他地区A股上市公司数量与其比值来确定各地区分值（见表15）。

表15　2017年四个自贸区金融系统分数

单位：分

自贸区	贷款情况	上市公司情况	总分
天津	6.67	0.68	7.35
上海	6.24	6.52	12.76
广东	3.32	10	13.32
福建	10	1.80	11.80

5. 政府效率

政府效率对于国际贸易的货物通关效率起着至关重要的作用，货物在境内外的通关效率对贸易便利的影响很大。因此用政府效率来概括一国行政便利度及工作效率的指标，该指标得分越高则反映货物的运输效率越高。该指标可细分为三个相关的二级指标，即纳税便利度、商业登记注册和行政许可。

（1）纳税便利度

纳税便利度对于开展外贸进出口是非常重要的，是影响贸易发展程度的关键因素。一个便利的纳税系统意味着更大规模的纳税申报和发票发售将会在未来出现，同时，也潜移默化地影响着贸易便利化水平。该指标得分越高则反映贸易便利化水平越高，可细分为若干细节的三级指标。

（2）商业登记注册

商业登记注册包括商业化基因资源库、国家级孵化器数量、多证合一举措、招商引资力度、融资租赁公司数量等方面。商业登记注册总体规模越大，反映贸易便利化水平越高。该指标可细分为若干细节的三级指标。

（3）行政许可

行政许可事项的优化对各自贸区的贸易存在很大程度的影响，也影响着贸易便利化水平。该指标得分越高则反映贸易便利化水平越高。可细分为若干相关的三级指标，主要以非特殊用途化妆品行政许可、行政审批与备案审批、事中事后监管、可简化审批程序的数量来衡量各自贸区行政许可的程度。

2017 年和 2018 年政府效率分数见表 16 和表 17。

表 16　2017 年四个自贸区政府效率分数

单位：分

自贸区	纳税便利度	商业登记注册	行政许可	总分
天津	10.00	10.00	5.00	25.00
上海	7.78	2.00	7.50	17.28
广东	5.56	9.00	10.00	24.56
福建	6.67	5.00	7.50	19.17

表 17　2018 年四个自贸区政府效率分数

单位：分

自贸区	纳税便利度	商业登记注册	行政许可	总分
天津	10.0	10.00	6.0	26.0
上海	9.5	6.5	7.5	23.5
广东	6.0	9.0	10.0	25.0
福建	7.0	5.0	8.0	20.0

（二）最终得分

最后根据前面设定的权重和指标打分，计算四个自贸区贸易便利化水平的总体得分。需要特别注意的是，在各个分项指标评分时，我们都是以对状况最好的自贸区打满分，其他自贸区则根据分项指标的相对水平打分，这种打分方法更适合在样本自贸区内进行横向比较，也就是在同一年度对自贸区的贸易便利化水平进行排序和比较，但不适合对自贸区不同年度的贸易便利化水平做纵向比较。

我们发现，在我们构建的自贸区贸易便利化指标体系下，天津自贸区在2017年的贸易便利化程度最低的，但在2018年则有所改善（见表18）。天津自贸区与其他三个自贸区相比，在社会基础设施和政府效率方面具有优势，但在口岸效率、基础设施和金融系统方面存在不足，需要继续改进。由于社会基础设施（教育、医疗）和金融系统方面无法获得2018年的最新数据，2018年的评分可能和实际情况有所出入，需要在后续研究中更新数据以获得更为准确的评价。

表18 四个自贸区贸易便利化总体得分

单位：分

自贸区	2017 年	2018 年
天津	5.65	9.44
上海	6.09	11.35
广东	7.35	10.59
福建	6.70	8.13

三 天津自贸区贸易便利化方面的优势与不足

根据以上分析可以看出，天津自贸区与其他三个自贸区相比，在社会基础设施和政府效率方面具有优势，但在口岸效率、基础设施和金融系统方面存在一定的不足，本部分将对天津自贸区在贸易便利化五个方面存在的优势与不足做进一步分析，以提出具有针对性的改进建议。

（一）天津自贸区的优势

1. 政府效率相对较高

天津自贸区政府效率整体处于较高水平。国际贸易"单一窗口"的设立、通关便利化措施的出台以及自助办税机的配备等措施使得天津自贸区纳税更加便利。同时船舶租赁和飞机租赁是天津自贸区又一大亮点，在全国乃至全球都处于领先地位。完善"双随机、一公开"联合检查机制商业登记注册总体规模很大，随着"多证合一"、网上登记等注册登记便利化新举措的推行，市场主体逐渐增多，为自贸区发展注入了更多新的活力。但是天津自贸区在行政许可上便利化程度较低，"一站式""互联网＋"等措施没有到位。总的来说，在行政许可上，天津自贸区还存在很多需要优化的空间。

2. 教育和医疗等社会基础设施相对较好

天津的教育和医疗状况相对可观，天津有着丰富的教学资源和师资力量，天津政府、天津居民"教育先行"的思想意识，以及良好的学习教育氛围提高了天津的教育普及度，提高了天津人的整体文化素质，也为天津培养了更多高素质人才。同时天津也拥有着比较丰富的医疗资源和较高的医疗水平，为天津居民提供了更好的社会医疗保障及服务。教育和医疗这两大优势增强了天津自贸区的竞争力，进而间接提高了天津自贸区贸易便利化水平。

（二）天津自贸区的不足

1. 口岸效率有待提高

对比来看，天津自贸区货物进出口通关时间较其他自贸区长。通关是指进出口货物和转运货物，是出入一国海关关境或国境必须办理的海关规定手续。只有在办理海关申报、查验、征税、放行等手续后，货物才能被放行。为营造高水平贸易自由化便利化通关环境，提高货物通关效率，天津自贸区通过对未抽中货物实施审单放行、实施检验检疫"全程无纸化"改革以及实施电子通关、电子放行改革等措施深化检验检疫业务模式改革，大幅提升了企业出入境货物通关效率。虽然这些措施在缩短进出口通关时间上起到了一定的作用，但由于实施时间短，其作用并没有完全发挥出来，没有从根本上解决自贸区通关时间长的问题，而且在电子化通关中，如何规范操作以及防范风险也是亟待解决的又一问题。

2. 基础设施相对落后

基础设施方面，天津自贸区不具有显著的优势。设施和技术水平相对落后，各类码头泊位数目较少，运输船舶停留在码头装货时容易造成拥挤，不利于货物的运输。天津港目前基本实现了装卸生产自动化，但主要应用于传统物流业务，现代物流业务的支持设备和技术水平还有待改善。在第三方物流的发展和物流企业的管理上也存在一些问题，尤其是信息化建设的不足导致各部门间沟通不畅，无法实现有效的信息整合，降低了工作效率。渤海的水深相对比较浅，平均水深 25 米，最深处在老铁山水道，达到 86 米。水深较浅就会限制大吨位的货船进入，这是不利的。高速公路密度不高，公路货物运输量、周转量也较低，机场数量和航线较少，使得货物的公路运输不够发达，重要的航空运输不够便捷，总体的运输效率有待提升。天津政府信息主动公开的范围、信息的时效性、根据申请公开处理等方面也存在一些差距和不足。同时天津自贸区信息和通信技术与其他自贸区差距较大。在日益全球化的今天，货物的销售、运输和接收都离不开互联网，而天津移动电话和网络人均拥有量均为最少，这将影响到天津自贸区贸易便利化水平。

3. 企业上市数量较少

就国内金融市场来看，天津的银行信贷情况比较理想，资金流动性较大，有利于扩大企业生产经营规模，进行更活跃的贸易与投资活动。天津自贸区自挂牌成立六年来，基本完成《中国（天津）自由贸易试验区总体方案》确定的金融改革创新的各项任务，形成一批可复制、可推广的金融政策制度。开展全口径跨境融资宏观审慎管理业务，累计借用外债 17.4 亿美元，跨境人民币外债签约总额、跨境人民币双向资金池业务结算量均超过 200 亿元。资金使用效率不断提升，企业资金周转效率提高 90%。同时，将金融创新与"放管服"改革措施有机结合，实施了外汇业务"一站式"综合服务、企业开户"绿色通道"等一系列便民惠民措施，提升了金融服务的效率和水平。

但天津上市公司数量偏少，甚至低于一些省会城市。在天津政府层面，推动企业上市力度不可谓不大，但天津企业的上市热情未见提高。在资本市场上，天津军团股票数量太少，发出的声音微弱。"津牌"企业似乎并不热衷通过上市融资，许多企业只能通过银行贷款等方式实现间接融资，这一现象早已引起政府部门的重视。天津市金融、证监、国资、财政等部门频频出台刺激政策，激励企业上市，给予上市公司补贴，但企业方面并不积极，使得推动企业上市呈现"一头热"的局面。

四　天津自贸区提升贸易便利化水平的对策

建设自贸区是在新形势下全面深化改革和扩大开放的战略举措。天津自贸区建立以来，取得阶段性成果，总体达到预期目标。通过建立自贸区贸易便利化指标体系以及与其他自贸区进行横向比较，为进一步提高天津自贸区贸易便利化程度，深入推动京津冀协同发展，特制定以下对策。

（一）发展建设国际化的港口物流

与天津港结合起来，天津港具有独特的地理位置优势和经济腹地优势，并且面对"一带一路"倡议、京津冀协同发展、滨海新区开发开放、国家自主创新示范区建设等国家战略形成"五大战略"机遇叠加优势，天津自贸区应完善物流服务功能，与北京及环渤海地区优势互补，实现资源共享。

首先要加强基础设施建设和优化配套设施服务。结合天津沿海的地理优势，悠久的港口历史文化，天津港要不断提高水路运输效率，同时形成以港口为中心，海陆空相结合的现代综合立体式交通网络，在保持现有的先进集疏运系统和仓储配送中心等基础设施的同时，也要不断完善金融和商务等相关增值配套服务，不断优化服务。其次是要加强信息建设。现代物流业是以强大的信息平台作为基础，而一个好的港口物流系统不仅要能够实现港口对基本业务的科学管理，避免货物遗漏、错提等造成的损失，还要能实现港口、客户、物流企业及其他相关机构之间的良好沟通。天津自贸区应建立覆盖整个港区的网络信息平台，进行规范化、标准化和透明化管理，实现数据

交换和信息共享，提升货物贸易的便利化程度，并促进京津冀及环渤海经济圈的协同发展。

（二）增加上市公司数量

上市公司数量是一个城市经济活力的重要体现，领军企业代表着这个城市的新兴产业和未来的发展方向，更是一个城市核心竞争力的重要体现。从这个层面上看，天津上市公司的数量相对落后，尤其是当前京津冀协同发展、滨海新区开发开放、自贸试验区等五大战略机遇叠加，天津的经济发展并未获得资本市场的有力支持。天津上市公司数量偏少是个长期的问题，根源是天津的产业结构、产权构成、民营经济、资本市场活力等四个方面落后于其他城市。亟须从根本上解决这四个方面的问题，才有可能产生一批上市公司的资源，再从中涌现出一批上市公司。

天津企业如何积极融入资本市场，需要政府与企业共同破题，应借助天津自贸区的机遇，吸引证券机构在天津注册，政府可以制定出台一些相关政策来吸引资本，同时也要给予中小型企业一些政策扶持，争取让有潜力的中小型企业发展成为大企业甚至是上市公司。还要完善上市辅助体系，这样天津本土企业上市就可以就近寻求专业机构和人员的帮助，上市企业数量也会增加。因此天津需要在上市公司的数量、质量上迎头赶上，大力推动企业上市，在产业结构、产权构成、民营经济、资本活力等方面下功夫，使更多的企业走上做大做强的道路。

（三）进一步优化政府行政职能与贸易管理流程

简化投资项目准入手续，借鉴其他自贸区的创新经验，探索建立"多评合一、统一评审"新模式。精简整合投资项目报建手续，探索实行先建后验管理模式。实行建设项目联合验收，实现"一口受理""两验终验"，推行"函证结合""容缺后补"等改革。全面推进行政审批和行政服务标准化、规范化和实施全程电子化。

建成高水平的国际贸易"单一窗口"。借鉴联合国国际贸易"单一窗口"标准，实施贸易数据协同、简化和标准化。探索推动将中国（天津）国际贸易"单一窗口"覆盖领域拓展至技术贸易、服务外包、维修服务等服务贸易领域。待条件成熟后逐步将出口退（免）税申报纳入"单一窗口"管理。最大限度实现全程无纸化，推进贸易领域证书证明电子化管理。实现与国家层面"单一窗口"标准规范融合对接，加强数据衔接和协同监管。推进企业信用等级信息跨部门共享。推进"单一窗口"与"一带一路"沿线国家和地区口岸信息互换和服务共享。

创新贸易综合监管模式。探索开展电子围网监管模式。深入实施货物状态分类监管，将试点从物流仓储企业扩大到贸易、生产加工企业，具备条件时，在天津市其他符合条件的海关特殊监管区域推广实施。完善船舶、海洋工程结构物融资租赁标的物海关异地委托监管制度。创新海关税款担保模式。创新出口货物专利纠纷担保放行方式。推动实施原产地预裁定制度。依照自由贸易协定安排，推动实施原产地自主声明制度。提高与服务贸易相关的货物进口便利程度。支持国内外快递企业在自贸区内的非海关特殊监管区域，办理符合条件的国际快件属地报关、报检业务，探索外检内放等贸易便利化措施。

社会科学文献出版社

皮 书

智库报告的主要形式
同一主题智库报告的聚合

❖ 皮书定义 ❖

皮书是对中国与世界发展状况和热点问题进行年度监测，以专业的角度、专家的视野和实证研究方法，针对某一领域或区域现状与发展态势展开分析和预测，具备前沿性、原创性、实证性、连续性、时效性等特点的公开出版物，由一系列权威研究报告组成。

❖ 皮书作者 ❖

皮书系列报告作者以国内外一流研究机构、知名高校等重点智库的研究人员为主，多为相关领域一流专家学者，他们的观点代表了当下学界对中国与世界的现实和未来最高水平的解读与分析。截至2020年，皮书研创机构有近千家，报告作者累计超过7万人。

❖ 皮书荣誉 ❖

皮书系列已成为社会科学文献出版社的著名图书品牌和中国社会科学院的知名学术品牌。2016年皮书系列正式列入"十三五"国家重点出版规划项目；2013~2020年，重点皮书列入中国社会科学院承担的国家哲学社会科学创新工程项目。

权威报告·一手数据·特色资源

皮书数据库
ANNUAL REPORT(YEARBOOK)
DATABASE

分析解读当下中国发展变迁的高端智库平台

所获荣誉

- 2019年，入围国家新闻出版署数字出版精品遴选推荐计划项目
- 2016年，入选"'十三五'国家重点电子出版物出版规划骨干工程"
- 2015年，荣获"搜索中国正能量 点赞2015""创新中国科技创新奖"
- 2013年，荣获"中国出版政府奖·网络出版物奖"提名奖
- 连续多年荣获中国数字出版博览会"数字出版·优秀品牌"奖

成为会员

    通过网址www.pishu.com.cn访问皮书数据库网站或下载皮书数据库APP，进行手机号码验证或邮箱验证即可成为皮书数据库会员。

会员福利

- 已注册用户购书后可免费获赠100元皮书数据库充值卡。刮开充值卡涂层获取充值密码，登录并进入"会员中心"—"在线充值"—"充值卡充值"，充值成功即可购买和查看数据库内容。
- 会员福利最终解释权归社会科学文献出版社所有。

数据库服务热线：400-008-6695
数据库服务QQ：2475522410
数据库服务邮箱：database@ssap.cn
图书销售热线：010-59367070/7028
图书服务QQ：1265056568
图书服务邮箱：duzhe@ssap.cn

基本子库
SUB DATABASE

中国社会发展数据库（下设 12 个子库）

　　整合国内外中国社会发展研究成果，汇聚独家统计数据、深度分析报告，涉及社会、人口、政治、教育、法律等 12 个领域，为了解中国社会发展动态、跟踪社会核心热点、分析社会发展趋势提供一站式资源搜索和数据服务。

中国经济发展数据库（下设 12 个子库）

　　围绕国内外中国经济发展主题研究报告、学术资讯、基础数据等资料构建，内容涵盖宏观经济、农业经济、工业经济、产业经济等 12 个重点经济领域，为实时掌控经济运行态势、把握经济发展规律、洞察经济形势、进行经济决策提供参考和依据。

中国行业发展数据库（下设 17 个子库）

　　以中国国民经济行业分类为依据，覆盖金融业、旅游、医疗卫生、交通运输、能源矿产等 100 多个行业，跟踪分析国民经济相关行业市场运行状况和政策导向，汇集行业发展前沿资讯，为投资、从业及各种经济决策提供理论基础和实践指导。

中国区域发展数据库（下设 6 个子库）

　　对中国特定区域内的经济、社会、文化等领域现状与发展情况进行深度分析和预测，研究层级至县及县以下行政区，涉及地区、区域经济体、城市、农村等不同维度，为地方经济社会宏观态势研究、发展经验研究、案例分析提供数据服务。

中国文化传媒数据库（下设 18 个子库）

　　汇聚文化传媒领域专家观点、热点资讯，梳理国内外中国文化发展相关学术研究成果、一手统计数据，涵盖文化产业、新闻传播、电影娱乐、文学艺术、群众文化等 18 个重点研究领域。为文化传媒研究提供相关数据、研究报告和综合分析服务。

世界经济与国际关系数据库（下设 6 个子库）

　　立足"皮书系列"世界经济、国际关系相关学术资源，整合世界经济、国际政治、世界文化与科技、全球性问题、国际组织与国际法、区域研究 6 大领域研究成果，为世界经济与国际关系研究提供全方位数据分析，为决策和形势研判提供参考。

法律声明

  "皮书系列"（含蓝皮书、绿皮书、黄皮书）之品牌由社会科学文献出版社最早使用并持续至今，现已被中国图书市场所熟知。"皮书系列"的相关商标已在中华人民共和国国家工商行政管理总局商标局注册，如 LOGO（ ▧ ）、皮书、Pishu、经济蓝皮书、社会蓝皮书等。"皮书系列"图书的注册商标专用权及封面设计、版式设计的著作权均为社会科学文献出版社所有。未经社会科学文献出版社书面授权许可，任何使用与"皮书系列"图书注册商标、封面设计、版式设计相同或者近似的文字、图形或其组合的行为均系侵权行为。

  经作者授权，本书的专有出版权及信息网络传播权等为社会科学文献出版社享有。未经社会科学文献出版社书面授权许可，任何就本书内容的复制、发行或以数字形式进行网络传播的行为均系侵权行为。

  社会科学文献出版社将通过法律途径追究上述侵权行为的法律责任，维护自身合法权益。

  欢迎社会各界人士对侵犯社会科学文献出版社上述权利的侵权行为进行举报。电话：010-59367121，电子邮箱：fawubu@ssap.cn。

社会科学文献出版社